さよなら朝日

With the Sunrise like a Sunset ;
The Future Liberal in Japan

石川智也
ISHIKAWA, TOMOYA

柏書房

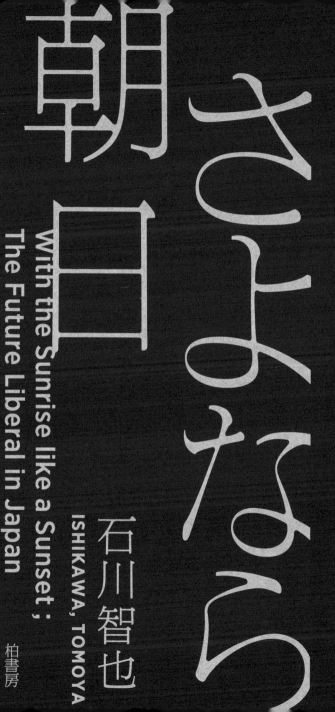

さよなら朝日

さよなら朝日　目次

［凡例］

・本書は、オピニオンサイト『論座』に二〇一八年四月から二〇二〇年十一月に掲載した三十数篇の記事から十五篇を取捨し、テーマごとに六章立てに再構成したうえで、解題を付したものです。各記事のタイトル脇に掲載日を記しました。
・各記事のタイトルや小見出しは再録にあたり変更した部分があります。
・登場人物の年齢、肩書は掲載時のままとし、原則として敬称は略しました。
・引用文中、〔　〕は著者が加えました。古い資料や記事の引用では、新字や新仮名遣いに改めたり、句読点や濁点を補ったりした箇所があります。
・注釈は☆1、☆2、☆3……と表記して左頁に示しました。
・本文中の写真・図版は、特記がない限り朝日新聞社の提供です。

まえがき

朝日新聞への挑戦

ここ数年、リベラル批判本の出版が引きも切らない。それは日本に限らず、むしろリベラル勢力の失地拡大が進む米国や欧州で先行し、なおも出版ブームは続いている。ここで言う「リベラル批判」とは、かねて存在する週刊誌の朝日叩きや、SNSで反安倍《あべ》勢力と目される人に投げかけられた罵詈《ばり》雑言《ぞうごん》に近い論評の類いではなく、いわばリベラルの自己批判、リベラルへの叱咤《しった》を主調とする言説のことを指す。

『なぜリベラルは敗け続けるのか』『そろそろ左派は〈経済〉を語ろう』『左派ポピュリズムのために』『リベラル再生宣言』『リベラルのことは嫌いでも、リベラリズムは嫌いにならないでください』『リベラルの敵はリベラルにあり』『アフター・リベラル』といった著書がやんわり、あるいは鋭く、それぞれのスタイルで指摘しているのは「リベラルの真の敵はドナルド・トランプやボリス・ジョンソンや安倍晋三《しんぞう》（や菅義偉《すがよしひで》）などではなく、リベラルの内なる論理、行動、壁にこそある」ということである。

本書は、実体としても体裁としても論考集（朝日新聞記者として私がオピニオンサイト『論座』のために書いた小論やインタビュー記事の集成）であり、扱うテーマは多岐にわたっているが、朝日新聞を含むリベラル系メディアの報道や論説に対する批判的内容を含み、ときにその矛盾を突いているという点で、右のような先人たちの著作の系譜に連なる（というとおこがましいが）。

朝日関係者の朝日関連本といえば、メディア関係者向けの組織ジャーナリズム論ものか、定年後に往事の仕事を懐古主義的に振り返った回顧本、中途で辞めた後に古巣に砂をかける内容のものなどが通り相場だったが、いまのところ、私は朝日新聞社を退社する意思はない。部数減と広告収入減に歯止めがかからず人員整理の必要に追い立てられているのは、斜陽の新聞業界全体に共通する危機だが、そうしたメディア経営論や企業ジャーナリズムの未来図をここで論じるつもりもない。そういう意味では看板に偽りある、羊頭狗肉《ようとうくにく》的な書題だが、「さよなら」に込めた反語的な意味は次のとおりだ。

会社に寄生しつつ会社批判する社員は「良いご身分だね」と内外から鼻白まれるのがオチかもしれないが、ことジャーナリズムの世界では、たとえばニューヨークタイムズの記者が利害関係を開示したうえで自社のことを検証的に報じたりすることはままある（日本の新聞のいわゆる「社モノ」には、そうした客観性はまったくない）。二〇二〇年に話題を呼んだ東海テレビのドキュメンタリー映画『さよならテレビ』は、その意味で、内部に軸足を置きつつ、その立場を利用してテレビニュース制作現場の現在地を活写した特異な作品だった（土方宏史《ひじかたこうじ》監督によれば、タイトルの含意《がんい》は「自分たちがかたくなに信じてきたこと、絶対そうあるべきと思ってきたことと、一回決別しないと再生するのは難しいかもしれない。裏を返すと、一度覚悟というか、さよならをする覚悟があれば決して暗くはない、というところ」だそうだ[☆1]）。

☆1　境治「『さよならテレビ』はなぜテレビにさよならするのか」『Ｙａｈｏｏ！ニュース』（二〇二〇年一月二十八日）

期待がなければ失望も生じ得ない。リベラルを代表する言論・報道機関とまだ世間で辛《から》くも認識されている朝日新聞の中にいながらにして、自社の報道を含めたリベラル勢力の矛盾や問題点を問うという行為には、まだわずかなりといえども意味はあると信じたいし、自分の属する陣営への愛ゆえの雑言（?）が、リベラルの復権に少しでもつながることを望んでやまない。

もっとも、週刊誌の朝日叩き特集が部数を稼いだのは遠い昔の話で、内部にいる者たちが思っているほど朝日新聞にもはや権威はないし、朝日岩波という記号が「リベラル」を代表しているというのも、それこそ懐古主義を投影した虚像に過ぎないのかもしれない。そういう意味では、タイトルにいかに鼻息荒く含意を込めても空回りするだけだろうし、書名になんらかの反応をするのも朝日関係者だけだろう。そこには非好意的なものも含まれるかもしれない。なにせ、本書に収めた文章程度（と私は思っているが）の内容に「こんなこと書いて大丈夫?」という社内の反応もあったくらいなので。

私はいわゆる政治的な人間ではないし、リベラル勢力の結集を目指し多数派を形成する処方箋《せん》をここで示したいわけでもない。ここに収めた論考は、あくまで一ジャーナリストとして、ジャーナリズムにも求められるはずの知的廉直《れんちょく》性を旨に、たとえ社内少数派になろうとも、連帯を求めて孤立を恐れず、という姿勢を自らに課し、これまで新聞紙面で書いてきた「多くの人に読まれる」記事の制約をとっぱらって書いたものだ。そういう意味で、心情的には「朝日新聞への挑戦」という気持ちが多少なりともなかったわけではない。

「自称リベラル」への幻滅

そのうえで、リベラルの矛盾、とは何かである。

かつての政治的保守対革新の図式がほとんど使われなくなって久しいが、保守（パターナリズム）対リベラルという対図もかなりおおざっぱなもので、それぞれどういう立場を指しているのか分かりづらい。三十歳以下の若者にとっては日本維新の会や自民党こそ「リベラル」で、共産党や公明党は「保守」だと認識しているようだ（早大現代政治経済研究所と読売新聞社が二〇一七年に実施した世論調査による）。

正確な言葉の仕分けをすれば、維新や小泉《こいずみ》（純一郎《じゅんいちろう》）路線以降の自民の市場経済中心、新自由主義と小さな政府を唱道《しょうどう》する立場はリベラルというよりリバタリアン☆2的であり、現在の日本（と米国）の

☆2 リバタリアニズム（libertarianism）は、個人の社会的自由や経済的自由を重視する思想。アナルコ・キャピタリズム（無政府主義）から穏健な最小国家主義（ミナキズム）まで様々な潮流、立場があるが、生存権や自由権などの自然権と個人の自律的意思、自己決定権に最大の価値を置き、自由市場を重んじ国家機能の極小化を目指す基本理念は一致している。ハイエク、フリードマン父子、ノージックなどが代表的論客。女性やマイノリティの権利を積極的に擁護し、社会的寛容や個人の自由を掲げる点でリベラリズムと重なるが、「平等」を重視するリベラル勢力が賛同する福祉国家や再分配政策に対しては、私有財産を侵害し国家権力の肥大を招くとして否定的。米国では、一九二〇年代のニューディール政策以降、民主党的な大きな政府路線とその支持者が「リベラル」と呼ばれるようになり、建国以来の自由主義者の精神を継ぐと自任する一派が「古典的リベラル」「リバタリアン」と称されるようになった。国家の市場への介入を否定し小さな政府を目指す点ではネオリベ（新自由主義）や共和党的保守とも重なるが、徴兵制や宗教的規律に批判的でＬＧＢＴＱや人工妊娠中絶の権利を擁護する点では保守勢力とは対極にある。

「リベラル」勢力はむしろ社会民主主義、福祉国家的な社会経済政策を支持しているはずだが、それはともかく、五十代以上の世代が「リベラル」と考えている勢力は、そのシニアたちが「右傾化・保守化した」とレッテルを貼っている若者たちにとっては、守旧派で鼻持ちならない連中の集まりということだろう。

日本でかつて真性リベラリストと目されていた丸山眞男《まるやままさお》[☆3]、大塚久雄《おおつかひさお》[☆4]、川島武宜《かわしまたけよし》[☆5]ら近代主義者たちが説いてきた「近代」の骨組みは、「魔術から解放された」理性的で合理的な個人が自己決定権（人権）に基づき社会契約を結んで国家を作ったというフィクションを土台としてきた。あくまで人工物であるその国民国家が、人工物であるがゆえに、公正に宗教間紛争を調停し、民族主義の跳ね上がりを抑え、市場主義の波濤《はとう》から国境という防波堤で国民をまもる――という役割を果たすと期待されていたはずだった。

一九八〇年代以降、「強い個人」や「主体」を脱構築するポストモダン思想の流行や、グローバリゼーションの深化によって、「近代」は幾度も逆風を浴び、揺れてきた。そこには、自由や平等や人権という「普遍」の価値を標榜《ひょうぼう》してきた近代ヒューマニズムの欺瞞《ぎまん》性に対する根源的な思想的批判もあった。西洋中心主義や男性中心主義が抱える抑圧性がポストコロニアリズムやフェミニズムによって厳しく暴かれてきたように、単なる一特殊の一般化や平準化に過ぎないものが普遍を僭称《せんしょう》することが強い抵抗を呼ぶのは当然である。しかし、あらゆる普遍主義が西洋中心主義や男性中心主義の偽装だったのだろうか。こうした「疑いの精神」そのものを担保するのも「近代」であるという前提に立てば、いまだ「近代」を手にしていない地域も含めて、その諸価値を捨てようという動きが（「脱近代」と言われて久しい）現代でさえ、主流になっているとはとても言えまい。リベラリズムはその必要性がより求められこそすれ、支持を失ってなどいない。

いま退潮し信用を失っているのは、日本でも欧米でも、標榜してきた普遍的な諸価値に寄り添うそぶりを見せながら、その実それらを裏切ってきた、エリート主義的で偽善的な自称リベラル勢力であり、それはある意味で当然のことと言える。

リベラリズムは「自由主義」と訳されることが多い（本文に登場する井上達夫《いのうえたつお》・東大名誉教授は、強いて訳すなら「正義主義」としている）が、思想史的には「啓蒙《けいもう》」と「寛容」をルーツにする。自由、公正、公平という理念や理性を重んじ、かつ啓蒙的理性が誤謬《ごびゅう》を犯し得ることにも自覚的で、開放的関心と平等への強い志向を持つ普遍主義的な立ち位置の勢力こそが、本来は字義どおりの「リベラル派」であるはずだ。それゆえに、リベラルがフリーライダー（タダ乗り）やダブルスタンダード（二重

☆3 一九一四〜一九九六年、政治学者・思想史学者。ナショナリズム、ファシズム、超国家主義、天皇制、明治維新、近代化政治などについて論じ、戦後思想界に多大な影響を及ぼした。著書に『日本政治思想史研究』『現代政治の思想と構造』など。

☆4 一九〇七〜一九九六年、経済史学者。マックス・ウェーバーやマルクスの研究から、資本主義形成について独自の理論を確立した。著書に『近代資本主義の系譜』『宗教改革と近代社会』など。

☆5 一九〇九〜一九九二年、法学者。専門は民法と法社会学。戦後は特に法社会学の領域において活躍し、日本の近代化過程における近代的なものと前近代的なもののズレを明らかにした。著書に『所有権法の理論』『日本社会の家族的構成』など。

基準）に陥るのは、自滅的行為と言える。

底の浅い「愚民観」

七年八カ月に及んだ安倍政権下で起きたことは、確かに深刻だ。政治が法をねじ曲げ、縁故主義《ネポティズム》と取り巻き重用《クローニズム》が国の中枢を巣くい、官僚機構は都合よく記録と記憶をなくす。しかし、なぜその安倍政権が支持され続けたのか、目を凝らす必要がある。もはや日本の有権者（特に若者）の期待水準が大きく下がり、認知的整合化が異様に進行している、というだけでは説明できない。

安倍政権が勝利し続けた六度の国政選挙のたび、リベラル勢力は「信任なき勝利」とか「選挙結果と民意とのあいだのズレを感じる」といった負け惜しみを垂れ流してきた。

二〇一七年十月の衆院選投開票日、朝日新聞と毎日新聞は編集局長や政治部長の名で「安倍1強の変化を求める民意の兆し」「有権者は引き続き自公に政権を託したが、長期政権に対する飽きや嫌気を感じている」「圧倒的な与党の獲得議席と、底流にある民意のバランスや濃淡とのズレを感じる」と書いた。いずれも、願望に引きずられた歪《ゆが》んだ認識である。「敵失が勝負を決めた」「得票率を精確に反映しない小選挙区制の弊害」といった類いの言い草も同様だ。彼らには他者も自己も見えていない。

ゼニカネや生活という「下部構造」の問題や訴えを軽んじ、安倍・菅政権の経済政策が実は公的セクターを減退させ社会の包摂《ほうせつ》度を大きく下げ生活基盤を突き崩す新自由主義にほかならないというハリボテぶりを有権者に気づかせることもできず、いかに日銀が買い支える虚構の株価とはいえ、就職率も良く有効求人倍率も高水準の時代の記憶しかない（物心ついてから首相は安倍氏と菅氏しか知らない）

若い世代が政権を支持（積極的であろうが消極的であろうが支持は支持）するのは当たり前なのかもしれない……という程度の総括もできず、それでいて安倍・菅政権を支持する者を愚民視し、まるで言葉も通じない、自分とは異なる人種かのように腐《くさ》してきたリベラル勢力が退潮するのは、ある意味で必然である。

多数を制すれば予算編成と人事を実質上握れ、政策を実現できるという当たり前の事実を決して逸《いっ》さず、どぶ板選挙を厭《いと》わず、九割の相違があろうとも一割の共有価値（利害？）によってまとまって死に物狂いで政権を維持してきた自民に対し、野合批判を怖れるあまり一割の相違点に拘泥《こうでい》し大同団結できない野党が、有権者に本気度を見透かされるのも当然である。☆6

コロンビア大歴史学部教授のマーク・リラが、二〇一六年の米大統領選でのドナルド・トランプの

☆6　日本維新の会が大阪圏で支持を集め続ける理由についても、他地域の人間にはおそらく誤解がある。船場の商人気質からの「反お上」「反公務員」「反権威」「反東京」の下地がネオリベ的な維新の政策と親和性があると分析するリベラルメディア御用達の学者もいるが、現地で取材を続けるジャーナリストたちの実感とはズレている。在阪準キー局の目に余る親維新ぶりを差し引いても、維新は十年にわたって大阪府と大阪市という二大統治機構を握り続けてきた。この間、毎年予算を組み、幹部人事を行うとともに、首長職と議会多数派を握る利点をフル活用し、どぶ板選挙を徹底して、権力維持に余念なく取り組んできた。政権との蜜月ぶりをアピールし、国の施策を自分たちの手柄とアピールする一方で、躓いた政策については批判するという口舌の使い分けも巧みに行ってきた。言うなれば、かつての保守と同じ「努力」をしてきたということになる。都構想住民投票は二度否決されたが、維新への支持率はなお高い。

勝利を受けて記した文章がある。米国のリベラル、つまり民主党主流派とその岩盤支持層を痛烈に皮肉ったものだが、太平洋をはさんだ此方《こなた》にもあてはまるだろう。

選挙政治は少し釣りに似ている。釣りたいと思えば、朝早く起きて、自分の方から魚のいる場所——魚がいて欲しいとあなたが望む場所ではない——まで行かなくてはならない。そして、水の中に餌《えさ》を入れるのだ(「餌」というのは、魚が食べたくなる何かであって、食べると健康になる何かではない)。〔略〕アインデンティティ・リベラル〔つまり民主党主流派〕の釣りはこうではない。まず彼らは陸地の自分のいる場所から動かない。海のそばまで来ようとはしないのだ。そこから、少しでも近づいて来る魚がいたら、そちらに向かって大声で叫ぶ。これまでどれほどの不正義が行われてきたかを訴えるのだ。また、不当に特権を得ている者がいれば、今すぐ放棄せよと言う。望んでいるのは魚が一斉に悔い改めて、自らの罪を告白し、自分から岸まで泳いで来て網にかかってくれることである。そんな釣りをするくらいなら魚を食べるのはあきらめて、初めからヴィーガン(完全菜食主義者)として生きていく方がましだろう。

〝The Once and Future Liberal〟(夏目大《なつめだい》訳『リベラル再生宣言』)

二〇一六年のトランプ勝利の際、リベラルオーソリティはそのエリーティズムに対する手痛いしっぺ返しを食らったはずだが、相変わらず、世界の情勢を見るレンズは曇り続けていた。

反対勢力やメディアを口汚く罵倒し、不都合な事実を指摘されると反証も示さず「フェイクニュース」と開き直るトランプのような人間が超大国の大統領の座に四年も居続けたことはおぞましいことではあった。が、ヒラリー・クリントンの敗北はなんら不思議なことではなかった。かつては分厚かった米国の中間層（ラストベルトを中心とした「忘れられた人たち」）が抱えた没落への危機感を旧来の共和党、民主党の主流派が見誤り、すくいとれなかったことの当然の帰結である。二大政党ともにトランプに敗れたのだ。二〇二〇年十一月の大統領選で接戦の末ジョー・バイデンが勝利したことにリベラルは安堵《あんど》したが、トランプ流政治の継続を七千四百万もの人が望んだ事実（共和党候補で史上最多票）は重い。敗北を認めないトランプ陣営の見苦しい訴訟とは無関係に、また、取り沙汰されている四年後の再出馬の可能性も措《お》き、トランピズムは継続している。

フランスの「黄色いベスト」運動や英国のＥＵ離脱（ＢＲＥＸＩＴ《ブレグジット》）についても、朝日新聞をはじめとするリベラル系メディアの論説記事の多くは、明らかに評価が歪んでいたと言える。その内容は、ポピュリズムによって民主主義が侵され、多様な社会を目指す意識が捨て去られ孤立主義やナショナリズムに回帰していると憂《うれ》え、政治が相変わらず国家の枠に囚《とら》われている、などと国家フォビア（嫌悪）を前面に出してＥＵを称揚《しょうよう》するものだった。自由貿易と保護主義をくっきり線引きし二分できるかのような粗雑な議論も目立った。

英国でもフランスでも米国でも、いま起きているのは「上下」の分断、新たな階級社会化であり、それへの抵抗である。その現象の底流には、グローバル化で後退した、防波堤としての「国家」の役割の再興と「ネーション＝国民」への回帰の動きがあると言える。進行しているのはナショナルなものの沸騰《ふっとう》ではなく劣化であり、その変動がデモなどのかたちで熱を発している。それを「ポピュリズム」「排外主義」と片づけるエリーティズムこそが問われているのだ。ポピュリズムを大衆迎合《げいごう》主義と誤訳し、将来への不安の少ないより良き生活を渇望し新自由主義に抵抗するベクトルを「ポピュリズム」と切って捨てるなら、民主政治など要らない。ネーションは原理的に、国民国家内で成員（国民）の均質性を志向するものである。それを嫌い「多様性」を称揚する高学歴エリートは、結果的にグローバル化や新自由主義に与《くみ》しただけでなく、民主的連帯に背を向けた。国家の後退によって「平等」に裂け目が生じている現実を見ようともせず、習い性のように反ポピュリズム、反ナショナリズムを唱えてこと足れり——。リベラルは底の浅さだけでなく倫理も問われている。

先進各国で新自由主義とポピュリズムの主導権争いが起きているなか、日本ではなぜか、（れいわ新選組のような一部の左派を除き）ポピュリズムが「お上《かみ》」（新自由主義の政権）に逆らわないどころか「反政権」的な人間を叩き、結果的に「一部の国民のための政治」を擁護しているという奇態なねじれがある。その複雑な関数を解くのはリベラルメディアの役割であるはずだし、そのうえで多数派を握る最適解を探すのがリベラル陣営政治家の仕事だろう。

公平さに欠ける「正義」

米国のリベラルの関心が、勤労者や階層間の社会経済的な平等から、被差別集団やＬＧＢＴＱなどのマイノリティあるいはジェンダーの平等に移っていくのとパラレルに、日本にも、#MeToo運動を追い風にした第四派フェミニズム旋風[☆7]や、ＢＬＭ[☆8]（Black《ブラック》 Lives《ライヴズ》 Matter《マター》）運動に端を発したアイデンティティ・ポリティクス[☆9]の荒波が押し寄せている。そして、日本のリベラルはそれをほとんど無批判に受け入れている。

リベラルな価値観からすれば、男女間の不平等は許されないし、男女の公的権利の差はもちろん、社会的経済的な不均衡も解消されなければならない。これには私にもまったく異論はない。リベラリズムが語ってきた普遍的「人権」が永《なが》らく「男権」に過ぎなかったことは、いくら強調してもし過ぎることはない。

だが、クオータやパリテといったアファーマティヴ・アクション（積極的格差是正措置）的な解決手法の導入が「リベラル」な考えに沿うものかというと、ことはそう単純ではない。たとえば男女の候

☆7 第一波は十九世紀末から二十世紀前半にかけて高まった女性の相続権・財産権・参政権運動。第二波は一九六〇年代から七〇年代にかけてのもので、女性解放運動（ウーマン・リブ）に象徴される。「女らしさ」といったジェンダー規範からの解放や、雇用や賃金の平等が求められた。第三波は一九八〇年代末から九〇年代に起こったもので、第二波の問題意識を引き継ぎつつも主体性や多様性が強調された（後述するインターセクショナリティに光が当たるのもこの時期）。第四派は二〇一〇年代から始まり、SNSを利用した問題へのアプローチ手法が特徴。#MeToo運動はその典型。

☆8 二〇二〇年五月二十五日、米国で黒人のジョージ・フロイド氏が白人警察官に首を押さえつけられ、その後死亡する事件が発生。その事件を機に「Black Lives Matter」をスローガンとする抗議デモが起こり、世界的なムーブメントに発展した。

☆9 アイデンティティに基づく集団や属性を前提とし、その利益を代弁して行う政治活動のこと。ジェンダー・人種・民族・先住民・性的指向・障害などのカテゴリーが焦点化されやすいが、本質的にはある集団の他集団に対する「差異」に重きが置かれるため、必ずしも少数派である必要はない。

補者の数が半々でない場合、女性有権者が女性だからという理由で女性候補者に票を投じるとは限らない。端的に言って、議席数をあらかじめ割り振ってしまう「制度としてのパリテ（あるいはクォータ）」は、男性の被選挙権だけでなく、女性の選挙権を侵害していることになる。

問題は現実が理想を裏切っていることにあるのか、それとも、リベラリズムの思想自体に根源的問題があり、その解体なしに女性差別の克服や女性の解放は不可能なのか。これは大きな難問だが、私見では、差異主義的[☆10]、本質主義的な[☆11]フェミニズムは、それこそセクシズム（性差別主義）の陥穽《かんせい》にはまっている。同様に、伝統的なレイシズムを嫌う以上に普遍主義の反レイシズムを目の仇《かたき》にした「人種主義的な反レイシズム」（形容矛盾のようだが）が台頭しているが、これも、レイシズムそのものではないにしても本質主義であり、結局はレイシズムに道を開くことになってしまう。

ＢＬＭ運動は、アフリカ系アメリカ人が権力や警察からいかに不当な扱いを受けているかを多くの人に知らしめる大きな意義があったが、かつての公民権運動とは違い、私たちは同じ人間だという「共通点」よりは、アイデンティティという「差異」を押し出す傾向が強いようだ。

アイデンティティ・ポリティクスにおいては、政治のありようは政策や理念ではなく、「私たち」対「彼ら」という帰属意識に支配される。政党は、多様な利害を調整する公共財ではなく、「彼ら」とは違う「俺たち私たち」を結集するセクトと化す。

多文化主義（multiculturalism《マルチカルチュラリズム》）という言葉は人によって指し示す内容や用法が多様で、広くマイノリティの文化・歴史を尊重する立場や、文化的出自を異にする人たちの共生を図るという程度の意味で使われることも多い。ただ、多文化主義の思想が先鋭化すれば、民族的・宗教的・文化的な集団の

「保存」が目的と化し、内部においては個人の自律の意思や参入離脱に制約をかけ、外部に対しては「差異への権利」を打ち出し混淆《こんこう》を嫌い、人権や寛容など普遍的な価値をも相対化していくゲットーのような集団が「共存」する社会になりかねない。

「多様性」はきわめて大切ではある。が、それは事実として受容し平等に包摂すべきものであって、価値として追い求めれば、まさに「分断」を呼び込みそれを正当化する方便にもなり得る。アングロサクソン的な多文化主義の基礎的アイデンティティ単位は個人ではなくエスニシティ☆12であり、その思想は、多様性の名を借りながらも、結局は個人を特定の属性に嵌《は》め込むモノカルチュラル（単一文化的）なヴィジョンを前提にしているとも言える。多文化主義と多文化は違う。「文化の盗用（あるいは借用）」という概念も、意匠《いしょう》や生活様式を特定のエスノ集団やコミュニティの固有の所有財とみな

☆10 集団や属性間の「差異」を重視し、ときにそれを本質的とみなす立場で、「普遍主義」と対になる概念。フェミニズムの文脈では、普遍主義に基づけば、人は男と女という属性を括弧に入れた「人間」として尊重され、個人の能力により評価されるべきとされる。差異主義においては、「男」と「女」には差異があるという前提に立ちながら平等を目指す。クオータ制のような数の上での男女平等を目的化する考えは、差異主義と親和性が高い。

☆11 事物や人間のありようは、時間や文脈を超えた固定的な本質によって規定されていると捉える考え。本質に先立つ実存があるとする実存主義者からは批判される。フェミニズムの文脈での本質主義とは、性差あるいは女性性、男性性を社会や文化に先立つ「本性＝自然」のものとして扱う考えのこと。たとえば「出産」を女性の本質として考えるなど、人には不変的で決定的な性質があるとする。

☆12 一つの共通の文化を意識的に分かち合い、その出自によって定義される社会集団のこと。

すという点において、あえて極論すれば、ゲットー主義やアパルトヘイトにつながる発想である[☆13]（さらに言えば、エスニシティだけに歴史的実体があるかのようにみなす特権化は、リベラリズムのみならずナショナリズムとの緊張関係も呼ぶことになる）。

こうした「性別主義的フェミニズム」「人種主義的な反レイシズム」とも言うべき、普遍主義とは反《そ》りの合わない「部族主義（tribalism《トライバリズム》）」的な思想は、インターセクショナリティ[☆14]の概念や潮流とも絡み合い、普遍主義の本場であるはずのフランスや欧州にも流れ込んでいる。これは、「ブラック企業は不適切な表現」「美白という商品名は控えるべきだ」といったポリティカル・コレクトネス[☆15]（PC）運動や、その劣化版としての風紀委員的言葉狩り旋風と相まって、世界を吹き荒れている（新大陸を「発見」したコロンブス像の撤去・破壊運動も広い意味ではこの流れだろう）。

これらは本当にリベラリズムに合致しているのか――といった疑問が検証されることもなく、リベラル勢力はむしろ肩でこの風を切って歩いている。少なくとも日本では、一九九〇年代末のフランスで多くの女性フェミニストがパリテに反対したときのような原理的かつ深い論争は、起きていない。

原理と、現実における社会学的検証や政策論が別ものであることは承知している。しかし「マイノリティのため」「女性のため」を正義として一人歩きさせることで本来の公平・公正への志向を見失い、特定の属性や集団の利益最大化を目的とした主張をリベラルが行うことは、自らの足場を掘り崩すことになる。さらには、正真正銘の保守セクシストやミソジニスト（女性蔑視者）、オールドレイシストたちと同じ地平に自らを貶《おとし》め、彼ら彼女らの居直りを呼ぶことになりはしないか。

憲法九条、沖縄、天皇――リベラル最大の矛盾

こうした、リベラリズムを貫徹した立場からのリベラル批判の本旨を理解していながらも、「理屈は分かるが、現実においては、その主張は保守セクシズムやレイシズムの温存に結果的に手を貸すことになる」と親切に助言してくれる周囲の同僚や知人は少なくない（これまで言い忘れてきたが、私は自分をリベラルだと考えているし、私の友人の多くもリベラルを自任している）。しかしこの物言いは、リベラルが崇《あが》める憲法九条についての言説と非常によく似ている。すなわち、九条護憲論者が、いわゆる護憲的改憲・立憲的改憲論者を非難する際の「改憲派の後押しをすることになる」という言い回しと完全に相似形である。

☆13 こうした「当事者主義」が昂ずれば、白人が黒人差別を問うことも、男性が女性差別を非難することも、欺瞞の一言で片づけられかねない。やがては、体験あるいは目撃した者以外に当該の問題を語る資格なしとの風潮がはびこり、戦後世代が被爆者の体験を伝えることも、本土出身者が沖縄の基地問題に声をあげることも、欠格者の烙印を押されることになる。フィクションが抉り出す文学的真実すら否定されてしまう（そうなれば、文学作品はなべて作者の経験や私生活に還元されることになる）。

☆14 白人中産階級女性が中心だった第二波フェミニズムへの反発から、第三波フェミニズムにおいて注目された概念。差別や抑圧は様々な要素が「交差」（intersect）しているという考え方で、たとえば、同じ女性でも白人女性と黒人女性では経験する差別は異なり得る。米国の法学博士キンバリー・クレンショーが一九八九年に提唱したとされる。

☆15 政治的妥当性の意。ある言葉や所作に差別的な意味や誤解が含まれないよう、政治的に（politically）適切な（correct）用語や政策を推奨する態度のこと。

九条問題は、言うまでもなく戦後日本の最大のアポリア（難題）である。そして、日本のリベラルの矛盾を最も顕《あら》わにしているのが、この問題である。

詳細は本文に譲るが、かつての革新勢力、そして現在のリベラル勢力は平和主義を唱え、日本はそれをまもってきたという神話を内外に喧伝《けんでん》してきた。その裏で、九条を裏切る現実、すなわち自衛隊の存在と、日本国は明らかに（国際法上も）戦争に参加してきたという現実からひたすら目を背け、あるいはその事実を忘れ、日米安保のコストを自衛隊と沖縄に押しつけてきた。自覚的な偽善と無意識の偽善のどちらの罪が重いか、である。

他方で、少なからぬリベラル陣営の論者は、安倍政権や改憲派、日本会議系勢力への防波堤としての機能を皇室（特に彼らが「リベラルな方」と敬《うやま》ってきた現上皇）に求めてきた。国政に権能を有しない天皇や皇族へのこうした期待は、憲法の国民主権原則と衝突するうえに、昭和維新を試みた青年将校たちの超国家主義の夢想と同様の危うさを孕《はら》む。なにより、そうした一個の国父・国母的人格への親愛の情を超えた精神的依存は、リベラリズムではなくパターナリズム（権威主義）にほかならない。

いま、あえて「味方叩き」をする意味

こうした主張を朝日新聞内で唱えることにそれなりの覚悟がいることは想像していただけるだろうか。憲法九条について言えば、論説・オピニオンの分野では、いわゆる朝日岩波文化人的な識者やその系譜の論説委員や編集委員の影響力はなお強い。社論は護憲のまま揺らいでいない。フェミニズムの問題では、二〇二〇年四月に朝日新聞は「ジェンダー平等宣言」なるものを公表し、女性管理職の

数値目標のほか、取材対象や識者の選定をめぐっても性別などの偏りがでないようにするとした。たとえば朝刊二面に毎日掲載している「ひと」欄登場者の男女比率がいずれも四割を下回らないことを目指すという。

数値目標を設定しなければ平等実現への梃子《てこ》にはならない、という主張はおそらくそのとおりだし、字義本来の意味で「憲法をまもる」のも、望むところである。しかし、特に「男」という（選んだわけではない）属性を背負いつつなお本質主義的なラディカル・フェミニズムへの少しばかりの疑問を呈したり、差し当たりの政治的選択として護憲的改憲を主張したりすることに、肩身の狭さを感じずに済む程度の社内言論の自由は、liberal《リベラル》（第一の語義は「気前よい」「おおらか」）を自称する新聞社であるなら、あってほしいとは思う。

冒頭に戻れば、「こんなの書いて大丈夫か」の意味は、「これほどリベラルの失墜《しっつい》が著しいなかで、味方叩きをしている場合か」という含意もあるのだろう。一九三〇年代に日本とドイツで、共産主義者と右派が当時ただでさえ脆弱《ぜいじゃく》で劣勢だった議会や社会民主主義勢力を左右から挟撃《きょうげき》し、自由主義の砦《とりで》を破壊してしまったのと同じ愚ではないか、ということかもしれない。

八年弱の安倍長期政権下で切り崩され液状化した民主制の土台の現状を見れば、確かに、それほどまでに事態は切迫しているのだろう。立憲民主主義の基盤を回復し、いかにリベラルな対抗軸を打ち立てられるのかどうかが問われているのは、一強多弱の政治状況が続く日本だけでもない。

ただ、先に述べたように、リベラル勢力が右派やネトウヨに攻撃されるだけでなく多くの人に胡散《うさん》臭がられているのは、そのエリーティズムとご都合主義によって、リベラリズムの価値そのものをひそかに裏切っている側面があることを嗅《か》ぎ取られているからではないのか。必要とされながら孤立化しているのは、むしろ、普遍的人権をベースにして自由・平等・公正という「近代」の価値にコミットしている実践的リベラリズムの方であり、グローバリズムとアイデンティティ・ポリティクスによって内外から挟撃され危機に瀕しているのは、「近代」国民国家そのものである。まだポテンシャルのある（と私は信じている）それらの価値の忠実な守護者と認知されていないことが、リベラル勢力失墜の主因ではないだろうか。

黄昏《たそが》れゆくリベラルが夜を越え再び朝日を望む日を迎えるために、まずは自らの弱点と矛盾を見つめたい。

第一章
正義の暴走
──世間とジャーナリズムとの共犯関係

解題

二〇二〇年は「コロナ自警団」「自粛警察《じしゅく》」というおぞましい言葉が、ウラ流行語大賞になるのでは、というほど人口に膾炙《かいしゃ》した。

歴史を繙《ひもと》けば、感染症は差別や嫌がらせと分かち難く結びついてきた。緊急事態という名の下に結束や秩序順守が前面に押し出され、本来は例外のはずの私権制限が原則化し、異論を封じ込める空気が醸成される――これはどの国や社会でも同じかもしれない。しかし、感染者を罪人のように叩き、感染を本人の落ち度や責任感の欠如の表れであるかのように扱い、医療従事者までもが心ない仕打ちを受けるという異様な事態がこの国でなぜここまで進行したのかは、無視できない社会の病理の顕現《けんげん》として診断に値するだろう。他県ナンバーの乗用車や、自粛要請を順守していない（とみなした）店舗や個人に嫌がらせを行う人々の姿は、八十代以上の方なら既視感ある光景かもしれない。まさに「非国民」叩きに躍起《やっき》になった戦中の隣組《となりぐみ》、自警団さながらである。

もっとも、こうした空気を惹起《じゃっき》したのは、いわゆるコロナ特措法にも原因がある。政府による緊急事態宣言によって都道府県知事が持てる権限は、営業や外出の制限については強制力のない要請や指示にとどまる。五月下旬にわずか一カ月余で宣言が解除された後にも、法的根拠のない独自の「アラート」「非常事態」「赤信号」宣言が都道府県によって乱発され、自粛の要請という（語義矛盾とも思える）中途半端な措置が常態化した。強制的な規制に踏み切らなかったのは、国民の抵抗感を考慮しただけでなく、営業損失への「補償」の責任を逃れ「協力金」や「支援」にとどめるためでもあったが、法規制であれば要件や権限や対象が厳格に限定されるところ、かえって法的統制のない行政の裁量範囲を拡大してしまった側面もある。そしてこの曖昧《あいまい》な措置は、感染対策の徹底を、ただでさえ充満している同調圧力に委ねることになり、インフォーマルで恣意的な社会的制裁が暴走する大きな点火源になった。

罪刑法定主義は、刑罰を正統性ある公権力に一元化し、制裁の恣意《しい》性と私刑を排除するためにある。しかし今回、「強制」という言葉に反応して権力の専横を警戒し、法的強制力ある措置よりも「緩やかな」指示や要請にとどめることを歓迎したのは、むしろリベラルの側だった。この国の戦後思想が国家こそ人権の抑圧者だったという記憶から出発したことを考えれば、それも理由のないことではない。とはいえ、リベラリズムが尊重すべき「法の支配」への理解を欠くものだった面は否めない。リベラルは「世間」という不明朗な規範に服した、という言い方もできる。

「安田純平《やすだじゅんぺい》は誰に謝ったのか」という散文で扱ったのは、視認も触知もできないが誰もが存在を強く感じている、この「世間」という規範についてである。

シリアでの三年四カ月に及ぶ拘束を経て二〇一八年秋に帰国したジャーナリスト安田純平氏に対しては、主にネットで「危険を承知で行ったんだから自業自得」「迷惑な奴」「どのツラさげて帰ってくるの」などと、いわゆる「自己責任論」の合唱が起きたが、その内容は、外交や中東政策に影響を及ぼしかねないという点ではなく、まさしく「世間をお騒がせした」ことへの非難だった。仕事として危険地に赴《おもむ》き図らずも拘束されたジャーナリストへの負の世論の高まりは、外国メディアの特派員が「全く理解できない現象」などと発信した。[☆1]

このところ有名タレントやスポーツ選手の不倫に対するバッシングも相次いでいるが、民法が当事者間の解決事項としている行いを世間という不定形な群れが暴き追い詰めるさまは、まさに「社会的リンチ」という言葉が浮かぶ。そして、こうしたネタをせっせと提供し、それをゴシップとして消費する世間を真に「騒がせて」いるのは、実はジャーナリズムである。

私自身も幾度も関与してきたことを告白するが、たとえばワールドカップで活躍した選手や五輪のメダリストについて、日本のメディアが同級生などあらゆる関係者を探し出して取材し、出身地が郷里の英雄を称《たた》える様子を「演出」する姿は、異様としか言えないものだ。よく似たことは、凶悪事件の報道でも起きる。容疑者が成人であっても、注意深く見れば明らかにその家族を追い込み「親の責任」を問うような内容に仕上がっている。こうした報道は、日本以外の国ではほとんど見たことがない。功成り名を遂げた人と、重罪人もしくは「世間をお騒がせした人」、この二つに世間が示す反応は、正反対に見えて、同じ現象のネガとポジである。古くは虎ノ門事件[☆2]の難波大助《なんばだいすけ》、連合赤軍[☆3]の坂東《ばんどう》國男《くにお》、そして連続幼女誘拐殺害事件[☆4]の宮崎勤《みやざきつとむ》の犯罪が、当時盛んに論じられたように、同時代の日本を映したものだったかどうかは分からない。だが、彼らの家族を襲った不幸（集団的過熱取材、村八分、一家離散、父親の蒸発や自死）は、いまも変わらぬ日本社会のありようを示している。

血縁や地縁が希薄化したいま、「世間」を補強しているのは、メディアにほかならない。いや、日本のメディアこそいまや世間にほかならない、と言うべきか。

「世間学」といえば阿部謹也《あべきんや》や佐藤直樹《さとうなおき》が有名だが、一つ、この問題に切り込んだ重要な文学作品として、円地文子《えんちふみこ》の『食卓のない家』を紹介しておきたい。この小説は連合赤軍事件をモチーフにしているが、扱っている主題はまさに「世間」であり、本書の第六章で取り上げる「責任」である。酸鼻《さんび》な同志へのリンチ殺人に加担した犯人の父親は、周囲から責められても謝罪せず、勤務先から退職の圧力をかけられても辞めない。成人した子の責任を親が取る必要はない、決して取ってはならないという考えを貫き、能面のような表情で世に対し続ける。当然ながらこの父に家族はついていけ

☆1　一方で、日本で大災害後の混乱下でも略奪や暴動が起きず整然と秩序が保たれる様子を外国メディアはたびたび絶賛してきた。が、これも「世間」が機能した結果であることを、おそらく私たち日本人は知っている。

☆2　一九二三（大正十二）年十二月、共産主義者の活動家・難波大助が摂政宮（皇太子裕仁親王）を襲撃し、暗殺しようとした事件。

☆3　一九七一（昭和四十六）年から七二（昭和四十七）年にかけて活動した日本の極左テロ組織。連合赤軍が起こした同志に対するリンチ殺人事件（山岳ベース事件）は当時の社会に強い衝撃を与え、あさま山荘事件とともに新左翼運動が退潮するきっかけとなった。

☆4　一九八八（昭和六十三）年から八九（平成元）年にかけ、東京都北西部・埼玉県南西部で発生した一連の誘拐殺人事件。犯行声明が新聞社に送りつけられるなどの事件の特異性から報道が過熱し、メディアスクラムなどの報道のあり方も問われた。被疑者として逮捕・起訴された宮崎勤の自宅から五千本以上のビデオテープが押収されたことも話題になった。二〇〇八年、死刑執行。

ず、妻は精神錯乱し、娘の縁談は壊れ……と家庭はガラガラと崩壊していく。それでもこの父親は態度を変えない。

実際にはモデルとなった坂東國男の父親は自殺しているので、これは、決して日本では起こり得ない事態を描いた、円地による思考実験と言える。柄谷行人《からたにこうじん》も『倫理21』『必読書150』で紹介しているこの作品の特異性は、連合赤軍事件を扱ったほかの数々の作品と違い、この父親のたった一人での闘争こそが、新左翼の息子の日本国家との闘争よりもずっと革命的で重要だということを語っている点にある。封建遺制と闘う、という言い回しは、ともすれば前近代的な家父長制を壊すことだと意識されてきたが、日本では、明治的な強い父性が消えても、家族や個人を強いている「ある力」は依然消えていない。闘う相手を間違ってはならない、自分たちを縛っているものが何なのかよく見据《みす》えろ、ということをこの小説は示している。

メディアの話に戻せば、紛争地や危険地を取材するジャーナリストが遭難した際の瞬間風速的な報道の嵐も、この国のジャーナリズムの課題を検証する好材料だ。

フリージャーナリスト後藤健二《ごとうけんじ》氏がシリアで「イスラム国（ＩＳ）」に拘束され殺害された事件（二〇一五年一月三十日）では、遺体の映像が流れた途端、報道が弾劾調のものから、ジャーナリスト魂を称揚する美談調のものへと一転した。自己責任論との落差は、さながら「生きて虜囚《りょしゅう》の辱《はずかし》めを受けず」と「戦死すればみな英霊」の手のひら返しのようで、見ていて目が眩《くら》む思いがした。イラクで武装組織に襲撃され死亡した橋田信介《はしだしんすけ》氏と小川功太郎《おがわこうたろう》氏（二〇〇四年五月二十七日）、ミャンマーで政府軍兵士らしき男に射殺された長井健司《ながいけんじ》氏（二〇〇七年九月二十七日）らの事案についても、追悼《ついとう》報道が落ち着くと、当初あった「避けられた死」だったのでは、という疑問はメディアから姿を消した。取材手法や状況判断、事前の安全対策や危機管理に問題がなかったのかという、組織人とフリーランスの垣根を越えて行うべき検証とノウハウ共有の試みは、一部のフリー記者有志の動きを除き、その後もなされてはいない。

一方で、安倍政権下では、報道への圧力や分断の動きが強まった。二〇一五年にはシリア行きを表明していた新潟市在住のフリーカメラマンが「生命、身体、財産の保護のため」との理由でパスポートを返納させられ、外務省は記者クラブ加盟各社や日本新聞協会、日本雑誌協会などにシリア渡航を見合わせるよう要請した。これに呼応するように、某紙記者が敢行した現地取材をライバル紙が批判するという、メディアが報道の独立を自ら放棄したとしか言いようがない異様な事態も起きた。ほかならぬ安田純平氏も、帰国後に申請したパスポートの再発給を外務省に拒否されている。安田氏は、同省の措置は行政の裁量を逸脱しているうえに憲法が保障する居住移転の自由を侵すものだとして東京地裁に提訴したが、報道の自由を脅かすこの深刻な事態に、立場を超えて共闘すべき報道人たちの動きはきわめて鈍い。二〇二〇年末時点で四回開かれている公判で、新聞やテレビの記者を見かけたことはほとんどない。

東京新聞の望月衣塑子《もちづきいそこ》記者の空気を読まない質問をきっかけに政権幹部と官邸記者たちの「癒着」ぶりが露《あら》わになったが、日本の組織メディアは永らく、参入の自由に対して高い障壁をめぐらせたムラ社会を保持してきた。これも小さな「世間」である。カルロス・ゴーンの逃亡劇[☆5]があらためて世界に知らしめた人質司法の悪習も、政治記者と同じくアクセスジャーナリズムの軛《くびき》から逃れられない各社の司法記者にとっては、決して追及できない問題というだけでなく、その温存に手を貸してきたという意味で共犯（少なくとも共謀共同正犯）の関係にある。この前近代国家ばりの人権侵害が世紀を越して二十年も経たいまの世に残り続けていること自体、ただただこの国のジャーナリズムの機能不全と後進性を傍証《ぼうしょう》している。

東京五輪報道にも観察できる日本のメディア企業と組織ジャーナリズムの足枷《あしかせ》の問題については、巻末の本間龍《ほんまりゅう》インタビューを併せてお読みいただきたい。

小論「『ピエール瀧《たき》』は視聴者に悪影響を与えるか」は、コロナ自警団とはまた別の、正義の暴走の問題に目を向けた。

二〇一九年秋、日本赤十字社が人気漫画のキャラクターを起用した献血キャンペーン用ポスターに「過度に性的だ」などと批判が寄せられる騒動があった。女性キャラの胸を強調した（ように見える）デザインを人権派弁護士らが問題視し、それに対して「保守的な風紀委員に成り下がったリベラル」と反発する声が上がり、SNS上で論争を巻き起こした。

ポスターを指弾した側の主張に「これは間違いなく環境型セクハラ。理由は私が不快と感じたから」というものがあったが、これは、昨今世界中で吹き荒れているポリティカル・コレクトネス旋風（というよりハリケーン？）の性格の一面を示しているかもしれない（あくまで一面だが）。

あいちトリエンナーレ2019の「表現の不自由展・その後」問題をめぐって愛知県が設置した検

証委員会の報告の中で、個人的に最重要と思われるのは次の指摘だ。

「単に多くの人々にとって不快だということは、展示を否定する理由にはならない。芸術作品も含め、表現は、人々が目を背けたいと思うことにも切り込むことがあるのであり、それこそ表現の自由が重要な理由」

「表現の自由は重要な人権であり、制限が許されるためには、それに見合った理由（どのような意味で『公共の福祉』に反するのかを明確に特定する必要がある）が必要である。単に、漠然と『公共の福祉』に反すると思うとか、一定範囲の人々が不快に感じるという理由では表現の自由を制限することはできない」

公共施設での展示と公的補助の是非が絡んだ不自由展の問題と、日赤ポスターの騒動は同列には扱えない部分もあるし、これを持ち出すことで、ポスターを擁護したいわけでもない。ただ、一般論として、表現行為はすべからく誰かを傷つける可能性を持つ。不自由展の慰安婦《いあんふ》像などの作品を名古屋市長は「日本人の心を踏みにじる」と批判したが、誰の気にも障《さわ》らない表現の自由なら中国にも北朝鮮にもある。また、特定の宗教や文化や国への誹謗《ひぼう》、憎悪の表現は、褒められたものではないかもしれないが、ヘイトスピーチ☆6や差別とは言えない（本人が主体的に選べない特定の属性に基づいて個人や集団

☆5　二〇一八年十一月以降、金融商品取引法違反容疑など四件で逮捕・起訴された日産自動車前会長のゴーン被告が、海外渡航禁止の保釈条件を破り、翌年十二月二十九日、関西空港からレバノンに逃亡。翌々日、日本の司法制度を「有罪が前提で、基本的人権が否定されている」などと批判する声明を発表した。

を攻撃、中傷し差別を煽《あお》るのがヘイトである）。パリのシャルリ・エブド事件☆7の直後には「あの風刺は行き過ぎ」「表現の自由は大事だが節度が必要」といった言説が広がったが、これは、この国の表現の自由の現在地を示すものだったかもしれない。

日赤ポスター問題について言えば、特定の身体パーツの強調が女性を性的なものに還元しており無意識な女性蔑視《べっし》を投影している、という批判は確かに成り立ち得るだろう。「胸の強調は女性蔑視だ」と批判したり「私はこのポスターを支持しない」と表明したりする表現の自由は、もちろん保証されている。しかし、表現内容への評価と、これが本当に「環境型セクハラ」☆8の定義を満たすものなのかという疑問、そして不特定多数の目に触れる場所に置くことの是非論は、せめていったん切り分けて論じたい。そのうえで、安易に作品の撤去・回収を求めたり先回りの自粛をしたりして表現の機会を奪うことには、禁欲的でありたい。表現への批判は旺盛《おうせい》に行うべきだが、表現行為そのものの否定や抹殺はすべきではない。さらに控えめに付け加えれば、「○○の尊厳を傷つけている」が、その実「私の感情を害している」に過ぎないのではないか、という可能性に自らの心を開いておく程度には、謙虚でありたいものだ。「表現の自由」の価値を高く掲げる「リベラル」であるのなら。

スペインでは、学校図書館から『眠れる森の美女』や『赤ずきんちゃん』などの童話を撤去する動きが進んでいるという。性的分業観やジェンダー意識を植えつけるおそれがあるからというのが理由だ。並行して、ＢＬＭ運動の隆盛とともに、欧米では白人中心史観やユーロセントリズム（西欧中心主義）にも批判の矛先が向けられている。コロンブスやレオポルド二世の像が破壊されたり米南部の地名変更が議論されたりと、植民地支配や奴隷制に関する「負の遺産」を見直す動きが進む。

過去はまったく完結していない。フェミニズムやポストコロニアリズムの流れで、字義どおりの意味におけるリビジョニズム（歴史の見直し）が今後も広がっていくことは、必然だろう。それは、これまで無視し抑圧してきた「他者」の存在を回復することでもある。

しかし、「政治的な正しさ」だけを追い求めることは、独善のまどろみに陥る危うさを常に抱えている。

なにごとによらず疑いの精神は必要だが、十分ではない。疑いの精神そのものを疑うことになれば、退歩しかない。

☆6　法務省の定義によれば「特定の国の出身者であること又はその子孫であることのみを理由に、日本社会から追い出そうとしたり危害を加えようとしたりするなどの一方的な内容の言動」を指す。二〇一六年五月二十四日にいわゆる「ヘイトスピーチ解消法」が成立し、同年六月三日に施行された。

☆7　二〇一五年一月七日、イスラム過激派とされるアルジェリア系フランス人の兄弟が預言者ムハンマドを風刺したパリの週刊新聞「シャルリ・エブド」編集部を襲撃し、風刺漫画家や記者ら十二人を殺害。八日には、連携した男も警察官を殺害して逃走。九日、立てこもった兄弟と男が射殺され、その際に人質四人も犠牲になった。テロを非難する市民の行進は三百七十万人にも及んだ。

☆8　厚生労働省の定義によれば「職場におけるセクシュアルハラスメント」には「対価型」と「環境型」がある。「対価型」は、労働者の意に反する性的な言動に対して、その労働者が拒否や抵抗をしたことにより、解雇、降格、減給、労働契約の更新拒否などの不利益を受けること。「環境型」は、労働者の意に反する性的な言動により、その労働者の置かれる就業環境が不快なものとなり、能力の発揮に重大な悪影響が生じるなど、看過できない支障が生じることを指す。

安田純平は誰に謝ったのか

二〇一八年十一月七日

ああ、こうした場面を私たち日本人は何度も何度も見てきたのだ――。そんな奇妙な既視感に囚われる光景だった。

三年四カ月ものあいだシリアで拘束されていた安田純平が十一月二日、帰国後初の記者会見を開いた。冒頭、「ご心配をおかけした皆さんにお詫びするとともに深く感謝します。私自身の行動によって日本政府が当事者にされてしまった点についてたいへん申し訳ないと思っています」と述べ、集まった二百五十人ほどの報道陣を前に深々と頭を下げた。

質疑に入り、安田は司会者から「匿名のバッシングや自己責任論があり、ある意味で日本の社会、民度、文化を映し出している。こうした現状への受け止めは」と問われ、神妙な面持ちで「私の行動で日本政府並びに多くの皆さまにご迷惑をおかけした。批判があるのは当然」「紛争地に行く以上は自己責任、自分自身に起こることは自業自得だと思っている」「外務省にはできることをやっていただいた。何も不満はなく、本当にありがたいと思っている」と語った。

二時間四十分に及ぶ会見は拘束中の過酷な生活についての説明が大半だったが、直後の民放ワイドショーの報道は、謝罪の言葉があったかどうかと、自己責任論に対する本人の所見にばかり注目した。某番組では「政府の慈悲で救出されて、改心したのでしょう」と述べた女性コメンテーターもいたが、「改心」の語が飛び出した理由は、こうした殊勝な発言が「らしくない」と思えたからだろう。ジャーナリストの取材活動を制限するかのような政府の姿勢や、邦人拘束時に巻き起こった自己責任論について厳しく批判していた安田を知る私にしても、彼の素直な謝罪の言葉は意外だった。そこまで追い込まれた、と見るより、この国で生きていくための、やむを得ない護身策なのだろうと私は受け止めた。

「騒いだ」のはメディアであり「世間」

それにしても、この「謝罪」は、いったい、誰に対し、何を謝っていたものなのだろう。紛争地取材の実績あるジャーナリストが、職業である取材・報道のために現地に入り、運悪く拘束された。そのことが、どのような理由で、謝罪を要するほどの「罪」に問われているのだろう。そう考えたところで、デジャヴュに襲われたのだった。そして、なんとも暗澹《あんたん》たる気分になった。

ＳＭＡＰの解散危機が最初にスポーツ紙などで電撃的に報じられた二〇一六年一月、メンバー五人が急きょ生放送で「謝罪」の言葉を述べたことがあった。彼らは沈鬱《ちんうつ》な表

会見の冒頭で頭を下げる安田純平
＝2018年11月2日、東京都千代田区の日本記者クラブ

情で、口々にこう言った。

「我々のことで世間をお騒がせしました。そしてたくさんの方々に、たくさんのご心配とご迷惑をおかけしました」

「この度は僕たちのことでお騒がせしてしまったこと、申し訳なく思っております」

「たくさんの方々に心配をかけてしまい、そして不安にさせてしまい、本当に申し訳ございませんでした」

このときも、彼らはいったい何に謝っているのか、そもそも謝る必要があるのか、疑問が募った。

彼らはまずもって「世間をお騒がせした」と謝罪した。しかし、私たちは「お騒がせ」したのが彼らではないことを知っている。「騒いだ」のはメディアであり、「世間」である。

今年（二〇一八年）五月にも、メンバーの一人が強制わいせつ容疑で書類送検されたＴＯＫＩＯの四人が、「皆さまに多大なる迷惑をかけた」「全員の責任」と謝罪会見をした。自分が罪を犯したわけでもないこの四人がなぜ謝る必要があるのか、どんな「責任」があるのか、やはり訝《いぶか》しんだ。しかしこうした会見を開かなければ、おそらく「世間」は許さなかっただろう。

「世間」とは、いったい何か。

「世間」に「迷惑」をかけたことを詫びねば生息できない国

阿部謹也らの研究が示しているように、この曖昧模糊《もこ》とした、正体不明の、主体の見えない、外国語に翻訳できないものこそ、日本人の行動規範であったし、いまだにあり続けている。決して触知も析出もできないが、誰もがその存在を感じ、怯えている。その世間に「迷惑」をかけた（これも翻訳しづらい言葉だ）という、如何《いかん》とも規定し難い事実をもって、そのことを詫びねばこの社会に生息する場を失いかねない、そうした国に我々は生きている。

いまさらながら、SMAPやTOKIOの「謝罪」がつぶさに見せたもの、そして今回の安田の言葉が顕わにしたものは、この国の、この社会のありようだった。

今回も多くのタレントやコメンテーターたちから飛び出した自己責任論。その不当性についてはこれまで何度も指摘してきたし[☆9]、もはや目にしたくもない言葉なので【『《「〈自己責任〉」》』】などと何重にも括弧《かっこ》に入れて手袋越しに扱いたいところだが、もう一度だけ論じておく（なお、安田の取材の経緯や手法を検証する必要性を私は否定しないし、すべきだと別途論じている[☆10]）。

日本人は、繰り返される「自己責任」という言葉にほとんど自家中毒を起こしている。自己責任とは本来、本人が「何が起きても誰のせいにもしない。結果を引き受ける」という意思表示をする際に使うものだろうが、第三者が使うと途端に奇妙な意味を帯びる。登山者は入山前に保険加入を、という程度の含意のこともあれば、ひと昔まえの小泉改革や新自由主義隆盛の時代には「官から民へ」「国に頼らず個人で」という掛け声とともにこの語が飛び交った。ジャーナリストが自ら戦地に出掛

☆9　「安田純平さんを忘れないで」『論座』（二〇一八年七月一日）
☆10　「安田純平さんが帰ってきた」『論座』（二〇一八年十月二十六日）

けた今回のような場合に浴びせられる際、それは「自業自得だ」「税金を使って助ける必要はない」という、溺《おぼ》れる者をさらに棒で叩いて沈めようとする酷薄《こくはく》な非難にしかなっていない。

自らが被害にも迷惑にも遭《あ》っていない人間が、なぜかくも強く「責任」を口にするのだろうか。

「責任」が、原因を帰せるかどうかを問わず結果を引き受けるという意味であれば（理由がどうあれ国家が邦人を保護する義務も「責任」だ）、個人に原因があるとしても、その結果に対する責めを無関係の者も含め複数で負うのが「集団責任」「連帯責任」ということになる。かつて小中学校で盛んに採り入れられた班競争が典型だ。

「世間」の母体が、江戸時代のムラ共同体や「五人組」、あるいは戦中の「隣組」の相互監視原理にあることに思い致しても、日本で飛び交う自己責任論とはその実、むしろ集団責任論的な足の引っ張り合いの思考である。それは「個」を群れの中に融解させ、個人の責任という概念そのものを霧消《むしょう》させてしまう。

「自分が当事者になることなんて、だれも考えていない」

「世間」には主体がない。ゆえに決して責任をとらない。記憶し続けなければならぬ歴史も熱狂した事件もすぐに健忘し、逆に、個人が忘れ葬《ほうむ》りたいことはしつこく掘り起こし思い出させる（バラエティ番組や週刊誌の「あの人はいま」特集の下世話さ！）。地縁血縁が希薄化した現代、こうした共同体的心性をせっせと補強しているのが日本のメディアだ。というより、日本のメディアこそいまや「世間」にほかならない。

安田の帰国四日後の二〇一八年十月二十九日、亡くなったばかりの樹木希林《ききききりん》を起用した宝島社の新聞見開き全面広告が大きな話題を呼んだが、そこに載った彼女の言葉にハッとさせられた人も多かったのではないか。

「いまの世の中って、ひとつ問題が起きると、みんなで徹底的にやっつけるじゃない。だから怖いの。自分が当事者になることなんて、だれも考えていないんでしょうね」

多くの人が、自分でなくて良かった、と安堵しながら、「世間をお騒がせした人」がカメラに向かって「迷惑をかけた」と謝る姿を胸に刻む――。海外メディアの特派員たちが今回発信したように、こうした現象は外の目から見ればまったく不可解で奇異なものであり、日本とはこんな風に同胞が追い込まれる国なのだ、という強烈な負の印象を世界に与えていることに、そろそろ私たちは気づくべきだろう。

「我々と同じ人間」の惨状を知るために

今回問われたのが日本人の「国際感覚」（これも好きな言葉ではないが）というべきものだとすれば、もう一つの側面がある。

ジャーナリストらの拘束、遭難、殉職《じゅんしょく》が起きると、彼らの安否報道や自己責任論、追悼記事でいつもニュースが埋め尽くされる。そして嵐が過ぎると、彼らが本来伝えたかったこと、つまり紛争地で多くの命が奪われ人権が蹂躙《じゅうりん》されている現状や惨劇への関心は薄れ、ほとんど報道されなくなる。

二〇〇四年に高遠菜穂子《たかとおなほこ》らと安田がイラクで拘束され解放されたころ、ファルージャでは米軍の攻撃で四千人近い住民の死傷者が出ていた。二〇〇七年には長井健司がミャンマーで取材中に射殺されたが、彼が追っていたのは、僧侶や市民らの民主化デモに対する軍事政権の苛烈な弾圧の様子だった。いずれも、喉元過ぎれば、日本人絡みでないと国際ニュースに関心は持たれないという定式でもあるかのように、現地の住民たちの苦悩を伝える報道はきわめて限定的な扱いになっていった。

今回の安田の帰国後、中東取材について「ＢＢＣやＣＮＮ、ロイターの報道で十分だ」という内容のつぶやきがツイッターで広がった。[☆11] まるで神の視点のような客観的な事実というものが存在し、それを誰か一人でも見て正確に伝えれば受け手の中に真実が像を結ぶと思っているのだとしたら、その単純な認識論に驚きを禁じ得ない。当たり前だが、ジャーナリストたちは通信社などの報道では不十分だと思っているからこそ現地に出かけるのだし、誰かではなく自分の目で現状を見るべきだと考えるからこそ、危険地にも足を踏み入れる。

中東との貿易・ビジネス上の結びつきや、米国の対テロ戦争を日本国が支持していることなど、日本人ジャーナリストが彼の地に赴く理由はいくらでも挙げられるだろう。だが、「我々と同じ人間」である現地の人々がどんな暮らしをし、どんなことを語り、どのように家族や家を奪われているのか、知りたい、伝えたいという動機以上に、加えて説明が必要だろうか。

再び、現場へ

シリアでは二〇一一年の内戦勃発以降、五十万人とも言われる死者と五百万人以上の難民が発生した。難民が押し寄せた欧州では、右派政党の台頭など国内政治への影響も大きく、国際政治の力学を絡めた内戦の推移や和平協定の今後の行方など、シリア情勢はきわめて大きな関心とともに報道されている。シリアからの五十万人を含む百万人以上の難民をここ三年で受け入れたドイツでは先月（二〇一八年十月）、メルケル首相が地方選挙での大敗を受け党首を辞任することになった。

ちなみに、日本での昨年（二〇一七年）の難民認定申請は一万九千六百二十九人で、認定はわずか二十人。うちシリア人は五人だった。

安田は二日の会見の最後、自らが注目を浴びる一方でシリア報道が少ない日本の現状について問われ、こう答えた。

「何が起きているのか、この先どうすべきなのかというところまで、関心を持ち続けていただきたい」

帰国から会見までの八日間、安田は病院でも旺盛な取材力を発揮し、浦島太郎状態だったこの三年四カ月のシリア報道を渉猟《しょうりょう》し続けた。本人は今後の紛争地取材について「まったくの白紙」と話しているが、私は確信している。

安田純平は必ず再び現場に立つ。

☆11　橋下徹・前大阪市長の二〇一八年十月二十八日のツイート「安田氏がその取材活動によって世間に伝えているものは、BBCやCNNやロイターなどの報道機関が現在伝えているものと何か違いがあるのか？僕が見聞きした安田氏の話は、単に自分自身が現地に行ったというところにしか価値がない。それなら世界の報道機関が報じているもので十分だ」

「ピエール瀧」は視聴者に悪影響を与えるか

――作者の不祥事と作品の価値

二〇一九年五月三日

石野卓球の炎上

相変わらず多数のパパラッチにつきまとわれているという電気グルーヴの石野卓球《いしのたっきゅう》が四月二十五日夜、相棒ピエール瀧との注目の再会を果たしたことをツイッターで報告した。

「一カ月半ぶりに瀧くんと会ったよ。汗だくになるほど笑った！」とのコメントに満面の笑顔で肩を組む2ショット写真を添えたツイートは、二日間で三十五万を超える「いいね」が付く一方で、多くの人間が「不謹慎だ」「ふざけている」と噛みつき、いたるところで炎上している。

サンスポ記者の森岡真一郎《もりおかしんいちろう》は二十七日、「神妙な顔で謝罪した姿は一体、何だったのか。今すべきは、20代から陥った薬物中毒から脱却する治療や更生のはずだろう。出演したドラマや映画の撮り直し、CDの回収で事務所や自らへの損害賠償は10億円以上とも予想される。現状を思えば、笑顔はあまりに不自然。今後の公判で裁判所の心証も、決して良くはないだろう。これほど残念な友情写真は見たことがない」と発信。この記事に石野が「自分がいかに考えの浅い人間かを不特定多数に知ってもらう為に作文を記名で発表するというよりすぐりのバカ」などと反応し、また炎上の新たな燃料になっている。

石野の突飛で挑発的な発言はファンからすれば毎度の彼のスタイルだが、その「無反省」ぶりはこの間、ワイドショーの格好の餌食《えじき》となり、たとえば情報番組バイキング（フジテレビ系）で司会の坂《さか》上忍《がみしのぶ》は連日〝卓球批判〟を繰り広げた。それは、同僚が不祥事を起こしたり身内に不幸があったりした際には神妙で殊勝な態度をとるのが当然だという日本の「世間」の常識に沿ったものであり、メンバーの一員が逮捕されただけのSMAPやTOKIOの全員が「世間」に謝罪を求められる日本の「集団責任」モラルと共通するものだ。

「世間」という主体のない不可解な規範が日本独特のものであり、それは責任とも倫理ともまったく無関係でむしろその反対物であることは、先の記事「安田純平は誰に謝ったのか」などで論じているので、ここでは繰り返すまい。

あらためて考えたいのは、このところ焦点となっている、関連作品の取り扱いについてである。

五人組や隣組のような連帯責任

麻薬取締法違反で逮捕、起訴されたピエール瀧をめぐっては、周知のとおり、所属事務所がすでにマネジメント契約を解除し、レコード会社ソニー・ミュージックレーベルズは電気グルーヴのCD出荷や配信を取りやめた。NHKは出演中の大河ドラマ『いだてん』の再放送で出演部分をカットし、過去の出演ドラマ『あまちゃん』『龍馬伝《りょうま》』など六作品のオンデマンドサービスを停止した。

この動きに、坂本龍一《さかもとりゅういち》が即座に「音楽に罪はない」と反応。弁護士らで作る「日本エンターテイナーライツ協会」は「過度に反応し、全てを自粛・削除する傾向が強まっている」と懸念を表明し、「冷静かつ慎重な対応」を求める声明を出した。

社会学者の永田夏来《ながたなつき》らは、およそ一カ月で約六万五千人分の署名を集め、ソニー・ミュージックレーベルズに対して作品の出荷停止やデジタル配信停止の撤回を求める要望書を提出。日本ペンクラブも四月十五日、「作品に罪はない。表現者たちは作品の発表の場を奪われ、表現の自由が侵されている。このような風潮を深く憂慮する」との声明を出した。

何百人ものスタッフや俳優が長期間かけて作り上げたものが、その中の一人の「不祥事」で没になり、過去の作品までもがお蔵入りする——。江戸時代の五人組や戦時中の隣組のような連帯責任の息苦しさと違和感を覚えざるを得ないし、非難をおそれての先回りの自粛は安直な判断と批判されても仕方ない。

そんななか、東映はピエール瀧の出演映画『麻雀放浪記２０２０』を、一切の編集なく予定どおり公開した。「観るか観ないかはお客様に決めていただければいい」との決断には喝采《かっさい》の声の一方で、「利益至上主義」「犯罪会社」などと批判も噴出。本当に「作品に罪はない」のか、賛否の議論が再燃している。

あらためて公開に反対する人たちの議論を見聞きするにつけ、「十年一日だな」との慨嘆《がいたん》を禁じ得ない。

「視聴者に悪影響を与える」という判断

ＮＨＫは出演場面のカットや過去作品の配信中止の理由を、「犯罪行為を是認するような取り扱いをしない」と定めた国内番組基準に基づく判断だと説明。さらに「視聴者に与える影響等々を総合的に判断した」と付け加えた。つまり、ピエール瀧の行為は、視聴者に影響を与えかねない反社会的行為だと判断したということになる。これは「罪を犯しても出演を許されるのは社会的ペナルティーを受けていないことになり、よくない」という意味よりはむしろ、虚構が現実へ与える影響力について語っている。[☆12]

言うまでもなく、画面やスクリーンの奥の物語や人物は、台本を役者が演じ監督が演出したものに過ぎず、その意味では、一つの自立した世界である。それは視聴者や観客も当然弁《わきま》えている。にもかかわらず、悪影響を及ぼす、とはどういうことか。

ピエール瀧の例とは位相が逆になるが、これまで青少年の凶悪犯罪が起きるたびに、「俗悪な」映像作品や漫画がやり玉にあげられてきた。東京・埼玉連続少女誘拐殺人事件の犯人・宮崎勤の部屋が五千八百本ものビデオテープに埋まっていたことが報じられたとき、「虚構と現実の区別をつかなくさせる」テレビやビデオの悪影響を問題視し犯罪の同時代性を指摘する声があふれた。酒鬼薔薇《さかきばら》事件の直後も「犯罪を助長する」サブカルチャー表現の規制を求める声が高まった。

☆12　懲役一年六カ月、執行猶予三年を言い渡した東京地裁判決が二〇一九年七月二日に確定した。

社会学的には常識だが、「メディアに影響された犯罪」は主張としてほぼ無意味だ。メディアのメッセージ内容から用語や知識を情報として入手することと、そこで表現されている価値感やモラルがそのまま受け手に伝達され行動の動機やトリガーになるかどうかは、まったく別の問題だ。たとえばドラマで猟期的な殺人シーンを観た人間が仮に同じような殺人を犯し「影響を受けた」と供述したとして、その「影響」の内容は自明ではない。一方、同じシーンを観て「こんな行動は決して犯すまい」あるいは「自分とはなんの関係もない」と胸中で考えた人間はなんらの行動の帰結も生まないので、その意思が他人に伝わることも、のちに検証されることも、あり得ない。当たり前だが、後者の方が圧倒的大多数だ。

虚構と現実の区別をつけず議論をしているのは、いつも規制論者の側なのだ。「観たくない者の目に触れないようにする」というゾーニングの問題と混同した議論も多い。

宮崎駿『風立ちぬ』の喫煙シーン

大河ドラマ『いだてん』をめぐっては、喫煙シーンに受動喫煙撲滅団体が物言いをつけたこともあった。受動喫煙を世間に容認させ、未成年者や禁煙治療中の人へ悪影響を与えるとして、NHKに対し、今後絶対に受動喫煙のシーンを出さないことと、番組内での謝罪を求めた。

数年前にも、宮崎駿《みやざきはやお》監督の映画『風立ちぬ』が喫煙を美化しているとして、禁煙団体が「こどもたちに与える影響は無視できない」と抗議したことがあった。結核を患う妻の横で喫煙する主人公の行動を「ブラック宮崎」などと非難する声もSNSで飛び交った。

両団体とも「タバコの場面がなくてもドラマは成立するはず」などと言い添えているのは大きなお世話としか言いようがないが、こうした、「表現」への無理解甚《はなは》だしい、教条的で一面的な価値の押しつけをする人たちがなお多いことに、薄ら寒い気持ちになる。作者と主人公のモラルを同一視する思考にも、呆れざるを得ない。

文筆家の千野帽子《ちのぼうし》が、某国立大の社会学の先生による童謡『赤とんぼ』の解説にのけぞった経験を著書に書いている。[☆13]その先生は「三木露風《みきろふう》の姉は十五で結婚した」と言ったのだが、根拠はもちろん三番の歌詞「十五で　姐《ねえ》やは　嫁に行き」だった。ねえや＝姉とよむ日本語力もすごいが、詩を作詞家のプロフィールのソースにするデータ処理能力もすさまじい。だったら、秋元康《あきもとやすし》はセーラー服を脱がされそうになったのだろうか。椎名林檎《しいなりんご》は歌舞伎町で女王をやっていたのか。夏目漱石《なつめそうせき》の正体は猫なのか。

『風立ちぬ』で執拗《しつよう》に登場する煙草は、毒を体に入れないと安寧《あんねい》と創造のエンジンを得られない人間の必需品として描かれており、さらに言えば、死と一対の夢である戦闘機（零戦《ぜろせん》）の暗示でもある。もっとも、これも私の見方に過ぎない。

作品が持つメッセージというものは、一様ではないのだ。喫煙場面がけしからんという人たちは、殺人や戦闘シーン、原爆やホロコーストも反社会的で退廃的だから描写することはまかりならん、と主張するのだろうか。

☆13『俳句いきなり入門』（ＮＨＫ出版新書）

何度も読み直され多くの人の目を通過して残ったものが「古典」

エマニュエル・カント☆14は『純粋理性批判』で、認識の領域と道徳的判断の領域、美的判断の領域を区別することの重要性を説いた。それは、それらの領域が独立して存在するということではなく、ある対象を意識的にそれぞれの角度から評価することが必要だという意味だ（このあたりの解説は柄谷行人『倫理21』に依拠）。

犯罪者は現実世界では法と道徳に裁かれるが、映画やテレビドラマ、小説ではときに人殺しが英雄視される主役として登場したりする。それは道徳的判断を「括弧に入れる」☆15ことによって成り立つ。マルセル・デュシャンが美術館に出品した便器が芸術として鑑賞され得るのは、美的判断以外の関心を括弧に入れて見るからだ。☆16医師は患者を診る際、逆に、美的関心を括弧に入れなければならない。産婦人科医は女性患者を性的に見ることは許されないし、外科医は手術後に平気でホルモンを食べられるようにならねばならない。こうした態度を養うには、かなりの文化的訓練が要る。

かつてシェークスピアの舞台『オセロ』で悪役を演じる俳優を観客が怒って射殺したことがあったというが、いまでも俳優を演じた役どおりの人物と思い込む人がいる。高倉健《たかくらけん》のヤクザ映画に「犯罪者をヒーローにするのはけしからん」と難癖をつける人は昔からいた。

批評とは、諸々の関心領域の一部を（無視ではなく）括弧に入れて作品の本質をつかむ能力だと言える。べつに批評家でなくとも、われわれが独善的に作品を評したり十把《じっぱ》一絡《ひとから》げに否定したりしないために必要な態度だろう。

古典落語には、現代の基準でいうところの差別用語が多く含まれている。シェークスピア作品にも当時の黒人差別、女性差別を背景にした設定や科白《せりふ》があふれている。漱石の紀行文『満韓ところどころ』は植民地の人々への差別的言辞だらけだ。文豪とて時代の通念から自由ではなかった。だからといってその作品や作者が全否定されるわけではない。

万人に受け入れられるPolitically Correctな作品だから優れているわけでないし、欠陥があっても汲《く》めども尽きぬ価値を含む作品は多い。逆に言えば、そのうえで何度も読み直され多くの人の目を通過して残ったものが「古典」ということになるのだろう。

ただしそれでも、その内容に傷つき悩む人がいる限り、必ず「括弧を外して」評価される機会がおとずれる。古典といえども常に再評価の試練にさらされるということだ。

作品は、優れているものほど、その時代や人間が織り込まれ、多彩な解釈や批評の対象となり得る。作者に還元され尽くせるものでもない。

たった一つの要素と心中させるなど、もったいない。

☆14　一七二四～一八〇四年、ドイツの哲学者。主著に『純粋理性批判』『実践理性批判』『判断力批判』の三批判書がある。

☆15　オーストリアの哲学者、E・フッサール（一八五九～一九三八年）の現象学用語。対象への素朴で自然的な態度や判断をいったん停止すること。

☆16　一九一七年、現代美術家のデュシャンは、男性用小便器に署名と年号を書いた作品「Fountain（泉）」を制作、ニューヨークの展覧会に出品したが、展示を拒否された。

第二章

フェミニズム

――目指すべきは差異か？　普遍か？

解題

この国で、男という属性を背負いながらフェミニズムについて語るのは、ひどく難しい。リベラルであることがなにか時代遅れでカッコ悪いことのように思われているなか、リベラル・フェミニズムについて語るのは、もっと難しい。二重の責め苦を背負いながら単身敵地に乗り込むような心細い気分だが、せめて控えめに記そう。

リベラリズムは普遍的人権を語ってきた。だが、先進各国が女性参政権を認めたのがようやく二十世紀前半から半ばにかけてだった事実が示すように、人権（the Rights of Man）が文字どおり「男権」に過ぎない時代が永らく続いた。法的・制度上の差別が解消されてもなお、入試や雇用や昇進などで様々な性別格差が温存されてきたばかりか、セクハラのような隠微《いんび》な女性の物象化が社会文化の中に居座り続けた。

しかしながら、この現実は、自由・平等・公正さといったリベラルな価値の実現を目指す「近代」のプロジェクトがまだ途上であること（すなわち現実がまだ理想に追いついていないこと）を示すのだろうか。それとも、リベラリズムの思想自体にこうした現実を生んできた責任があり、その克服なしには真の男女平等は不可能なことを示しているのだろうか。実のところ、この核心的とも言える問いに対する態度の差異が、二十世紀以降のフェミニズムの二つの潮流をかたちづくっている。

一九六〇年代に隆盛となったいわゆる「第二波フェミニズム」は、ジェンダーが社会的構築物であることを剔抉《てっけつ》するとともに、リベラリズムが想定する抽象的な「人間」像は実際は「男」という主流文化をスタンダードとして押しつけるものだと告発した。看板に反する「普遍」の虚妄《きょもう》を暴くことは、まったくもって正当なことだろう。だが、米国でこの時期に台頭した「ラディカル・フェミニズム」はさらに、社会が捏造《ねつぞう》した性差による差別をリベラルな普遍主義が追認してきたばかりか、リベラリズムこそが女性の抑圧を維持する思想的主犯だったと断罪する。この立場からすれば、リベラリズムの思想を貫徹、実現することによって性差別を克服しようという「リベラル・フェミニズム」は、生ぬるいというにとどまらず、男性支配になびいてそれに加担する致命的錯誤《さくご》を犯している、ということになる。

この両派の思想的対立は、第四波フェミニズムの時代とされている現在でも、様々に変奏されながら続いている。アメリカ・フェミニズムの圧倒的影響下にある日本では、少なくともリベラル・フェミニストを自称しているフェミニストにはあまりお目にかかったことはなく、リベラル系メディアでの言論は、リベラリズムをラディカルに否定する識者に占められていると言ってよい。

二〇一八年五月、日本でも、選挙で候補者の男女比率を均等にするよう促す候補者男女均等法が成立した。これを「日本版パリテ（男女同数）法」と呼ぶフェミニストや法学者もいたが、本家フランスで一九九〇年代末に起きた「パリテ論争」は、まさにこのリベラル・フェミニズム（≒普遍主義的フェミニズム）とラディカル・フェミニズム（≒差異主義的フェミニズム）の緊張関係をめぐる原理的・

本質的な問題を捉えたものだった。

この章に収めた小論「『市民』に性差はあるか」は、法成立時のリベラルメディアの報道と、その中でのパリテの紹介の仕方に抱いた（小さからぬ）違和感を、それでもおずおずと記したものである。

少しだけ補足しておけば、フランスの思想界では（ごく最近はいざしらず）普遍主義に基づくリベラル・フェミニズムがどこまでも主流であり、差異主義的なラディカル・フェミニズムはむしろ警戒心をもって受け止められてきた。フランスのフェミニストで、「差異への権利」を「平等への権利」に優先させ、さらに進んで「差異化された権利」をも求めようとする者は、少数派だった。パリテ推論者たちも、主張したのは「普遍」の否定ではなく、従来の抽象的「人間」に替わる「男女混成」という「真の普遍」を唱え、自分たちが差異主義者扱いされることを強く拒否した。それゆえに彼女たちは、女性政治家が増えれば政治の質も変わるという本質主義的な主張を前面には出さなかったのである（そうした「女性性」「女性の政治」礼賛は結局は生物的もしくは社会的な性別二元論に陥るばかりか、女性を排除してきた男性セクシストの言説の裏返しに過ぎないとの手痛い反論を受けたこともある）。

個人的には「リベラルは公的空間での差別解消を図ってきたかもしれないが、公私を峻別《しゅんべつ》することで、家庭など私的領域にこそ根を張る封建的支配を見過ごしてきた」という第二波フェミニズムの指摘（スローガンは〝Personal is Political〟）には、汲むべきところが多いとは思う。だが、普遍主義のすべてが男性中心主義の仮面というわけでもないだろう。日本とは社会背景も思想背景も違うとはいえ、日本並みに女性の政界進出が遅れていたフランスで、少なからぬ女性フェミニストたちがパリテに反対した事実には注目しておきたい。☆1

日本のリベラル系メディアに登場する識者やオピニオンのほとんどがアメリカ・フェミニズムの強い影響下にあるなかで、フェミニズム研究家の飯野由里子《いいのゆりこ》による興味深い分析がある。[☆2] 二〇〇〇年代以降の日本のフェミニズム運動は、保守的な揺り戻し（バックラッシュ）派への対抗のなかで本質主義的な性別二元論を問題視する視点を失ったばかりか、同性愛者やトランスジェンダーなど性的マイノリティに対するフォビアを場合によっては強化し、性別二元論を再生産した可能性がある、との指摘だ。性差別は「男女差別」に限ったものではないが、フェミニストの一部には、トランス女性と「普通の女性」とのあいだに一線を引き前者の排除を合理化する主張もある。その一因は、バックラッシュ派との闘いのなかでジェンダー規範を狭く解釈する「戦略」をフェミニズムが採用したことにある、というのが飯野の見立てだ。示唆的だと思う。

意図的か無意識にか、リベラルメディアには「男と女から成り立っている社会」という言い回しが頻繁に登場する。そこに潜む様々な含意を、素通りしないようにしたい。

☆1　もっとも、国境を易々と超えるSNS世論を燃料とした#MeToo系の第四派フェミニズムの荒波は普遍主義の本場であるはずのフランスにも流れ込んでいる。彼の国の思想地図が今後どう変容するのか、注視したい。

☆2　「反性差別と『性別二元論』批判を切り離したフェミニズムの失敗を繰り返してはいけない【道徳的保守と性の政治の20年】」『WEZZY』（二〇一七年十月十七日）

「市民」に性差はあるか──「日本版パリテ法」報道への違和感

二〇一八年六月二十六日

なんとも居心地の悪さが消えない。それは私が「男」だからだろうか。いや、決してそんな理由ではない（はずだ）。

「政治分野における男女共同参画推進法」が先月（二〇一八年五月）成立した。「候補者男女均等法」と呼ばれているとおり、国政選挙や地方選挙で男女の候補者数をできる限り均等にするよう政党に求め、国や自治体にも性別にかかわらず政治参加しやすい環境整備を促すものだ。

強制力も罰則規定もない理念法だ。ただ、先進諸国と比べてあまりに少ない女性議員を増やすよう後押しする初めての法整備ということで、「小さいが大きな一歩」「社会を変える突破口」「より強制力を持たせる手段が課題」といった前向きの解説がメディアにあふれた。

報道機関の一員でありながら他人事のように言うのは恐縮だが、一連の報道に接して、自分が圧倒的少数派になったような肩身の狭さは募るばかりだ。

「リベラルな社会」への善意と正義感が見落とすもの

「女も男も同じ地面の上に立つべきだ」

「より多様な視点や経験を持つ議員が集まれば、政策も変わる」

「政治は男の仕事という意識を変えなければ」

「誰もが暮らしやすい社会を」

まったくもってそのとおりで、異論は一言もない。筋金入りのマッチョなセクシストや保守主義者でない限り、誰も否定はしないだろう。しかし、これらの解説記事を子細に読んでみると、首をひねらざるを得ないような内容も散見される。最も大事なことが見落とされている……いや、というよりも、「リベラルな社会」への善意と正義感が根源的な問題への目を曇らせているのでは……そんな印象すら受けた。どういうことか。

「男女半々で成り立つ社会を反映する議会へ」

「人口の割合と同じにしよう」

「社会の構成を映す議会、社会の縮図の国会へ」

「クオータ制の導入を」

これらは前段に引いた四つのカギ括弧のニュートラルな内容とは似て非なるラディカルなものを含み、リベラルな社会にとって、一切の留保なく正当な主張だとは言い難い。このスローガンの中身は、本当に疑問の余地なく、民主主義的公正への道を示しているのか、思想的にも政策論としても、大いに議論の余地がある。

「パリテ論争」の本質とは

今回の候補者男女同数法を「日本版パリテ法」と呼ぶ人がいる。

「パリテ parité」は仏語で「均等・同等」を意味する。フランスでは一九九〇年代後半、議員の「男女同数」を法的手段に訴えて実現する運動や、男女の二元性に基づいた権利や原理を指すキーワードとして政治の最前線に投げ出され、多くの知識人を巻き込んで論争が繰り広げられた。この「パリテ論争」は、しかし、今回の報道ではほとんど触れられなかった。

堀茂樹《ほりしげき》・慶大名誉教授が『普遍性か差異か――共和主義の臨界、フランス』（藤原書店）所収の論文で詳しく解説している。日本の「女性が輝く社会」問題やフェミニズムをめぐる言論を読み解くうえでの手がかりにもなるはずなので、私見を交えながら、かいつまんで紹介したい。

この議論の本質はつまるところ、「市民」に性差はあるのか、という難題である。

ご存じのとおりフランスは、なによりも個人によって成り立つ国家であるということを強調してきた。憲法冒頭で「一にして不可分の……共和国である」「すべての市民の法の前での平等を保障する」と記す共和主義の下で想定される「市民」とは、〇〇民族や××民族やキリスト教徒やムスリムや白人や黒人や男や女によって「構成」されるものではない。それらの「差異」を（抹消するのではなく）括弧に入れ、法的・政治的空間においては同等の資格と権利を持つ普遍的な「市民」としてインテグレートすることが、民主的ネーション形成の原理であり、最も重要な条件とされてきた。

それを担保するため、主権者たる「共和国の市民」を育てる公教育の場で、特定の「帰属」を示す服装やシンボル（たとえばヴェールやキッパ、大きな十字架）を顕示するかたちで身につけることを禁じる措置までとっている。

権利の主体は「集団」ではなく「個人」

これは個人の私生活における多様性を制限するためではなく、逆に、個人の選択の自由と尊厳をまもるため、と説明される。すなわち、宗教的、民族的、文化的な集団アイデンティティを維持するために外部に対しては混淆を嫌って差異を押し出し、内部においてはその構成員の差異を認めず同質性を保持しようとする——そんな共同体が並置される社会（共同体主義ビジョン）こそ個人の自由を奪うものだと、フランスの共和主義者は考えてきたからだ。フランスは日本に比べれば相当に多文化だが、多文化主義には懐疑的な視線が注がれてきたと言ってよい。だからこそ原理的には、フランスはアファーマティヴ・アクションの考えとは最も対極的なシステムをとってきた国といえる。

アファーマティヴ・アクションとは、歴史的、系統的に不当な扱いを受けてきた集合に属する個人に、入学、雇用、昇進、事業への参入などの場面で政策的・社会的な優遇措置を講ずるもので、主に米国で差別是正のため一時期積極的に採用された。門戸を開放するだけでは、これまで足枷をはめられてきた人たちへの実質的な不平等を解消することにはならない。だから下駄《げた》を履かせようというものだが、これは当然ながら、人種や性別による差別をしてはならないという平等原則と真っ向からぶつかることになる。

フランスの憲法院は、権利の主体は「集団」ではなく「個人」であるとの原理を一貫して維持してきた。選挙においても、候補者をその属性でカテゴリー分けすることは、とりもなおさず市民概念の普遍性を否定することであり、主権者を複数の「群」や「類」に分割し、もって憲法に宣言された共和国の不可分性を侵すことにほかならない、との見解を示してきた。実際に一九八二年、地方議員選挙の候補者リストで一方の性が七五％以上を占めてはならないとする選挙法改正案（女性候補に四分の一のクオータを設けることを意味する）に対し、憲法院は違憲判決を出している。

「画期的」な憲法改正

そのフランスで、パリテ論争が一気に高まったのは一九九六年、超党派の女性議員が週刊誌で「パリテのための十人宣言」を発表し、翌年、新首相についたリオネル・ジョスパンが、女性の政界進出を促進するための憲法改正を表明して以降である。法整備では再び違憲判決を受けかねないため憲法に明記しようということだが、この間、かつてのクオータ要求運動の担い手たちには、女性は選挙民の半分を占めているのになぜ二五％で満足しなければならないのか、との鬱屈した思いがあったという。

先に記しておけば、この憲法改正は一九九九年、紆余《うよ》曲折を経つつも実現した。このとき、主権の在処について規定する憲法三条に新たに加えられた条項は、以下のようなものだった。

《法律は、選挙によって選出される議員職と公職への女性と男性の平等なアクセスを助長する》

同時に、政党について定めた四条にも《政党及び政治団体は、法律の定める条件において、三条最終項にいう原則の実施に貢献する》との文言が加わった。これを受けて翌二〇〇〇年に成立した通称「パリテ法」で、「平等なアクセス」を実現する基本的枠組みが決まる。拘束名簿式比例代表制を採用する人口三千五百人以上のコミューン（市町村）議会議員選挙では候補者リストを六人ごとに男女同数とし、選挙区制の国民議会議員選挙では候補者の男女比を同率にすることが、政党に義務づけられた。男女比が開くほど政党助成金を減額する制度も導入した。

一連の改革は、事実としての男女同数を実現するための手段（アファーマティヴ・アクション）を認め、憲法上の市民概念に初めて性別を持ち込んだという意味で、良くも悪くも画期的なものだと捉えられている。

とはいえ、「パリテ」は憲法や法律の文言には採用されず、共和国に「原理」としてパリテが決定的に導入されたのかということになると、いまなお様々な見方があるようだ。

「男性市民」と「女性市民」

では、パリテ論争の中身はどういうものだったのか。

これは、本場の米国で出尽くしているアファーマティヴ・アクションの是非論や、多元型モデルか統合型モデルかという民主制論、ひいては国家や社会像をめぐる議論が、理論的に先鋭化したかたちで、総ざらいとして展開したものだった。

パリテの代表的理論家で、ジョスパン首相の夫人だった哲学者シルヴィアンヌ・アガサンスキーは、女性であることは「人間であるための本質的な二つの方法のうちの一つ」と述べる。どの民族も、どの国民も、常にどこでも、二つの性は人類を構成している。すべての社会がこの差異に意味を与えてきた。つまり女は男と存在の仕方が異なる人類の半分であり、したがって主権を担う人民も男性市民と女性市民が相半ばする二元構造になるべきだ――というわけだ。こうしたヴィジョンが、一七八九年の人権宣言以来の「普遍的市民」の概念とまったく反りが合わないことは、あらためて述べるまでもないだろう。憲法が定める主権と人民の不可分性を死守すべきだとする「普遍主義者」たちは、パリテ推進論者を「差異主義者」と呼び、共和主義的伝統における異端扱いしてきた。

しかし差異主義者（あくまで他称）たちからすれば、その共和主義的伝統こそが男性支配を可能にしてきたのであり、普遍主義という美名の下でどれだけ現実の不均衡が隠され、手当が怠《おこた》られてきたのか、ということになる。現状を打ち破るために女性という特性に立つ要求をするにとどまらず、「人（man, male）＝男」に女を一致させる従来の普遍主義は欠陥普遍主義だ、と弾劾した。

この主張で分かるとおり、パリテ推進論者が求めたのは、実際に対等な競争ができるまで優先処遇するという過渡的措置としてのアファーマティヴ・アクションではない。二つの性の特性がともに、対等に、政治空間に反映され続ける「原理」として構想する。その意味で、アガサンスキーは「普遍的な差異」である性差に基づくパリテを「民主主義の新たな理念」と評し、日本にもファンの多い精神分析家ジュリア・クリステヴァは、「文明の転換に匹敵する」とまで称揚した。

「女性以外」も人口に応じた議席を要求したら……

これに対する普遍主義者たちの批判は、以下のようなものだった。

① パリテの原理は代表制の原則から致命的に逸脱している。有権者は人種、性別、階層、団体な

どへの所属を超えた個人として投票し、議員も全体の代表として部分利益ではなく一般利益のために行動しなければならない。この枠組みで初めて、多様な市民を政治的に統合できる。

議員の構成が、社会学的観点から見た住民の構成を、鏡に映したように反映している必要はない。反映することと代表することは違う。パリテやクオータ制を権利として認めたならば、早晩、女性以外のカテゴリー（人種、民族、世代、性的指向……）もそれぞれの人口に応じた議席を権利として要求することになりかねない。そのときフランスは、多様な個人が平等な市民の資格で参加する坩堝《るつぼ》（melting pot）のような社会から、民族的、文化的な同一性で結びついた共同体が並存するサラダボウルのような社会へと変貌していく。

パリテは一見進歩的なようだが、主権者たる人民を属性によって分けるという点で人権宣言の理想を裏切る「反革命」であり、反動的な罠《わな》だ。

② パリテは自然主義への退行だ。性別で市民を隔《へだ》てることは結局、生物学が政治的権利を基礎づけることを公式に認めることを意味する。さらに、人間存在の基礎を性差という自然に還元する、危うい決定論的ビジョンを孕んでいる。男と女を本質のレベルで区別するのは、まさに伝統社会の女性差別を支えてきた論理だ。にもかかわらずパリテ支持者はその論理を、今度は女性の利益のために援用している。
生物学的性（sex）ではなく社会的性＝ジェンダー（gender）を論じるにしても、それがsexをもとに男性支配が創り出したものであるならば、結局は自然主義に基づくものであり、平等のた

めの梃子《てこ》になるはずはない。

③ パリテは女性を非自立的存在にする。アファーマティヴ・アクションで利益を受けた個人は、一定の属性への帰属ゆえに優遇されたという烙印《らくいん》を押されることになる。

④ パリテによって政治の質が一変するわけではない。女性ならば、より平和的で、生活に根ざした、地に足のついた政治活動を行えるという言説には、論理的根拠がない。

「女性の公職進出が不十分」は共有

ここであらためて強調しておきたいのは、パリテ推進者と反対派の論争は、フランスでは女性の公職進出がきわめて不十分であり、女性議員増加のために可能な限り社会的な障壁を取り除くべきだ、という共通の認識と憂慮のうえで行われた点だ。すべての市民の法の前での平等と言いながら、その市民の資格が長きにわたって一部の人間の占有物だった事実は、議論の前提だった。そればかりか、パリテ反対陣営の中核を担ったのは、哲学者エリザベート・バダンテールや作家ダニエル・サルナーヴ、社会学者イレーヌ・テリーなど、根っからのフェミニストたちだった。[☆3]

こうした批判に対して、パリテ支持陣営は「性差は最初のパラメータであって、宗教や民族や文化を同じくするようなカテゴリーや共同体とは違う。カテゴリーや共同体に所属する前に、人間はまず男性か女性なのだ。性差は、いわば『普遍的な差異』なのだ」と反駁《はんばく》した。

これには、二十年後の現在なら、ただちに反論があるのではないか。LGBTやXジェンダー、インターセックスの人はどちらに分類されるのか、複雑な性やジェンダー自認を持つ人も両性のいずれかを選び、政治的権利行使の前提としなければならないのか、と。

女性議員が増えることで政治が変わるのかという④の問題については、フランスの知的風土ならではというべきか、女性性を前面に出した本質論的な言説は、論争が進むにつれて陰をひそめていった。「女性の政治」礼賛は結局、女性を永らく公的空間から排除してきた男性セクシストの主張の裏返しに過ぎないことは明らかだからだ。一方、日本ではこうした決定論的な物言いは、まだまだ（男性にも女性にも）多いように思われる。数年前、国内の名門女子大の関係者が集う「女子大サミット」を取材したことがあるが、そこで飛び出した「戦争の歴史を刻んできたのは男性。政治が女性によって運用され『女性原理』があまねく広がれば、世界は平和になる」との発言に、驚愕したことを憶えている。もっとも、いまの日本の状況をもっと足元からみれば、待機児童問題や長時間労働への男性議員の無理解や前財務次官の厚顔無恥なセクハラ☆4などを取り上げて、逆に「女性議員が少ないと、何

☆3　フランスで女性が参政権を得たのは一九四四年で、日本とほぼ同時期。国民議会の女性比率は七〇年代まで一％台で、九〇年代でも一割以下。女性の政治進出が欧州で最も遅れた国の一つだった。

☆4　二〇一八年四月、福田淳一財務事務次官がテレビ朝日記者にセクハラ発言をしていたと週刊誌が報道。本人は否定したが辞任し、財務省はセクハラと認定。在職中なら減給二〇％、六カ月の懲戒処分に相当するとして退職金から処分相当額を差し引いたが、追加処分はしなかった。

が起きるのか」という再反論があるだろうが。

世界初「男女ペア方式」の投票も

話を戻せば、パリテ論争を経たフランスではこの後の二〇〇七年、さらに「公職への男女の平等のアクセス」を促進する法を制定。コミューン議会議員選挙での政党の候補者名簿リストを男女交互とした（従来の「六人ごとに同数」では上位三人を男とすることも可能なため）ほか、国民議会議員選挙での政党助成金の減額率を最高五〇%から七五%に引き上げた。

二〇一三年には世界で初めて、男女二人組の候補者の中から一組を選んで投票するという「男女ペア方式」を県議会議員選挙に導入した。小選挙区制のうえ無所属候補が多い県議選では、従来法の効果が及ばなかったためだ。この方式で二年後に実施された県議選によって、今世紀初頭に一割以下だった女性議員比率は一挙に半分となった。

このように、フランスでは、「手段としてのパリテ」によって、「事実としてのパリテ」は着々と実現していると言える。それでもなお、先にも述べたように、「原理としてのパリテ」がこの国に根づいたのかといえば、やはり予断を許さない。

男をスタンダードとして押しつけるナイーヴな普遍主義を告発することは、まったく間違ってはいない。ただ、あらゆる普遍主義が男性中心主義の偽装だろうか。「普遍的人間」は、あくまで擬制《ぎせい》である。が、それはフィクションであるがゆえに解放の力を持ち、平等と自由を志向する運動を理念的に支えてきた。じじつ女性の政治参入を求めた最初の人々は、普遍の名において男性支配と闘ったのだった。

普遍主義的フェミニストにとって、女性の社会進出の遅れは治療半ばの病であり、それに対するパリテという処方は「病より悪い薬」（E・バダンテール）だ。一方、差異主義的フェミニストやラディカル・フェミニストから見れば、こうした抽象的「人間」観はどこまでも茶番だということになるのだろう。

だが、ラディカル・フェミニストが仮に「女性性による女性の政治を取り戻す」と言うとき、それに対して、正真正銘の男性セクシストが「俺も普遍云々や『人間』なぞウソくさいと思う。そんな偽善などかなぐり捨て、男らしく、男優位の世界を生きていく」とでも居直ったら、彼女たちは「敵ながらあっぱれだ」ということになるのだろうか。

女性性を前面に打ち出さなくとも、仮に「国民」の定義に性差が表現され、パリテが原理として全面的に採用された場合、自分が異性に代表されるのは不当だと考える人々が増えても不思議はない。そうなれば、一人の有権者が一人の候補者を選ぶ単記多数決の小選挙区制は、運用不可能になってしまうだろう。その果ては、究極的には「男女分離選挙」以外に展望があるだろうか。

日本で深まらなかったパリテ論争

ここまで見てきたように、パリテ論争はただの政策論でも政治論争でもなく、まずもって哲学の問題であり、原理の問題だった。パリテの賛同者と批判者は、いわゆる左にも右にも混在していた。この議論で突き詰められた問題はフランス特有のものではなく、近代民主制を採用するすべての国に共通する難題だろう。もちろん、民主主義の深化が課題であり続けている日本にとっても無縁ではない。にもかかわらず、私が接した限り、日本ではこの問題の本質に触れた報道はほとんど見られなかった。留保なくクオータ制に賛成する論者で占められるオピニオン面もあった（クオータといっても、割り当てるのが候補者枠なのか議席なのかは大きな違いがある）[☆5]。

以上、長くなったが、冒頭に述べた「居心地の悪さ」の理由である。

この論考を観念的に過ぎると思う人もいるかもしれない。ただ、縷々《るる》述べてきたことは、「おフランス」を仰ぎ見ているわけではないし、筆者である私が（たまたま）男であることとも無関係だということは、分かっていただけるのではないか（「いや、おまえは日本で女性として生きることの辛酸《しんさん》や不利益をまったく理解していない」「搾取《さくしゅ》する側の性に生を受けて下駄を履かせ続けられてきたことにも無自覚なのか」と詰《なじ》られれば、そのとおりだと謝るしかないのだが……）。

そうは言っても日本ではまだまだ女性議員が圧倒的に少なく、その進出を妨げる障壁があまりに多いのだ――。

政権与党が堂々と、女性の足を引っ張るつもりとしか思えない復古的な改憲草案を掲げている国なのだ――。

今回成立したのは「男女の候補者数ができるだけ均等になることを目指す」だけの小さな一歩に過ぎないではないか――。

そうした否定しようのない指摘があろうことは承知している。しかしそれでも、男女共同参画、フェミニズム、そして民主主義をめぐる議論や報道における日仏の距離は、地理的隔たり以上のものがあったと言わざるを得ない。

☆5　民主主義・選挙支援国際研究所（IDEA）の調べでは、法規によって一定数の議席を割り当てるクオータを採用しているのは世界で二十五カ国、候補者の一定枠を割り当てるクオータの採用国は五十七カ国ある。

第三章
憲法九条
——リベラルが民主主義を損なうとき

解題

なりふり構わず宿願の改憲への意欲を燃え上がらせた安倍晋三前首相だったが、任期中にレガシーを遺すことはできなかった。

二〇一七年の憲法記念日に「二〇二〇年に改正憲法を施行したい」と意気込んだものの、森友・加計問題や防衛省日報問題などが持ち上がるたびに支持率は乱高下し、その後、財務省の決裁文書改竄《かいざん》問題や「桜を見る会」問題の収束が政権の最重要課題になると、機運はしぼんだ。もっとも、安保関連法の制定後のように、世の批判が強まると「経済」を訴えてかわすのは第二次政権発足以来の常套《じょうとう》手段。「スケジュールありきではない」と軌道修正しながらも、自民党は二〇一八年三月、いわゆる「改憲四項目」の素案をまとめた。「安倍政権の継承」を掲げながらも改憲にさほど興味があるとも思えない菅義偉首相が前のめり姿勢をやや正したにしても、看板を下ろしたわけではない。

二〇二〇年十一月二十六日、衆院の憲法審査会で、憲法改正国民投票法改正案についての初の実質的な審議が行われた。与党の自公と日本維新の会などが二〇一八年六月に法案を提出して以来、質疑が行われたのは初めてだった。改正の目的は、駅やショッピングセンターへの投票所設置や、遠洋航海中の高校生への洋上投票拡大など、あくまで投票の利便性を高めるためのもので、異論や争いはほぼないはずだが、改憲ありきの安倍前首相の姿勢に野党が反発し、七国会にわたって継続審議となってきた。

今回も、立憲民主党と共産党は、ＣＭやネット広告の規制などと合わせた改正が必要として、採決は尚早と反対。結局、次期通常国会へとまたもや先送りされることになった。

この改正案は、公職選挙法の内容と平仄《ひょうそく》を合わせるものであり、繰り返すように、本質的な論点に踏み込んだものではない。護憲政党（つまり立憲民主と共産）は憲法改正に反対するあまり、憲法論議から逃げて憲法審査会を開店休業状態にし、投票環境を向上させる法案まで政争の具にし、国民の憲法改正権をないがしろにしている――との批判がリベラル系言論人からも挙がったのは、ある意味で当然かもしれない。[☆1]一方で、手続き法であっても、その整備が進めば改憲への一里塚《いちりづか》を築かせることになると護憲派が警戒し、（人心が離れない限り）審議拒否や牛歩《ぎゅうほ》戦術などあらゆる手を尽くし抵抗するのは、手段と目的が完全に切り離せない政治の世界にある以上、こちらも当然なのだろう。民主党憲法調査会長時代の枝野幸男《えだのゆきお》氏がＣＭ問題での法改正不要論者だったことを思えば、政局を前にした政治家の変わり身ぶりにはいつもながら感心するしかないが。

経緯をおさらいしておけば、国民投票法は第一次安倍政権下の二〇〇七年に成立した。憲法九十六条は改憲について定めているが、その手続きについては細かい規定がなく、国民投票法とそれに伴う

☆1　倉持麟太郎は「自民党政権に憲法改正をされたくないあなたへ～国民投票法採決が改憲につながるというウソ」（『論座』二〇二〇年十一月二十八日）の中で「この程度の改正は『さっさと』終わらせ、本質的な改正事項に早く踏み込んでほしい」「〝護憲派〟国会議員の無責任な言動」などと批判している。

改正国会法によって初めて審議方法や投票方式などが定められた。法案審議過程から様々に問題点が指摘され、参院で「施行までに検討」など十八もの附帯決議がなされたが、印象操作力がきわめて強いテレビCMをどう扱うかという問題もその一つだった。選挙と違って費用の上限もないため、立憲民主は「資金力のある側が大量のCMを流せば投票の公平性を保てない」として全面禁止も視野に法規制の強化を主張している。

最低投票率の規定もなく、投票結果の正統性を損ないかねないとして共産党などは一貫して導入を求めてきた。発議から投票までの六十～百八十日という期間についても、熟議を尽くすためには短すぎるという指摘があり、また、一度に複数の改正案を発議できる（たとえば九条改正と緊急事態条項の新設、二院制の廃止といった論点を同時に国民に問える）ことも問題視されている。いずれにしても、これらは「過半数」の分母を「投票総数」とするか「有効投票数」とするかという立法過程での争い同様、改憲のハードルを上げるか下げるかということに関わる、つまるところ護憲派と改憲派の互いに譲れぬ争点とも言える。

朝日新聞などリベラル系メディアは特に最低投票率については導入に前向きな社論を載せてきたが、この提案がニュートラルなものか、そして真に公平なルールと言えるかどうかは、大いに議論があり得るだろう。他方でCMの問題は、改憲・護憲の立場を問わず、扇情的なメッセージやネガティブキャンペーンが有権者の熟慮や熟議の妨げになり得るという問題意識は一致している。全面禁止の法規制をかけるかどうかはともかく、一部の政治家や市民団体は、放送業界が自主ルールを作ることを求めてきた。日本民間放送連盟はこれに対し、表現の自由に抵触しかねないとしてCM量のバランスをとる自主規制はしないとしている。では量の規制以外のルールを作るのかどうかということについては、いまのところ沈黙したままだ。改憲への賛否は措き、国民が冷静かつ熱い議論を交わすために、CMや広告のあり方を含めて公平なルール作りを考える責任は、メディアにも課されている。

政局は議論を進めるためにときには必要でも、十分ではない。

見てきたように、護憲派は永らく国民投票について論じること自体を反動的とみなし、手続き法の立法化にも反対してきた。いまも改憲発議阻止に熱意を注ぐ一方で、国民投票のルール改善には受動的姿勢が目立つ。国民投票や住民投票への忌避《きひ》感をにじませた発言も少なくない。BREXIT（英国のEU離脱）が決まった国民投票の直後には「民意は誤る」「直接民主制はポピュリズムを招く」といった見立てが、むしろリベラル側からあふれた。立憲民主党議員は国会で「やはり国論を二分するような問題は国民投票になじまないんじゃないか」「議会のコンセンサスがとれなかったから、最後、国民に決着させようということは、国民を戦わせることになってしまうんですね。これは非常に社会の分断を招くんじゃないかというように懸念をいたします」と発言した[☆2]。

こうした見解は、それならBREXITの国民投票はすべきではなかったのか、「分断」は投票を行ったから生じたのだろうか、という反論をただちに呼ぶだろう。英国にEU離脱か残留かという国

☆2　二〇二〇年十一月十九日、衆院憲法審査会での辻元清美議員の発言。会議録より。

論の二分があり、それが階層や地域や学歴や収入層でくっきりと分かれたのは、そもそも統一市場やグローバル化によって生じた「持てる層」と「持たざる層」との経済的「分断」が前提としてあり、それが投票行動に表れたと見るべきではないか、と。

確かに、辺野古問題のように、あるいは過去に「迷惑施設」の押しつけがあった地域のように、国や自治体や事業者がカネを注入し賛成派と反対派を完全に「分断」させ、地域を修復不能なほど不審と怨嗟《えんさ》が渦巻く場所に変えてしまった例は幾つもある。しかし、議会の議決にとどめたからといって国民（や住民）の分断が避けられるわけではない。国論（地域）を二分する重大な問題だからこそ、議会の多数派だけで決めず、民主的正統性を確保するために国民投票（住民投票）で有権者の審判を仰ぐことを、民主主義者であるなら要請するはずだろう。国民や市民が議論を闘わせ投票によって決することを「分断を招く」との理由で否定するなら、寡頭《かとう》支配の肯定との批判は免れ得ない。

特に憲法九十六条が定める憲法改正国民投票は、国民主権の発現形態の一つとしてきわめて重い正統性を持つ制度である。日本国民が自らのデモクラシーを陶冶《とうや》し深化させるために、いずれは経験すべき、避けて通れない試練なのかもしれない。

改憲論議に話を戻せば、「安倍政権を継承」した菅首相の憲法観は、しかし、まったく見えない。

自民党は二〇二〇年十一月十三日、憲法改正原案を策定する起草委員会の初会合を開いた。二〇一八年に作った「改憲四項目」の素案を近く「成案」としてまとめる方針という。このうち本丸はもちろん九条だが、安倍前首相の案を基にした素案は、戦力不保持と交戦権否認を謳《うた》った現九条二項を維持したまま自衛隊の存在を明記するというもので、自衛隊を国軍とすることを求めるオールド改憲派を裏切るものだった。そのオールド改憲派の石破茂《いしばしげる》氏と安倍氏が争った二〇一八年九月の自民党総裁選は、しかし、九条問題についてなんら議論を深めるものではなかった。

九条を変えるべきか否か、その判断を日本国民が迫られるときがいつ訪れるのかは、分からない。しかし、真に問われるべきはそこなのだろうか。もし二項を残したまま自衛隊を明記する安倍改正案が発議された場合、国民投票で承認されようが否決されようが、日本国民が七十年近く曖昧にしてきた九条問題の核心に、なんら決着はつかない。発議が遠のこうとも事情は変わらない。では、真に顕在化させるべき主権者の意思とは……。

次の「国民投票に最低投票率は必要か」は、自民党が二〇一八年に改憲四項目の素案をまとめた直後の憲法記念日に、『論座』で公開した。そして、同じ年の秋にあった六年ぶりの自民党総裁選で安倍氏が三選を果たした直後に掲載したのが、「『護憲』『改憲』を語る前に問うべきこと」である。巻末の井上達夫・東大名誉教授インタビューと内容が連動している。

国民投票に最低投票率は必要か

二〇一八年五月三日

国の独立、指導者の信任、禁酒、同性婚……。世界では様々なイッシューで国民投票が実施されてきた。その数、二千五百件以上。でも、日本はまだ一度も経験がない。

その日本で、これまで一度も変えられなかったいまの憲法を改正するかしないかという重大なテーマについて私たちが判断を迫られる日が、近い将来、訪れるかもしれない。

二〇〇七年世論調査では八割が「必要」

安倍晋三首相（当時）はちょうど一年前の憲法記念日に、戦力不保持と交戦権否認を謳った九条二項を残したまま自衛隊を明記するという改憲案を提起した。この首相案を軸に、自民党憲法改正推進本部は条文案を固める作業を進めている。学校法人「森友学園」をめぐる決裁文書改竄問題などで急速に求心力が低下し、安倍首相の宿願には暗雲が垂れ込めているが、この一年でにわかに沸騰した改憲論議の中で、二〇〇七年に成立した国民投票法の「不備」にあらためて光が当たった。

公務員の運動を萎縮《いしゅく》させる余地がある、感情訴求力が強いテレビCMへの規制がほとんどない、運動費用の上限がなく資金力で不公平が生じかねない、といった指摘と並んでいま議論になっているのが、最低投票率の問題である。

最低投票率制は、一定の投票率に達しなかった場合に国民投票そのものを不成立とするものだ。たとえば投票率が四割だったとしたら有権者の二割の賛成で改憲が承認されることになる。それで国民が承認したという正当性を担保できるのか――と、法案審議の過程で共産、社民が（参院では民主も）制度導入を主張した。当時の各種メディアの世論調査では、八割近くが最低投票率を「必要」と答えていた。海外では、韓国やロシアやポーランドが、憲法改正国民投票で五〇％以上の最低投票率制を設けている。

結局、自民、公明の反対で導入は見送られたが、国民投票法成立時、参院は「憲法審査会で意義・是非について検討を加える」との附帯決議をした。しかしその後、国会で議論は進まなかった。

導入反対、五つの論点

この制度の導入をめぐっては、諸々の論点がある。私自身の意見を先に述べておけば、歯切れの悪い言い方になるが、「必ずしも反対ではないが、いまの導入論の主張には賛同できない」である。ちなみに、私が記者として属する朝日新聞

憲法改正を求める集会で安倍晋三首相（当時）のビデオメッセージが流された＝2017年5月3日、東京都千代田区

は、これまでに社説で計七回、最低投票率を取り上げている。もっと議論を、という内容がほとんどだが、基本的には導入に前向きな主張である。

議論の整理のために、まずは導入反対の立場からの論点を、以下に列挙してみたい。

① 改憲手続きを定めた憲法九十六条は、衆参各議院の総議員の三分の二以上の賛成での発議と国民投票での過半数の賛成という条件しか課していない。そのうえに憲法がまったく触れていないハードルを加えるのは明らかに加重要件だ。

② 投票ボイコット運動を呼び、制度そのものが低投票率を招いてしまう。少数の棄権者が改正案の承認の是非を左右できてしまうことになる。

③ 最低投票率に達せず不成立になった場合の賛成者数が、成立した場合の賛成者数より多いという事態（いわゆる「民意のパラドックス」）が生じてしまう可能性がある。

④ 導入論者の中には「多くの国が設けている」との主張があるが、導入国は十カ国に過ぎない（二〇〇五年衆院法制局資料より）。しかも、このうち六カ国（ロシア、ポーランド、韓国、セルビア、ウルグアイ、コロンビア）は、法律ではなく憲法に規定している。

⑤棄権票を反対票と事実上同一視することになり、棄権者の意思の合理的解釈として無理がある。秘密投票を原則とする自由主義的民主主義の体制下では、参政権は文字どおり権利であり（義務投票制で棄権に罰則を設けている国は少数派）、市民は権利を行使しない権利も有している。もちろん原理的には、意思決定に参与しなかったからといって全体的結果への責任（主権者としての政治的責任）から逃れられるわけではない。棄権は、民主的決定プロセスにおいて判断・意思表示する機会を放棄すること。その意味では、反対の積極的意思表示をしないことは、そのアジェンダへの賛成とみなされ得る。

①〜③の論点は、国民投票法審議時に与党が導入反対の理由として主張していたものである。このうち③の「民意のパラドックス」については、一定の有権者の賛成がなければ投票を不成立とする「最低絶対得票率」を導入すれば解消できる。ただそれでも、棄権を反対票と同一視している点と、場合によっては「過半数」をはるかに超える加重要件を課してしまうことになるという点は、変わらない。

「いないが悪い」

なぜ最低投票率制導入論に全面賛同できないのか。私が重視しているのは以下の点である。

現在の導入論者は、いわゆる護憲派でほぼ占められている。仮に低投票率の方が改憲案否決に有利という情勢になったとしたら、彼らは導入に固執するだろうか。

国内でこれまで数々行われた住民投票では、ふだんは直接民主制に好意的なリベラル陣営が、自ら望む投票結果に有利か不利かによって、住民投票条例制定や投票実施の発議・請求への賛成・反対の態度を変えている。手段と目的が完全に独立して在ることはない（特に政治の世界では）ので、自分たちに不都合な結果になりそうだから良いものであっても反対する、ということはあり得る。だからといって、「ご都合主義」「ダブルスタンダード」との批判は免れ得ない。護憲勢力の最低投票率導入論も、同じ陥穽にはまっていないと言い切れるだろうか。

また、もし最低投票率を導入するとなると、何％が適当なのか、具体的な数字をめぐって争いが生じる。これは、国民投票法審議時に議論となった、「過半数」の分母を有効投票にするのか投票総数にするのか、はたまた有権者にするのかという問題同様、改憲のハードルの高低をめぐる争点である。これを、ときどきの政権の思惑どおりに単純多数で変えられてしまう法律に規定するのは、きわめて危うい。もし導入するのであれば、それこそ九十六条を改正し、きちんと憲法の条文に明記すべきではないだろうか。硬性性をさらに高める改憲であれば、立憲主義にも反しないだろう。

最も本質的な論点は、棄権者をどう位置づけるのかという⑤の問題である。棄権票を民主的意思の勘定に加えない、あるいは（消極的）賛成票とみなす考えは、民主主義論を語る際によく引用されるフランスの諺《ことわざ》〝Les absents ont toujours tort.〟（欠席者は常に間違っている＝英語だと〝The absents are always in the wrong.〟）の含意に通じる。この成句は必ずしも高尚《こうしょう》な意味ばかりではなく、もともとは「欠席裁判」「いないが悪い」といった利得絡みの使われ方をしたようだが、参加型民主主義の要請として用いられることもしばしばある。要は、その場にいない人間の権利は守られない、参加しない人間が決定権を握ることはない、ということだ。

たとえばスイスではこれまでに六百件以上の国民投票が行われてきたが、移民政策や統治機構の改変といったイッシューでは高投票率になる一方、タバコやガソリンの増税承認めぐる投票では三〇%台ということもあった。国民投票先進国では「棄権は、すなわち投票者の意思に従うこと」とのコンセンサスがある。

ドイツ・緑の党は「反対」した

一つ紹介したい逸話がある。

連邦制のドイツには国民投票の制度はないが、バーデン＝ヴュルテンベルク州での州民投票制をめぐる審議で、第一党のキリスト教民主同盟が最低投票率や絶対得票率の導入を主張したのに対し、最リベラルの緑の党は、投票成立に「有効投票の過半数」以上の要件を加えることに反対した。

その理由は「〔ほかの条件を付けない方が〕投票のテーマに関心を持つすべての社会的・政治的勢力が、それに応じた政治的討論に参加する気を起こさせることにつながる」から。そして、不成立の要件を設けることは「議論の拒否カルテルに対する政治的プレミアムを意味し、積極的市民社会の考え方に反する」と主張した（村上英明《むらかみひであき》『ドイツ州民投票制度の研究』）。意訳すれば、権利を放棄した人間がキャスティングボートを握ってしまうことは民主主義の理念に反する、ということだろう。

このエピソードは、イタリアのマルクス主義者アントニオ・グラムシのこんな言葉を思い出させる。

「本当に生きている人は、市民でパルチザンでいられないことはできない。無関心は意志欠如、寄生で卑怯《ひきょう》である。だから私は無関心を憎む」

政治的弾圧を受け長く獄中にいた大思想家の境地を理想視するのはさすがに大仰《おおぎょう》で、求める要求が過酷すぎる、と鼻白まれそうだが、もう一つだけ、ヒントになるような言葉を挙げておきたい。二〇〇九年に村上春樹《むらかみはるき》がエルサレム賞を受賞した際の、あの有名な「壁と卵」のスピーチである。

「何も言わずにいるよりは、皆さんに話しかけることを選んだ」

市民が多数標的となったガザ地区の戦闘で国際社会の批判を浴びていたイスラエルを訪問し賞を受けることに対して、村上には国内外から激しい批判があった。受賞を断わることを何度も考えたそうだが、村上は結局エルサレムに足を運び、「来ないことよりは、来ることを選んだのです。何も見ないよりは、何かを見ることを選んだのです。何も言わずにいるよりは、皆さんに話しかけることを選んだのです」と述べた。そのうえで、自分は爆撃機や機関銃ではなく焼かれ貫かれる市民の側、もろい個人である「卵」の側に常に立つ、とイスラエルの聴衆に向けてはっきりと語った。

迂遠《うえん》な話になってしまったが、これは、いずれかの政治的共同体に属する主権者としてのあるべき態度につながっているように思える。民主制が「人任せにして文句を言うのではなく、参加して責任を引き受ける」峻厳《しゅんげん》なものだとするなら、「参加しない人間に発言権はない」「棄権は賛成と同じ」は、やはり一つの思想だろう。

法改正ではなく、憲法論議で

もちろん、そんな理想どおりにバッサリとは切れないことは承知している。

憲法改正について言えば、真っ当な国民投票を実現するためには、まずもって適切な「問い」が国民に提示され、十分な情報が提供され、公正で公平なルールの下で運動と投票が行われなければならない。英国は二〇一六年、ＥＵ離脱か残留かという明確な選択肢を示して国民投票を実施したが、安倍首相の九条改憲案は、改正しても「いまと何も変わらない」らしく、立法事実が不明という点で国民への適切な「問い」を提示できていない。冒頭述べたように、公平な運動ルールについてもまだまだ議論の余地がある。こんな状況下で、投票所へ足を運ぶ意思を挫《くじ》かせるような改憲案が発議されたとしたら、国会こそが責められるべきであり、「それでも意思表示しなかった有権者が悪い」と両断することはできないだろう。

それでもなお、縷々述べてきたように、国民投票法に最低投票率規定がないことは問題だという主張は、私には筋の良いものとは思えない。もし最低投票率制度を本気で導入するのであれば、党派や立場の利害を超え、民主主義論として、そして（法律論ではなく）憲法論議として、あらためて一から議論をすべきではないだろうか。

「護憲」「改憲」を語る前に問うべきこと

二〇一八年九月二十七・二十八日

第一節　戦後日本最大のアポリア

新聞各社のスタンスを映し出した総裁選紙面

消化試合のような自民党総裁選で安倍晋三首相（当時）が勝利した翌九月二十一日の朝刊各紙は、それぞれの憲法改正へのスタンスの違いを見事に物語っていた。

在京紙のうち改憲を一面で見出しにとったのは毎日、読売、日経、東京の四紙。読売は「憲法改正、改めて意欲」といつもどおり政権の後押しが勇ましく、毎日と日経は「『次の国会に改憲案』『改憲に挑戦』」と首相発言のカギカッコ引用で客観に徹しようとしている。政権に批判的な東京は大きく「改憲加速」と打ち、コア読者は相当に危機感を煽られたことだろう。

朝日は一面では「圧勝できず」「石破氏善戦」という見出しどおりのトーンを前面に出し、改憲については二面で「さらに視界不良」として、本文も「来夏の参院選前に発議できる環境にはない」との観測を繰り返した（いずれも東京本社発行最終版より）。

見立てとしてどれが正しいのかはともかく、認識そのものに各紙の願望や焦燥《しょうそう》が投影されているようで、読み比べてみると非常に興味深い。
内側の目から見れば、昨年（二〇一七年）五月に首相が改憲構想を公に示して以降、朝日の憲法報道は良くも悪くも冷静に推移しているように思う。報道姿勢について統一的な編集方針が示されたことはないが、一部の記者たちには「首相が設けた土俵には乗らない」という強い意識があるようにも感じられる。

「何も変わらない」をめぐる空疎な応酬

安倍首相は投開票終了後、「憲法改正は最大の争点だった。結果が出た以上、一致団結して進んでいく」とあらためて改憲への意欲を強調した。一強の奢《おご》りへの批判票が予想以上にあったにしても、今後の政治日程からして発議がかなり難題であるにしても、首相は宿願に向けてアクセルを踏んでいくだろう。一寸先は闇の政治の世界、実現可能性について予断はもてないが、安倍改憲案の行く末がどうなろうとも、論じなければならないことがある。それは、日本国民が七十年近く曖昧にしてきた九条問題の核心である。

日本国憲法九条
一項　日本国民は、正義と秩序を基調とする国際平和を誠実に希求し、国権の発動たる戦争と、武力による威《い》嚇《かく》又は武力の行使は、国際紛争を解決する手段としては、永久にこれを放棄する。
二項　前項の目的を達するため、陸海空軍その他の戦力は、これを保持しない。国の交戦権は、これを認めない。

おさらいしておこう。

安倍首相は昨年五月三日の憲法記念日、戦力不保持と交戦権否認を謳った九条二項を維持したまま自衛隊の存在を明記するという改憲案を打ち出した。これに基づき、自民党憲法改正推進本部は今年（二〇一八年）三月、「たたき台素案」をまとめた。

自民党の九条改正案（「条文イメージ・たたき台素案」）

九条の二

一項　前条の規定は、我が国の平和と独立を守り、国及び国民の安全を保つために必要な自衛の措置をとることを妨げず、そのための実力組織として、法律の定めるところにより、内閣の首長たる内閣総理大臣を最高の指揮監督者とする自衛隊を保持する。

二項　自衛隊の行動は、法律の定めるところにより、国会の承認その他の統制に服する。

（※九条全体を維持したうえで、その次に追加）

首相は「自衛隊の任務や権限に変更は生じない」「何も変わらない」と繰り返し強調。これに対し、立憲民主党や共産党は「集団的自衛権を容認した安保法制とその下での自衛隊の存在を追認することになり、活動への歯止めがなくなる」「一項、二項が空文化する」と反発。また、憲法学者や法律家からも、「自衛隊の行動をどこまで認めるのかすべて法律に丸投げになり、二項が死文化する」（長谷部恭男《はせべやすお》・早大教授）、「何をやっても、どんな装備を持っていても憲法で認められる存在ということになる。政府と国会に白紙委任することになる」（阪田雅裕《さかたまさひろ》・元内閣法制局長官）などと疑問の声が上がった。

こうした「『何も変わらない』はウソ」という反論は「護憲派」メディアに盛んに取り上げられ、すでに始まっている改憲発議阻止運動の拠《よ》り所になっている。ただ、安倍改憲案が国民投票で承認されようが否決されようが、九条問題の核心になんら決着はつかない。発議が遠のこうとも、その事情は変わらない。

国民投票で問われるべきは「自衛戦争」の是非

九条問題の本質は、九条を変えるか否かではない。「自衛隊を戦力として認知するのか、しないのか」「自衛戦争を認めるのか、それとも自衛を含めあらゆる戦争を認めないのか」。これに対する主権者の意思こそ、国民投票で真に問われるべきことではないか——。そう考える論者による著作や論考が、このところ次々と発表されている。山尾志桜里《やまおしおり》衆議院議員の『立憲的改憲』（ちくま新書）など、党の立場を踏み越えて発言を続ける政治家の意欲作もある。

二〇一八年二月には、市民団体による模擬国民投票の企画も催《もよお》された。[☆3]「自衛隊は明らかに九条に反している」「必要最低限度なら合憲」「それも解釈改憲」「国民の大半は解釈改憲でいいと思っている。でも集団的自衛権は一線を越えている」「それは五十歩ならいいが百歩は駄目というご都合主義だ」――こうした緊張感に満ちた応酬が繰り返されるスリリングな内容のもので、従来の「護憲派」「改憲派」の内輪の集会とはまったく様相を異にしていた。

盛り上がりに欠くと言われ続けた今回の総裁選でも、九条問題の本質に触れる論争がなかったわけではない。二項を維持する安倍改憲案を、石破氏は「〔自衛隊は〕必要最小限度の装備だから『戦力』ではないという考えは国民の理解を妨げるもので、国際的にもまったく通用しない」と批判、持論の二項削除論をあらためて展開した。これに対し、首相は「必要最小限という各国にはない制約がかかっているから、〔自衛隊は〕いわゆる軍隊ではない。実力組織」と従来の政府解釈を繰り返した。

自衛隊は「戦力」じゃないから「合憲」

こうした議論の中身の何が「本質」的なのか。少し解説が必要だろう。

九条は、言うまでもなく戦後日本最大のアポリアである。自衛隊が合憲か違憲かという問いは、まったく新しいものではない。日本人の八～九割がその存在を認め、永らく違憲と主張してきた共産党ですら「党としては違憲との立場を堅持するが、政府の一員となれば合憲と一定期間扱う」（志位《しい》和夫《かずお》委員長）とするいま、政治的には決着のついた問題とも言える。

しかしその「決着」は、きわめて危うい土台の上のものだ。

憲法九条は戦争放棄を謳うが、一項の「永久に放棄する」の範囲については、大きく分けて①あらゆる戦争と武力行使を放棄している（一項全面放棄説）、②「国際紛争を解決する手段としては」の条件があるため、侵略目的の戦争と武力行使のみを禁じ、自衛のためには認められる――との二つの学説がある。そのうえで、二項が一切の「戦力」の保持を禁じていることから、必然的に②の自衛戦争も否定されるという説（遂行不能説や二項全面放棄説）がある。

政府は一項の解釈ではほぼ②の立場をとり、二項で明確に戦力保持を禁止していると解釈しているものの、自衛隊は合憲としている。憲法前文の「国民の平和的生存権」や十三条の「国民の生命、自由及び幸福追求に対する権利」は国政の上で最大限の尊重を必要とされるため、それが根底から覆される急迫不正の事態には必要最小限度の武力の行使は認められ、その範囲内の「実力」ならば「戦力」にはあたらない、という解釈だ。また、自衛権の行使として相手国兵力の殺傷と破壊を行っても、それは二項が禁じる「交戦権の行使」とは別の観念のものとしてきた。このほか、二項冒頭に「前項の目的を達するため」とあることから、自衛目的の戦力保持は可能との解釈（芦田《あしだ》修正説）もある（多数説とは言えず、政府もこの立場はとっていない）。

その「自衛権」については、安倍政権が二〇一四年七月に解釈変更をするまで、政府は、武力行使が認められるのは自国への攻撃を排除するための個別的自衛権に限られる、と説明してきた。ただ、一九四六年六月、新憲法をめぐる帝国議会で九条解釈を問われた吉田《よしだ》茂《しげる》首相は「自衛権の発動としての戦争も交戦権も放棄したもの」と答弁している。共産党の野坂参三《のさかさんぞう》議員が「侵略戦争は正しくな

☆3　ジャーナリスト今井一氏らが中心の「〈9条3択・国民投票〉の実現をめざす会」が二〇一八年二月に都内で二日間にわたって開催した。ドキュメンタリー映画「『憲法9条・国民投票』市民14人が本音で議論して視えたもの」（宮本正樹監督）として作品化された。

いが、自国をまもるための戦争は正しい戦争」と、自衛戦争をも放棄してしまうことに異議を唱えた際にも、「近年の戦争の多くは国家防衛権の名において行われた。正当防衛権を認めるということそれ自身が有害」と明快に答えている。

政府が憲法制定時に個別的自衛権すら否定していたという説には異論もあるが、いずれにせよ、一九五〇年の朝鮮戦争をきっかけに警察予備隊、保安隊を経て自衛隊が発足。保革対立で憲法改正が困難な状況下、政府は条文を一切変えることなく再軍備を進め、先述の解釈を積み上げて現状を追認してきた。

国際的に通用しない日本国内の憲法論

この政府解釈に対しては、現在約二十二万人の隊員、百三十四隻の海上兵力、四百機の航空兵力ほか最新鋭装備を備え、毎年五兆円の防衛費で維持される世界有数の軍事力を誇る自衛隊の実態と、あまりにかけ離れているとの批判が根強くある。朝日新聞が二〇一五年六月に行った憲法学者へのアンケートでは、回答者百二十二人のうち六割超の七十七人が、自衛隊は違憲もしくは違憲の可能性があると答えた。

自衛隊が通常の軍隊＝戦力でないことの説明として、政府は、攻撃的兵器（大陸間弾道ミサイルや攻撃型空母など）を保有していないことを挙げ（「矛と盾」論）、合憲論の憲法学者は、自衛隊がポジティヴリストで運営される準警察組織に過ぎないことを唱える。ただ、こうした「神学論争」とも評されてきた国内の議論は、石破氏の言うとおり、国際的には通用しない。

自衛隊はすでに国際法で軍隊として扱われている。他国からの攻撃に対し自衛のための武力行使をすれば双方が「交戦」主体となり、交戦法規に律せられる。民間人を殺傷するなどの国際人道法違反行為があればwar crime（戦争犯罪）として裁かれる対象となる。日本人が「必要最小限の実力の行使」「自衛の措置」と呼ぼうが、それは〝War〟ということだ。

政府は対外的に九条二項の「陸海空軍その他の戦力」の英訳に〝land, sea, and air forces, as well as other war potencial〟をあて、これを決して持たない（will never be maintained）と宣言している。ところが、ご存じのとおり「自衛隊」の英訳は〝Self-Defense Forces〟。外から見れば、日本国は憲法九条などまったくまもっていない。中国の憲法が集会・結社や言論の自由を明記し、旧ソ連の憲法が三権分立を定めていたと聞いて嗤《わら》う資格が、我々にどこまであるだろうか。

一九二八年のパリ不戦条約や一九四五年の国連憲章で、国際紛争を解決する手段としての戦争や侵略戦争はすでに禁じられている。国連ＰＫＯに数多く従事してきた伊勢崎賢治《いせざきけんじ》・東京外大教授は、自衛権行使の条件を定めた国連憲章五十一条と、交戦法規である国際人道法を基軸とする国際法レジームの下で、日本国憲法九条の優位性などない、と指摘する。

神学論争から卒業を

上述のような国内だけで通じる建前論や、九条と現実との乖離《かいり》を解釈で取り繕《つくろ》う手法は、最高法規の規範的権威を損ね、憲法論を議論のための議論に貶め、日本を政治的シニシズムとニヒリズムがはびこる社会に押しやってきたのではないか。そう危機感を抱いた少なからぬ人がここ数年、積極的に

「護憲的改憲」「立憲的改憲」を提案している。伊勢崎氏や山尾志桜里議員のほか文芸評論家の加藤典《かとうのり》洋《ひろ》氏、映画監督の想田和弘《そうだかずひろ》氏などだ。これは、好都合な解釈の余地を極力なくす「新九条」を創り、武力行使の地理的範囲や国会事前承認といった戦力を厳しく統制する規定を書き込むというものだ。また、法哲学者の井上達夫・東大大学院教授は、日本国民が自己欺瞞を乗り越えるために九条削除が必要だと唱えている。

彼らからすれば、安倍政権による集団的自衛権の行使容認だけでなく、それ以前の歴代政権や内閣法制局、そして護憲派とされる人たちの多くが専守防衛の範囲内で自衛隊を合憲とし容認してきたことも解釈改憲であり、九条の精神を空洞化させ立憲主義を腐食させてきたばかりか、安倍解釈改憲を許す土壌を作ってきた、ということになる。自衛隊違憲論を主張する人たちも、本気で自衛隊の廃止を政治課題の俎上《そじょう》に載せることなく、個別的自衛権の枠内ならアウトでもセーフとみなして違憲状態を事実上許容してきた点で、政治的欺瞞を犯していると映る。

第二節 「護憲派」の欺瞞

「九条をまもりたい人が多数」は正確ではない

日本のメディアは昔もいまも、五月三日が近づくと九条改正への賛否を問う世論調査をする。ここ十数年、改正反対は六割ほどで変わっていないが、これを見て「九条をまもりたい人がまだ多数を占めている」と評価するのは精確性を欠く。具体的な改正案を示さない無意味な問い、という意味だけではない。どういうことか。

この数字の内実は、読売新聞が二〇一五年に行った、朝日新聞、毎日新聞とは異なる趣向の設問が参考になる。

「戦争を放棄し、戦力を持たないとした憲法九条をめぐる問題について、政府はこれまで、その解釈や運用によって対応してきました。あなたは、憲法九条について、今後、どうすればよいと思いますか」との質問への回答は、以下のとおりだった。

A：解釈や運用で対応するのは限界なので、九条を改正する　三五％
B：これまでどおり、解釈や運用で対応する　四〇％
C：九条を厳密に守り、解釈や運用では対応しない　二〇％

改正反対の六割という数字は、BとCの合計と合致する。ただ、この調査でも、回答者が九条をどのように解釈して答えたのか、あるいは九条に何を望んでいるのかは、まだ判然としない。

戦争と戦力を容認する「護憲」派とは

ここで、きわめて重要な社会調査の結果を一つ紹介したい。

市民グループ［国民投票／住民投票］情報室と週刊誌『AERA』が二〇一六年春に全国の街頭で

行った対面調査で、おそらく大手メディアがここ半世紀やったことのない突っ込んだ問いに挑んでいる。設問と選択肢は以下のような構成だった。

(一)もしも他国や武装組織が日本を攻撃してきた場合、日本への攻撃を防御する自衛のためなら、日本が戦争(交戦)することを認める/たとえ日本への攻撃を防御する自衛のためでも、日本が戦争(交戦)することを認めない

(二)(災害救助とは異なる)自衛のための戦力としての自衛隊の存在・活動を認める/認めない

約七百人の有効回答のうち「自衛戦争を認める」は五三・六%、「戦力としての自衛隊を認める」は六六・五%だった。眼目はその続きだ。この回答者に「あなたが選択した考えを日本の国家意思とするには、九条との整合性を図るために、これ(九条)を改める必要はありますか」と問うと、それぞれ六五・一%、六七・五%が「必要ない」と答えた。

ここでは、政府が続けてきたガラス細工のようなつじつま合わせすら破綻《はたん》してしまっている。だが、この齟齬《そご》に回答者は気づいていない。あるいは気づかぬふりをしている。これが、我々が「護憲派」と呼んでいる人たちの実体だ。それは、自衛権をも否定する絶対平和主義者や非武装論者から、戦争・戦力を容認する人たちまでの混成である。ここで「憲法をまもる」とは、九条が規範として要請しているものを遵守・実現させることではなく、条文を変えさせないという意味に過ぎなくなっている。

九条が「死んだ」のか「生きている」のかは、論者によって見解がまったく異なる。米国の海外派兵要求への盾となり、武器使用に煩瑣《はんさ》な条件を課し、「自衛隊がいる所が非戦闘地域だ」という倒錯《とうさく》した説明を政府に強いているという意味で、九条は確かに機能している。「戦力ではない」という建前が既成事実の積み重ねの速度を抑えてきたことも確かだろう。

しかし、「新九条」や「九条削除」の提唱者たちからすれば、その抑制力はすでにほぼ失われている。そして何よりも、日本国憲法は、戦力を決して保持しないことになっているがゆえに、現に存在する戦力を統制する規定を持てないという致命的欠陥を抱えている。安倍改憲案に対する「自衛隊の行動をどこまで認めるのかすべて法律に丸投げになる」との批判は、現在でも、これまでにも、同様にあてはまる。

「論理」と「ことば」を蝕んでいく欺瞞

ＰＫＯ受け入れ国は裁判権放棄を認める地位協定を派遣国と結ぶが、日本は海外に自衛隊を送っておきながら、民間人を殺傷するなどの軍事的過失を裁く法体系を持っていない。「だから自衛隊を外に出してはならないのだ」と護憲勢力は言うが、交戦の当事国になる事態は、海外だけでなく、領土領海領空内でも起き得る。にもかかわらず日本だけが、主権国家の対外的責務とも言える法整備を想定していない。九条の下で「戦争」はなく、自衛隊がいる所で「戦闘」は起きないことになっているからだ。しかし、日報問題[☆4]で明らかになったように、自衛隊が派遣されたイラクや南スーダンでは現に激しい「戦闘」があった。

銃撃戦があっても、爆破があっても、ロケット砲を持つ武装勢力と交戦して死者が出ていても、「国または国に準ずる者による組織的な攻撃」という定義に沿わないから「戦闘」ではない。憲法上使うべき言葉ではないから「武力衝突」だ。「戦争」ではなく「武力の行使」だ。「戦力」ではなく「実力」だ――。カラスは白い鳥だと言えばそれが真実とでもなるかのようなこうした虚妄は、「森友学園」絡みの決裁文書改竄問題や、沖縄密約・核密約問題で露わになった「国家の嘘」と同根であろうし、さらに言えば、退却を転進、敗退を大勝利だと糊塗《こと》し続けた過去と地続きに思えてならない。

こうした欺瞞は、法治の根源たる「論理」と、論理の拠り所である「ことば」を蝕《むしば》んでいく。成文憲法を持つ立憲国家が、その憲法の文言を一文字も変えることなく、それまで憲法上できないとされていたことを行えるようになるというなら、憲法に書かれた「ことば」はいったい何を規定していたのだろう。

立憲的改憲案の有効性は？

安倍政権による集団的自衛権容認という「究極の」解釈改憲で既成事実の拡大は限界に達し、九条は瀕死状態になった。いまここで、曖昧にしてきた「自衛隊を戦力として認知するのか」「自衛戦争を認めるのか」という点について、日本国民が主権者として自らの立場を選び、その集団的意思を憲法に反映させる。もし自衛隊を容認するのなら、存在しないことになっている「戦力」をごまかさず認知したうえで、それを厳格に「縛る」規定を、単純多数で変えられない憲法に書き込む。それが九条をよみがえらせ、国民主権と立憲主義を取り戻すことにつながる――というのが護憲的・立憲的改憲論者たちの主張だ。

「立憲主義」とは使う人によって多様な意味合いがあるが、安倍政権を優れた反面教師として「権力を縛るもの」との理解が人口に膾炙した。ここでの議論に沿って厳密に定義するなら、統治の正統性を一義的に憲法に求める思想・態度と言える。その憲法とは「権利の保証が確保されず権力の分立が定められていないすべての社会は、憲法を持たない」（フランス人権宣言）という意味での普遍主義に基づく近代憲法であり、その権威の淵源《えんげん》と制定権力☆5は人民（具体的にはその政治共同体の構成員たる国民）に由来する。民主的立法過程を経たものでも憲法に反する統治は許されないという意味におい

☆4　南スーダンPKOに派遣された自衛隊の活動記録（日報）を防衛省が「破棄した」と説明しながら実際には存在していた問題。二〇一六年七月の日報には、首都ジュバで「戦闘」が起こり、自衛隊宿営地の近くで銃撃戦があったと記されていた。現地の政府軍と反政府勢力の争いを、国または国に準ずる組織の「戦闘行為」ではなく単なる「武力衝突」としてきた安倍政権の見解との落差が明らかになった。二〇一八年三月には、国会に「存在しない」と説明してきたイラク派遣部隊の日報が一年以上前に見つかっていた問題も発覚。やはり宿営地のサマワ市内での「銃撃戦」「戦闘が拡大」の記述や、陸自の車列が爆弾で被害を受けた様子が記されており、派遣時の小泉純一郎首相や政府の「非戦闘地域」という説明との乖離が顕わになった。

☆5　憲法制定権力は、国家の憲法秩序や憲法そのものを創出する権力を指し、憲法自体に規定される諸権力や憲法改正権とは区別される。国民主権の近代国家における憲法制定権力の主体が国民自身であるとする思想はシエイエスの『第三身分とは何か』で理論づけられた。シュミットはこれを援用し、政治的決断主義として憲法制定権力を定義し、ナチズムに理論的基礎を与えたとされる。「憲法学の要と言ってよいほど重要」（樋口陽一）な概念。「革命」や社会学での「集合的沸騰」（デュルケーム）、「カリスマ」（ウェーバー）といった概念とも近似性がある。

て、狭義の民主主義と立憲主義は緊張関係に立つが、広義には立憲主義は民主主義の射程内にあり、民主主義の自律・自制のシステムと言える。日本国憲法の一原則である平和主義は総力戦での敗北と占領という、革命にも相当する非日常から生まれたものだが、それを徹底するための改正であれば、憲法改正権で触れられない禁域を侵すものとはならず、立憲民主主義にも適《かな》うことだと、護憲的改憲論者たちは考えている。

これに対しては、「どんなに条文で限定しても権力者は都合のいい解釈をする」（伊藤《いとう》真《まこと》弁護士）、「護憲勢力の中に分断を持ち込む」（宇都宮健児《うつのみやけんじ》弁護士）、「改憲そのものを自己目的化する現政権の動きを裏側から支えてしまう」（杉田敦《すぎたあつし》・法政大教授）と批判する声も多くある。

また、九条は刑法など実定法一般のような文言による明瞭な指示内容を持たず、「個別的自衛権は合憲だが集団的自衛権の行使は違憲」というのが安定性と継続性を持つ有権解釈（条文に代わり権威として機能するもの）として戦後一貫していた（長谷部恭男教授）という立場からすると、「九条と現実との乖離」と呼ばれる問題自体が仮象《かしょう》だということになる。

しかし、護憲的あるいは立憲的改憲案は、それ自体、安倍改憲案に対するラディカルな批判を含んでいる。

安倍改憲案でも石破案でも本質は問えず

安倍首相は自衛隊違憲論の払拭《ふっしょく》を改憲の目的に挙げているが、二項を残す改正では、自衛隊が戦力か必要最小限度の実力かという議論は消えず、違憲論も残る。自身のかつての持論でもあった二項削除に踏み込まないのは、発議に必要な三分の二以上の国会勢力確保が難しく、国民投票で否決されるリスクも取りたくないという臆面もない理由に過ぎない。「何も変わらない」なら立法事実すらない。

英国は二〇一六年、ＥＵ離脱か残留か明確な二者択一を示して国民投票を実施したが、安倍改憲案の国民への「問い」は欺瞞的であるだけでなく、改正による効果が不明という点で、真っ当な国民投票を実現する要件を満たしていない。自衛隊を軍として明記する改憲を求めてきた伝統的改憲派こそが本来はこの案を批判すべきだが、多くが「現実的だ」と受容している。

石破氏の二項削除論は、安倍改憲案に比べればもちろん法的に筋は通っている。しかしそれは「正直・公正」のスローガン[☆6]と同じで、対抗言説として効果を持つというだけだ。なぜなら、石破氏は「戦力でないという説明は国際的に通用しない」と主張しながら、現在の自衛隊について「違憲の存在」あるいは「違憲の疑いがある」と言ったことはない。むしろ違憲論を批判している。

二〇一五年に安保法制が可決される際も、「国民の理解が進んでいるとは言えない」と採決強行には異を唱えたものの、憲法改正を経ず解釈変更で集団的自衛権行使に踏み込むこと自体には、反対していない。それならば、安倍首相の「自衛隊はいまも合憲。改憲案が可決されても否決されても合憲。それでも違憲の疑いをなくすために改憲する」という珍妙な理屈と、本質的に変わらない。

☆6　自民党総裁選で石破茂氏が掲げた。立候補表明時から唱えていたが、「安倍首相への個人攻撃」「野党のようだ」との反発が党内から上がり、一時封印。その対応に逆に疑問の声が高まったためあらためてキャッチフレーズとした。

自衛隊合憲論を前提にした二項維持／削除の対立は、立憲主義という観点から見ればほとんど意味がない。石破案は結局のところ、自衛隊を名実ともに軍隊にする、という主張に過ぎない。筋論を持ち出すなら、石破氏は現在の自衛隊をどのような憲法解釈と論拠によって合憲とみなしているのか。『戦力でない』は通用しない」発言と合憲論との齟齬をどう説明するのか。仮に総理総裁になったら少なくとも二〇一四年七月の閣議決定（集団的自衛権行使を容認）以前の政府解釈に戻す気はあるのか。今回の総裁選で、政治記者はそこを突っ込んで質《ただ》さねばならなかった。

護憲的・立憲的改憲案は、安倍改憲案が解釈改憲状態を明文改憲によって固定化するものであることをあらためて告発した。それだけでなく、意図せずとも結果的に、曖昧をよしとする日本的政治社会風土に切り込み、「護憲派」「改憲派」双方が運動論を優先してごまかしている内部の同床異夢ぶりをも照らし出している。

真に戦力統制できるのは現九条？　新九条？

安倍首相がいくら自身の改憲案が国民投票で否定されても自衛隊の合憲性は変わらない、と防御線を引いても、否決となれば求心力の低下は免れ得ない。だが、安倍政権が倒れても、話はそこで終わらない。

集団的自衛権行使が容認された下での自衛隊の位置づけは変わらず、解釈改憲状態（あるいは違憲状態）は残る。憲法の規範性が侵され続けてきたと考える人たちは、安保法制を否定するにとどまらず、日本国民が曖昧にしてきた「その前の解釈改憲」を問い続けるだろう。

メディアも、安倍首相の土俵に乗ろうが乗るまいが、ここまで述べてきたような本質的な問題を避け続けるべきではない。

首相が国会などで「自衛隊は憲法違反かもしれないが、何かあれば命を張ってくれというのは無責任だ」と述べた際、野党や護憲勢力、リベラル系メディアは「隊員が可哀想だという感情論だ」と論《ろん》駁《ばく》した。しかし、それは違う。首相の真意や目的はさておき、この発言内容自体は感情論ではなく、「公正さ（Fairness）」「正義（Justice）」の問題であり、最も危険な国家権力部門である戦力をどう制御・操舵《そうだ》するのかという、つまるところは立憲主義の問題なのだ。

九条は戦前のようにミリタリズムや先軍思想が社会に瀰漫《びまん》するのを防ぎ、風通しの良い戦後日本をかたちづくる礎《いしずえ》として機能してきた、その意味で「自由」に関する条文だった、という憲法学上の論点がある。

自衛隊違憲論者は、正面から自衛隊廃絶を主張しなくとも、正統性を剝奪し「継子《ままこ》扱い」し続けることによってその肥大化を抑えてきた、そこに違憲論の意義があったと主張する。あるいは、九条はカントの言う「統整的理念」であり、現実に反しているからこその理想である、との論を展開する識者もいる。

「新九条」に懐疑的な論者は、「『べき論』としては理解できるが、うまくいくはずはない」「戦前に失敗した軍事力の統制を、いまの政治家・国民ができると思うのは、楽観主義が過ぎる」として、現状維持こそがベストでないまでもベターだと唱える。

護憲的・立憲的改憲の提唱者からすれば、こうした発想こそが、法理の衣をまとった感情論にほかならない。「立憲」（すなわち「権力を縛る」）を口にしながら九条についてだけ「理想」という言い方をするのも腑に落ちない。憲法は基本法にして最高法規だが、あくまで実定法である。言うまでもないが、憲法や法は、それ自体が手足を持って行動するわけではない。どんなに立派な条文を定めても、立法・行政・司法の各府と、まずもって国民がそれを遵守し運用する意思を持たなければ、うまくいくはずがないことは言うまでもないことだろう。

――憲法に書き込まず、九条と矛盾した存在とし続けることが最も強い統制だ。

――存在を認知し、具体的歯止めを硬性憲法に書き込むことが真の統制だ。

国民国家の殺傷能力を独占する最大の暴力装置である武装組織を「縛る」規範性を、どちらが、より調達できるのか。それは日本国民が臆せず逃げず真摯《しんし》に議論し、決めるべきことだ。

「九条をまもっている」意識が現実から目を背けさせてきた

感情論云々《うんぬん》を言うなら、私自身にも大いに反省しなければならないことがある。

九条は、先の大戦のおびただしい死者たちの思念が塗り込められた呪符《じゅふ》であり、世界に向けた日本の詫び証文でもある特別な条文だと言われてきた。九条に象徴的意味を込めてきた日本人にとって、これを変えることにはほとんど本能的としか言えない抵抗感があったし、それは私も同じだ。

しかし、「二度と戦争を繰り返さない」と言いながら、日本は米軍の出撃基地として領土を使わせるだけでなく、インド洋で対テロ戦に臨む艦船への給油活動をし、イラクで武器を携帯した多国籍軍兵士を空輸するなど、まぎれもなく戦争に加担してきた。直接手を下していない、後方支援だと言い張っても、兵站《へいたん》は国際的には「参戦」とみなされる。

実際には九条を裏切る現実がどんどん加速しているのに、「条文を変えさせていない＝九条をまもっている」という我々の意識が、現実から目を背ける効果を持ってしまっていたのではないか。

私自身が関わったものも含めて、特にリベラル系メディアのこれまでの「戦争と平和」にまつわる報道の多くは、多分に情緒に依《よ》っていた。八月になると紙面やニュースにあふれる嫌戦言説はいわゆる「戦後民主主義」を覆っていたもので、戦争を嫌っていれば向こうも近寄ってこない、という類の子供じみたものだった。

「戦争は絶対にダメだ」と語るときの「戦争」は他国の攻撃への応戦は含まないのか、戦争放棄と言うが自衛隊の存在は認めるのか、それは「戦力」としてなのか「実力」としてなのか、ではその違いはどこにあるのか……。こうした問いは、連日の無差別空襲、警察国家の抑圧体制、人類初の核兵器の地獄、見渡す限りの廃墟、悲惨な食糧難の体験の前では、「問答無用！」となってしまう。結果、「平和は大切だ↓したがって九条を変えてはならない」という論拠不明な理屈で「改憲は悪であるばかりか罪だ」という印象を結果として読者に植えつける報道に安住してしまっていなかったか。

真に「九条をまもる」とはどういうことなのか。

私自身、答えが出ているわけではない。おそらく、これからもずっと悩み揺れ続けるだろう。いずれにせよ、「護憲派」（縷々書いてきたように、ほぼ意味のない括りだが）と目されるメディアに属しながらこうした文章を発表することは、私にとっても詫び証文である。

第四章 原発と科学報道

――リベラルメディアが忘れたい過去

解題

一九五五年に制定された原子力基本法が謳う「公開・民主・自主」の三原則は、原子力の研究開発や平和利用にあたっての憲法とされている。これが日本学術会議によって実現したという事実を、件《くだん》の任命拒否問題[☆1]によって思い出した人も多いかもしれない。

この組織に「学者の国会」という異称がなお相応《ふさわ》しいかどうかは疑問の声もあるが、それは、会員選定方法がすでに選挙から推薦制に変わって久しいだけでなく、そもそも民主的原理と学問的真理は相容《あいい》れない（だからこそ「学の独立」が求められる）という、より根源的な意味合いもあるかもしれない。それはそれとして、学術会議が国会とはまた別の自主独立機関として政府に批判的な提言もする役割を果たしてきた足跡に疑いはないし、まぎれもなく国策と切り結んできた時代があった。特に原子力開発の草創期、学術会議は国や業界にとって目の上のたんこぶと言ってよい存在だった。

日本で最初の原子力予算は一九五四年三月、野党改進党議員だった中曽根康弘《なかそねやすひろ》らが突如、国会に提出した予算案によって実現した。一九五二年の独立回復以降、学術会議を中心に原子力研究のあり方をめぐって議論が活発化していたときだった。寝耳に水の予算案に、学界からは「原子力研究には計画性がいる。原子核の正確な研究なしに原子力を始めるのは砂上楼閣《ろうかく》をつくるようなものだ」（物理学者でのちに原子力委員を務める藤岡由夫《ふじおかよしお》）などと、原子力の推進派・慎重派を問わず批判が巻き起こった。学術会議の茅誠司《かやせいじ》会長はすぐさま改進党を訪れ、予算は戦争で後退した原子核研究費などに回すよう要望したが、中曽根らは拒否。新年度予算案通過のため改進党の賛成が欲しかった与党自由党はこの予算案をほぼ丸呑みし、提出二日後の衆院本会議で可決、翌月に参院の審議未了で自然成立した。

学術会議がすぐさま「公開・民主・自主」の三原則を声明として打ち出したのは、核技術の供与によって西側の結束を図る米国の戦略を警戒し、危うい政治の動きに釘を刺して国産技術での地道な開発を説くためだった。しかし、政府は米国の技術援助の打診に乗り、性急に原子力開発を進める道を選んだ。三原則の看板は、スタート時から泥塗られたということになる。

強引に事を進めたのは「原子力の父」正力松太郎《しょうりきまつたろう》だ。「プロ野球の父」「テレビの父」の異名も持つ読売新聞社主、日本テレビ社長の正力が衆院選で初当選したのは一九五五年二月、六十九歳のときだった。首相への野心を隠さぬ正力は、高齢を跳ね返し政界を駆け上がるため、真新しい「原子力」に目をつけた。実績作りのために米国の援助で早く商業発電にこぎ着けることをもくろみ、ＣＩＡとつながりつつ、前年の第五福竜丸被爆で高まった反米感情や原水爆禁止運動を抑え、「平和利用」

☆1　二〇二〇年九月、政府の特別の機関である日本学術会議が新会員として推薦した候補者一〇五人のうち六人を菅義偉首相が任命しなかった問題。菅首相は「総合的かつ俯瞰的に判断した」として具体的理由の説明を拒んだが、国会では「〔会員の選出が〕閉鎖的で既得権益のようになっている」と発言した（十一月二日、衆院予算委員会）。日本学術会議法は、会員は会議の推薦に基づいて内閣総理大臣が任命する、と定めるが、政府はこれまで国会答弁で「推薦をしていただいた者は拒否はしない」「政府が行うのは形式的任命」と説明してきた。

を喧伝した。鳩山一郎《はとやまいちろう》にはたらきかけ一年生議員ながら初代原子力委員長として入閣。そして翌一九五六年正月の委員会初会合後にいきなり「五年以内に第一号原発を建設する」と打ち上げる。そんな早期の実現は、原子炉をまるごと輸入しない限り不可能だった。自主開発論が大勢の学術会議内からは批判が噴出し、湯川秀樹《ゆかわひでき》ら他の原子力委員は辞意もほのめかしたが、正力は前のめりにことを進めた。

財界の後押しで一刻も早く発電を実現しようと、自ら音頭を取って業界団体「日本原子力産業会議」を立ち上げた。国内第一号の実験炉を置く日本原子力研究所（原研）の敷地は、原子力委員会が科学的見地から神奈川県横須賀市と選定したが、巧みに閣議決定で覆し、東海村に決めた。次なる商業炉の建設を考えれば、百万坪以上の公有地があり、海に近い場所を選ぶ必要があったからだ。

正力の手柄作りに加担することを警戒し始めた米国と決裂すると、すぐに英国にターゲットを変更。一九五六年五月、英国原子力公社の産業部長を読売新聞の費用で招き、一面トップで「英国方式とりたい」「アメリカが開発中の原子炉の完成を待っては日本の立遅れはますます激しくなる。正力委員長は構想に自信を深めた」と報じた。紙面の私物化もなんのそのの勢いだった。当時、西側で実用発電炉の運転経験を持つ国はなく、英国が運転を始めようとしていた原発も、原爆用のプルトニウム生産を兼ねた半軍用炉だった。しかし正力は学術会議内の反対論を振り切り、英国炉の導入を決めた。

この章に収めた論考「『原発報道』は戦後ジャーナリズム敗北の原点である」で記したとおり、メディアのチェック機能はきわめて緩かった。読売新聞だけの話ではない。平和利用という御旗《みはた》の下、科学技術礼賛の喝采を送り国民や学界の不安や疑問の声をかき消していったのは、どの新聞も同じだ。

日本で初めて原子の火が灯ったのは一九五七年八月二十七日午前五時二十三分。東海村の原研で、米国からの完全輸入品の原子炉で得られた出力は六十ミリワットに過ぎない。原子力三原則の「自主」から程遠い微々たる光は、しかし、敗戦で打ちひしがれていた国民に大きな希望を灯した。その光芒《こうぼう》が指す先も洋々たる前途しかないかのように、メディアはその「偉業」を演出した。

この日の朝日新聞は一面で「〔世界からの〕遅れを取り戻そうと日本原子力研究所の努力が広島、長崎の原子爆弾以来十二年目に『第二の火』を東海村にともすことの意義は大きい」と称えた。連載漫画『サザエさん』にまで「いよいよ日本の原子炉にも火がついたね」という磯野波平《いそのなみへい》の台詞が入った。だが、明け方の出来事が朝刊に間に合うはずはない。臨界に達する数時間前に新聞の印刷は始まっていた。未来の話を確定事実として過去形で書くなどという離れ業は、いまならとても許されない。

本文に記したとおり、その後、正力が英国から強引に導入した日本初の原発（東海発電所）の設置許可をめぐって、学術会議と政府、そして事業者の日本原子力発電（原電）とのあいだで「安全論争」が繰り広げられる。学術会議は原電の担当者を招いて討論会を開き、資料の公表を求めるとともに安全性をたびたび質したが、原電は木で鼻を括ったような対応に終始した。過酷事故で放出される放射性物質の試算データも隠し続けた。安全審査を担ったのは原子力委員会の下部の専門部会だったが、その委員の多くは、原電の組織内検討チームのメンバーだった。

この結論ありきの審査の進め方に、専門部会の一人の委員が「責任を持てない」と抗議の意志を示して辞表を叩きつけることになる。素粒子物理学者で名古屋大教授の坂田昌一《さかたしょういち》だ。学術会議の原子核特別委員会委員長の立場で安全審査に携わった坂田は、審査部門が原子力委員会の下部機構である不公正さを「決して国民の安全を守り得るような健全なものではない」と厳しく指弾した。

この問題では、学術会議は先立つ一九五八年、政府から独立した審査・監視機関の「原子力安全保障委員会」設置を法制化するよう国に提言していた。原子力船むつの放射線漏れ事故を機に原子力委員会から原子力安全委員会が分離したのは二十年も後のことだ。JCO臨界事故後に原子力安全・保安院が新設されたのは二〇〇一年。なお中立性と審査能力に疑問符が付き続け、ようやく原子力規制委員会が発足したのは、福島の原発事故から一年半を経た二〇一二年のことだった。日本の原子力行政が引きずり続けた問題性を内包した、この早すぎる提言をとりまとめたのも、坂田昌一だった。

第一号原発をめぐる科学者たちと国との論争から六十年。会員候補六人の任命を趣旨不明な「総合的、俯瞰的」判断で拒否した菅義偉首相の下で、自民党のプロジェクトチームは二〇二〇年十二月、学術会議の「改革」を提言した。任命拒否への批判をかわすために運営の問題点をあげつらい論点をすり替えようという意図は明白だが、学問的権威たちがまるで学者ギルドに閉じ籠《こ》もる特権的な世間知らずかのような印象を植えつけ、エリート批判と悪しきポピュリズムを煽るのは、前政権以来の常套手段というだけでなく、この間ずっと続いてきた問題であることが、よく分かる。

亡国への途は、トップが不快な情報を遮断するところから始まる。ましてや、黒を白と言い張ることに歩調を合わせ忖度する人物や組織だけを重用するとなれば、なにをかいわんや、である。

それにしても、原子力黎明《れいめい》期の学界や政治、ジャーナリズムの動きをあらためて繙《ひもと》くと、福島第一原発のメルトダウンに至る一本の線は、この出発時においてすでに引かれていたのでは、という感慨を抱かざるを得ない。

原産会議が一九五七年に編んだ『原子力年鑑』は、日本の原子力開発の第一歩が東海村に決まる不明朗な経緯について「政治的圧力があったなどともうわさされる等、決定に関しては必ずしもすっきりとしたものでなかったことは事実であるが、〔略〕ながい目でみるときは、かえって好《よ》い結果となるものと信じられている」と総括している。尊重義務のある原子力委員会の決定を覆したことの是非や、「公開・民主・自主」の原則が歪められたことへの言及は一切ない。ここには、過去の検証を避け本質から目をそらす、「終わりよければ……」というきわめて日本的な述懐のみがある。

実はこの十年のあいだ、私は原子力開発史をたどる仕事を細々と続けてきたが、「いまさらそんな昔のことを掘り返してなんの意味があるのか」という趣旨の言葉を幾度となく投げられた。しかも、脱原発・反原発運動に携わっている方たちからより多く。より直截《ちょくせつ》に「過去の話はいいから、再稼働を止める記事を書いてくれ」と言われたこともある。

苛酷な自然災害と共に生きてきた日本人には、まるで世界に対するある態度が文化的ＤＮＡとして受け継がれてきたかのようだ。地震や津波や洪水ですべてを失っても「自然に逆らっても仕方ない」「前を向こう」と何度も立ち上がってきた民族なのだと。「無常」が「日本人の精神性に強く焼きつけられ、民族的メンタリティーとして、古代からほとんど変わることなく引き継がれてき」た（村上春樹のカタルーニャ国際賞授賞式でのスピーチ）のは、確かに真実かもしれないが、宿命論の陥穽でもある。しかも、日本人のこうした態度は「自然」に対してだけ取られてきたわけではない。改元で過去を切断し、ときにはカタストロフィすら願望し、楽観主義ともニヒリズムとも諦観《ていかん》とも悟りとも言える境地で眼前の現実を受容する。この集団的忘却は、あの戦争の後でさえ起きたのではなかったか。

公文書を平気で破棄する安倍政権下の官僚たちの所業は、歴史家からすれば後世の検証の機会を奪う犯罪的行為だろうが、記録し遺すことへの無理解は私たちに共通する病理なのかもしれない。こうした過去への恬淡《てんたん》さ、もっと言えば「歴史意識の欠如」に、少しでも抗《こう》するには、ときには「後ろを向いて」愚直に過去を省《かえり》みるほかない。

先の大戦と同じで、新聞は原発を賛美してきたのにいまさら……という指摘は、確かに手痛い。が、たとえ後追い仕事であっても、原子力平和利用の推進に新聞が果たした役割を検証することは、その看板の下で取材活動をしている者にとっての責任だと認めざるを得ない。安全神話形成の一端を担ったジャーナリズムにとって、フクシマが二度目の「敗戦」であったことは間違いないのだから。そして原発事故は、あの戦争同様、天災ではなく人災である。その「起点」に何があったのか、目をつぶるわけにはいかない。

正力松太郎の原発導入への意志は多分に野心と我執《がしゅう》に基づくものであったが、その正力が強引に「国策民営事業」のレールを敷いた日本の原発業界は、正力ら第一世代亡き後、もはや頭脳を失った永久機械のように、ただただ自身の維持力学で存続している。政官財学そしてメディアを加えた「原子力ムラ」は、米国の軍産複合体同様、調整役はいても司令塔はいない。

小論「『アストリッドの死』にニュースバリューはなかったのか」では、とうに破綻した日本の核燃料サイクルの現状について記した。

八方ふさがりとなった「サイクル」の看板を国が掲げ続けるのは、輪が切れた途端、現在の原子力業界の存立の前提が瓦解《がかい》するからであり、そのためには鷺《さぎ》を烏《からす》と言いくるめ続けなければならない。原発推進派や科学記者たちは反原発・脱原発を唱える者に「非科学的」とレッテルを貼ってきたが、こうして維持されているシステムが「科学的」と言えるだろうか。少なくとも、合理的とはとても言えまい。高速増殖炉「もんじゅ」はすでに廃炉が決まったが、政府の高速炉開発計画は維持されている。かつて行政刷新会議の「事業仕分け」で高速炉開発がやり玉にあがった際、日本原子力研究開発機構のある研究者がこっそり私に語った一言は、忘れられない。

「虚仮《こけ》の一念でやり遂げようという開発者がどれほどいるかは知らない。でも、これでメシを食っている人間が何万人、何十万人いると思いますか？」

原発に対し曖昧な「イエス・バット」（条件付き容認）で臨んできた朝日新聞は、福島第一原発事故後、ようやく社論として「脱原発」を明確に打ち出した。

不都合な真実も余すことなく公開し議論の俎上に乗せたうえで、公正な手続きを経て、国民の決断として原子力発電から撤退する（あるいは継続する）ことを選ぶのであれば、それが非科学的であろうと不合理であろうと、民主主義の本義を貫徹することには違いない。

ただ、原発をやめるかどうかよりも、原発をやめられない日本をやめることの方が大切だと、私は確信している。

「アストリッドの死」にニュースバリューはなかったのか

二〇一九年九月十五日

ルモンド「アストリッドは死んだ」

原子力界にとってはミッドウェー海戦敗北級の衝撃的なニュース……と思いきや、なぜか波紋はさざ波ほども広がっていない。少なくとも表面的には。大本営の統制があるわけでもないのに、なんとも奇妙なのだ。

仏紙ルモンドが八月三十一日、フランス当局が高速炉ASTRID《アストリッド》の開発計画を停止する方針だ、と報じた。計画を調整していた二十五人のチームはすでに今春に閉鎖されたといい、「アストリッドは死んだ。これ以上、資源やエネルギーをつぎ込まない」という関係者のコメントも掲載した。

アストリッドは、日仏が共同研究を進めるためフランス国内に建設予定の実証炉だ。「もんじゅ」などの原型炉よりは一歩先、将来の実用炉からは一段階手前に位置づけられる。

報道を受け、フランスの原子力・代替エネルギー庁（CEA）は声明を発表。高速炉研究は今後も継続するとしながら、短・中期的にアストリッドの建設は予定されておらず、今世紀の後半までに新世代高速炉が導入される見通しはない、と認めた。

日本でもNHKと共同通信、読売新聞がルモンドを引用して後追いした。ただ、「政府は3年前にもんじゅの廃炉を決めた後、高速炉の開発でアストリッドに期待を寄せていただけに、日本にも影響が予想される」（NHK）、「日本の核燃料サイクルにも影響を与えそうだ」（読売）と書いているわりには、内容は淡泊で扱いもかなり地味なものだった。毎日新聞と朝日新聞はこれまでのところ報じていない。

直後の官房長官会見や翌週の経済産業相、文部科学相の閣議後会見でも、まったく話題にならなかった。

高速炉政策を所管する経産省・資源エネルギー庁の原子力政策課に確認してみると、次のような説明だった。

「アストリッドという実証炉を建設する前提のプログラムは当面必要ないということはフランス政府から表明があり、今年〔二〇一九年〕一月には出ている話。昨年六月にも〔フランスから〕そういう検討をしているという状況報告があった。ルモンドの記事は書きぶりはセンセーショナルだが、方向性は我々がすでに承知しているもの。それを『死んだ』と書くか『停止』と書くかは、その人次第。我々としては既定路線だと思っているし、〔報道に〕何か新しい情報があったかというと、ない。判っている人にとっては、知っていることが書かれていただけです」

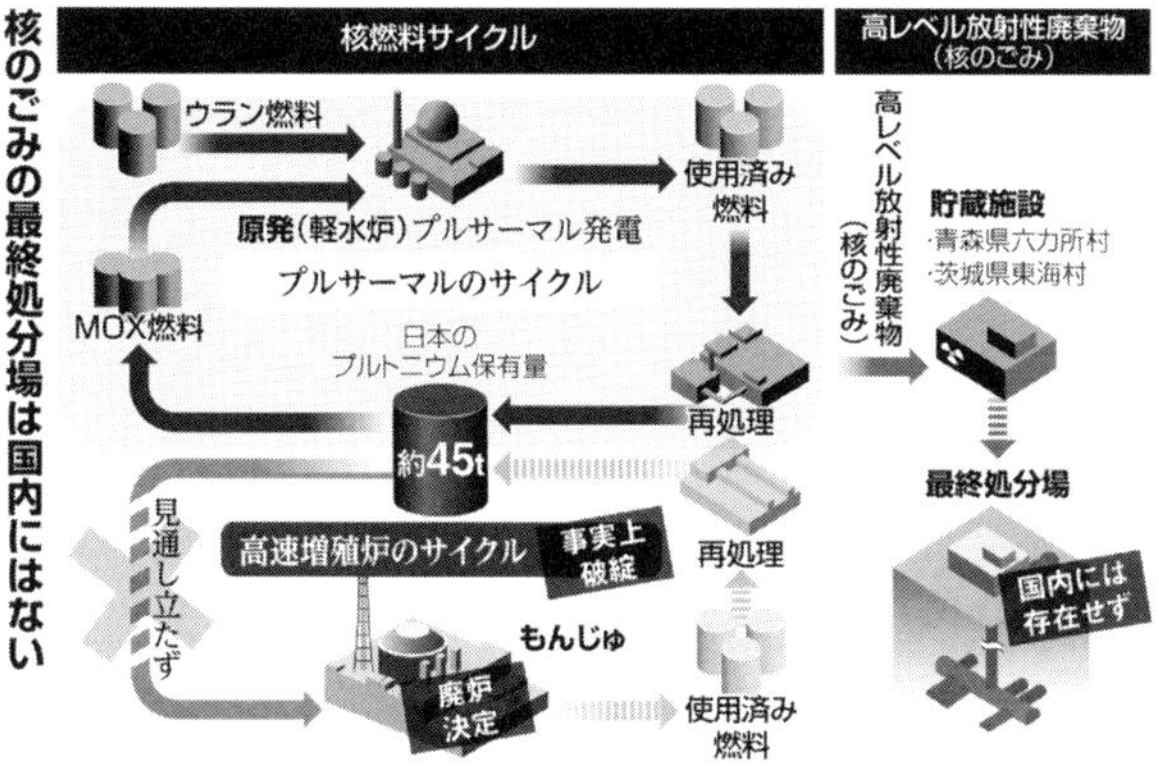

核燃料サイクルのイメージ

確かに、アストリッド計画については縮小方針がすでに二〇一八年六月に示されていた。とはいえ、「停止／中止」と「縮小」の違いは、単なる語感の問題と言って済ませられるようなものなのだろうか。「退却」ではなく「転進」だ、「改竄」ではなく「書き換え」だ——そんな言い換えと同様のごまかしの臭いがしなくもない。

これは日本のエネルギー政策上のエポックなのか、それとも本当に取るに足らない話なのか。経緯を振り返ってみる。

「核燃料サイクル」を取り繕うため不可欠

実は、今回と同様の報道は九カ月前にもあった。昨年（二〇一八年）十一月二十八日、日経新聞はアストリッドについて「仏政府が2020年以降、計画を凍結する方針を日本側に伝えたことがわかった。2019年で研究を中断、2020年以降は予算を付けない意向という。日本はすでに約200億円を投じている。開発計画の大幅な見直しは必至で、日本の原子力政策にとっても大きな打撃となる」と報じた。

「打撃」の意味は、日本政府にとってアストリッドは、もはや破綻が明らかになった「核燃料サイクル」を取り繕うために欠かせないものだからだ。

だが今回と同様、この記事は各方面からほぼ黙殺された。直後の会見でフランスの方針について聞かれた菅義偉官房長官は、いつもの無表情で「承知していない」と答えた。ようやく一カ月後の十二月二十日、電気事業連合会は「現時点で〔フランス〕政府による何らかの決定が下された事実はない」

とのコメントを発表し、日経の報道を否定した。

その翌日、日本政府は何事もなかったかのように、「夢の原子炉」の開発をあくまで進めようという決定を下した。二〇一六年に廃炉が決まったもんじゅの後継炉開発について、原子力関係閣僚会議が、実用化の目標時期を定めた「戦略ロードマップ」を正式決定したのだ。

高速炉開発ロードマップのポイント

・二十一世紀半ばごろに現実的なスケールの高速炉が運転開始
・本格的利用が期待されるのは二十一世紀後半
・ナトリウム炉が国際的に最も実績があるが、求められる技術は多様化
・当面五年程度、民間による技術間競争を促進
・二〇二四年以降、採用する可能性のある技術を絞り込み、運転開始に向けた工程を検討
・国として適切な規模の財政支援を行う

高速炉を中核に置く「サイクル」の看板を掲げ続け、そのさらなる推進姿勢を前面に出したもので、呆れることに、一兆一千億円もの巨費を投じながらほとんど運転もできず成果も上げられなかったもんじゅの大失敗はまったく総括されていない。

旗振り役のエネ庁が今年（二〇一九年）二月六日に発表したリリースは「日本では一九六三年頃から高速炉の本格的な設計研究がスタート。一九七七年には実験炉常陽、一九九四年には原型炉もん

じゅが臨界を達成。その後、高速炉に関する技術研究が長年続けられ、様々な知見が蓄積されてきました」「これまで培《つちか》った経験や技術・知見を活かし、今後も、高速炉実用化のための技術基盤の確立とイノベーションの促進に、国内外一体となって取り組んでいきます」と高らかに謳った。これを読むと、これまでの開発史がまるで成功物語かのようだ。

日本の高速炉開発史

一九六七年　【原子力長期計画】一九七〇年代後半に原型炉（もんじゅ）運転、一九九〇年ごろまでに実用炉運転
一九七七年　実験炉「常陽」臨界
一九八二年　【原子力長計】一九九〇年ごろに「もんじゅ」臨界。二〇一〇年ごろに実用化
一九九四年　原型炉「もんじゅ」臨界
一九九四年　【原子力長計】二〇三〇年ごろに実用化
一九九五年　もんじゅナトリウム漏れ事故
二〇一〇年　【エネルギー基本計画】実証炉を二〇二五年ごろまでに、実用炉を五〇年より前に導入
二〇一一年　東京電力福島第一原発事故
二〇一六年　もんじゅ廃炉を決定
二〇一八年　【高速炉開発ロードマップ】現実的なスケールの高速炉（実証炉）を

今世紀半ばごろ建設、高速炉の本格的利用（実用炉）は今世紀後半のいずれか

日本の原子力政策は、ご存じのとおり、原発から出る使用済み燃料を全量再処理し、取り出したプルトニウムを再利用する「サイクル」が大前提で、それが原発を稼働する大義でもあった。そのなかで、高速中性子によって本来は「燃えないウラン」まで燃料プルトニウムに変える高速増殖炉は、その「輪っか」の要。まさに資源小国日本の「夢」だった。

サイクルは本来、使用済み燃料からプルトニウムを取り出す再処理工場と、そのプルトニウムとウランを混ぜたMOX燃料を造る工場、そして高速増殖炉という三つが同時に成立しないと成り立たない。エネルギーの自給自足を目指してサイクルに取り組んだ国はいずれも、それらを国内に建設しようとした。だが日本は再処理もMOX燃料加工も海外に依存してきた。そこへきての二〇一六年のもんじゅ廃炉決定で、サイクルの輪は完全に切れたはずだった。にもかかわらず輪がまだつながっているると強弁するため、すがったのがアストリッドだったのだ。経産省は主にアストリッド計画のための高速炉国際協力研究開発費として今年度（二〇一九年度）までに三百二十億円を投じてきた。

「今世紀後半」と言われても……

しかし、前述のように昨年（二〇一八年）六月、フランス政府は計画の縮小を日本に言い渡した。

高速炉は原発に比べて経済性がなく実用化の緊急性もないとの前提の下で、①アストリッドは出力六十万キロワットから十〜二十万キロワットに変更する、②その炉を建設するかどうかも、二〇二四

年に判断する、③実用炉については、電力会社EDFが二〇六〇年までに投資するかどうか判断する、④したがって、実用化されるとしても二〇八〇年ごろを目指す――。

縮小どころか大きな後退だった。さらに「凍結」「中止」ともなれば、サイクルの看板は完全に羊頭狗肉となる。不自然きわまりないが、半年後のロードマップがアストリッドに一切言及しなかったのは、当然と言えば当然だ。

しかし、よくよく見れば、このロードマップには隠しきれない綻《ほころ》びが散見される。

今後の想定スケジュールによると、当面の五年間程度は民間の競争を促しメーカーからの提案で様々な技術のアイディアを試す期間と設定。その後、もんじゅで採用したナトリウム冷却炉以外のタイプも含めた技術開発を進め、二〇二四年以降に採用する技術を絞り込み、あらためて工程を検討するとした。そして、もんじゅ後継の実証炉の運転見込みは「今世紀半ばごろの適切なタイミング」、実用化が期待されるのは「二十一世紀後半のいずれかのタイミングとなる可能性がある」とした。

「鉄腕アトム」放映直後に作られた「一九六七年原子力長期計画」では、実用炉の運転は「一九九〇年ごろまでに」と書かれていた。一九八二年長計では「二〇一〇年ごろ」。一九九四年長計では「二〇三〇年ごろ」。そして福島の原発事故前の二〇一〇年エネルギー基本計画では「二〇五〇年より前」だった。まさに逃げ水だが、これまでは辛《かろ》うじて数値目標はあった。さすがに「いずれかのタイミングとなる可能性がある」は頼りない。「今世紀後半」と言われて信じる者がどれほどいるか知らないが、このロードマップ作りに関わった人間でそのころまで生きている者もいったい何人いるだろうか。

画餅《がべい》ぶりはスケジュールだけではない。

ロードマップは、あたかも各メーカーが技術開発に乗り出し活気ある競争が生じるかのようなイメージを描いているが、実現するかどうかすら不明なものに手を挙げる奇特な企業がどれほど現れるだろうか。そもそも世界ではこれまで、もんじゅも含めてナトリウム炉の研究開発が主流。様々な炉型を試すということは、重金属炉やガス炉、溶融塩炉など実績の乏しい研究をまた一からやり直すということ。退行とも言え、本気でやれば膨大な時間とカネがかかる。これらの炉型はナトリウム炉よりも技術的に難しいとされる。

今世紀半ばごろに運転するという実証炉を誰が造るのかという問題もある。もんじゅの次の段階の実証炉は実用炉の一歩手前なので、もともとは利用者である電力会社の費用で建造することになっていた。しかしロードマップではそれも曖昧になっている。

高速炉開発の意義についての説明も、高レベル放射性廃棄物の量や有害度を減らせるというメリットの強調ばかり。使った以上の燃料を生み出す、という夢のような謳い文句はとっくに消えている。もんじゅ廃炉後に立ち上がったのは「高速炉開発会議」（議長は経産相）で、「増殖」はしれっと外されている。

原発の未来そのものが先細り

フランスがアストリッドから撤退しようとするのは、六十万キロワット規模ですら一兆円超とも言われる建設コストの高騰に加え、原発依存度を現在の七割超から五割まで引き下げるというマクロン政権の方針が背景にある。要は原発の未来自体が先細りということだ。

そもそも核燃料サイクルを各国が目指したのは、ウラン価格が高騰しプルトニウム発電の方が発電コストが安くなる時代がいずれ来る、という前提条件があった。だが、チェルノブイリ事故で世界の原発建設は停滞し、ウラン需要は高まらなかった。経済性のないサイクルに大金を投じる理由も、国が是が非でも実現を目指す必要も、なくなって久しいのだ。

ドイツでは一九八九年、住民の反対運動で再処理工場の建設がストップ。高速増殖原型炉「SNR300」も反対運動や訴訟で停止し、所有する電力会社は試運転段階の一九九一年に放棄した。一九九四年には原子力法が改正され、使用済み燃料を全量再処理する政策を取りやめた。サイクルの一端が途切れるやいなや、脱原発まで一気に進んだ。

各国の高速炉開発史

一九五一年　〈米〉実験炉EBR1臨界（五五年に暴走事故）
一九五九年　〈ソ連〉実験炉BR5臨界
　　　　　　〈英〉実験炉DFR臨界
一九六三年　〈米〉実験炉エンリコ・フェルミ臨界（六六年に炉心溶融事故）
一九六七年　〈仏〉実験炉ラプソディー臨界
一九七二年　〈ソ連〉原型炉BN350臨界

一九七三年〈仏〉原型炉フェニックス臨界
一九七四年〈英〉原型炉ＰＦＲ臨界（八七年にナトリウム反応爆発事故）
一九七七年〈米〉カーター政権が高速増殖炉開発を延期
一九七七年〈西独〉実験炉ＫＮＫ２臨界
一九八五年〈仏〉実証炉スーパーフェニックス臨界（八七年にナトリウム漏れ事故）
一九八六年〈ソ連〉チェルノブイリ原発事故
一九九一年〈独〉原型炉ＳＮＲ３００を操業直前に放棄。高速増殖炉開発から撤退
一九九三年〈米〉クリントン政権が高速増殖炉の研究開発中止を決定
一九九四年〈英〉ＰＦＲ閉鎖。高速増殖炉開発から撤退
一九九八年〈仏〉スーパーフェニックス閉鎖
二〇一〇年〈仏〉フェニックス閉鎖
二〇一一年〈独〉二〇二二年までの脱原発を決定
二〇一四年〈露〉実証炉ＢＮ８００臨界

高速炉がダメならＭＯＸ燃料を普通の原発で燃やそうというプルサーマル計画があるが、この「なんちゃってサイクル」もほぼ破綻している。使えないまま五十トン近くまでたまり続けたプルトニウムをアメリカに問題視され、原子力委員会は昨夏、ついにプルトニウムの削減方針を打ち出さざるを得なくなった。

プルサーマルは本来、十六～十八基で実施する予定だったが、現在のところ再稼働原発の四基に限られる。これでは毎年二トンしかプルトニウムを消費できない。一方、六ケ所村の再処理工場が本格稼働すれば、毎年七トンのプルトニウムが生み出され続ける。☆2

そこで国は「使う分だけ再処理する」というなんともその場しのぎの弥縫《びほう》策を掲げたが、工場の稼働率を下げれば再処理コストは上がり、当然ながら発電事業そのもののコスト増につながる。サイクル政策へのさらなる打撃になるだけでなく、プルトニウムを減らすという本来の目的も果たせず、国際社会から疑念を呼ぶ。

プルトニウムを増やしながら減らすという矛盾

サイクルを続けるということは、プルトニウムを増やしながら減らすという矛盾した政策を進めることにほかならない。まるで漫画だ。それでもサイクルの看板を掲げなければならないのは、技術者のプライドや雇用という問題だけでなく、輪が切れた途端、現在の原子力業界の存立の前提が崩れるからだ。新たな「燃料」の素である使用済み燃料は単なるゴミとなり、電力会社は資産を大幅に減損処理しなければならなくなる。六ケ所村の再処理工場が不要になれば、各電力会社は青森県から使用済み燃料を持ち帰るよう迫られることになり、原発は経営危機を招くお荷物に一転する。

高速炉開発のロードマップを決定した昨年（二〇一八年）末の原子力関係閣僚会議の席で、菅官房長官はこう宣言した。

「核燃料サイクルを推進するとともに高速炉の研究開発に取り組む。国内すべての関係者がそれぞれの役割をもって果たしていく」

経産省は今夏、来年度（二〇二〇年度）予算の概算要求でアストリッド建設絡みの費用は諦めたが、国内の高速炉開発の技術基盤を維持するための民間委託事業費として四十一・一億円を盛り込んだ。

再びエネ庁原子力政策課の説明を聞こう。

「ロードマップには、多国間の国際協力を効率的に活用していくとする一方で、政策を海外に依存するのはよくない、と書いてある。核燃料政策を他国の政策に委ねきっているわけではない。フランスがやめようとやめまいと、〔高速炉開発を〕やるという方針になにも変わりはない。右往左往する必要もない。それに尽きる」

あくまで現実から目を背け、綻びを必死に糊塗し、嘘をまことと言い募る。「サイクル」という国策は、やはりルイス・キャロルが描いたような虚構のあべこべ世界の夢なのだとしか評しようがない。

画に描いた餅は美味そうに見えようと不味そうに見えようと、しょせん食べることはかなわない。どのみち絵空事ならば、アストリッド計画が「縮小」だろうが「中止」だろうが、大して違いはない。

☆2　電気事業連合会は二〇二〇年十二月、プルサーマルの導入目標を「十二基」に下方修正した。が、実施の目処があるわけではなく、再処理工場をフル稼働させた場合に抽出されるプルトニウムの量から逆算した数字に過ぎない。

い。その意味では、今回の一件が特段のニュースではないという判断にも納得だ。

ただ、いずれにしても、破綻した政策を取り繕うために税金や電気料金というかたちのツケを負わされる国民は、少なくともあと半世紀、夢ならぬ悪夢にうなされ続けることになる。

あすの原発すら不透明なのに、あさってのサイクルを語る。鬼は笑うだろうが、国民は笑えない。

「原発報道」は戦後ジャーナリズムの敗北の原点である

二〇二〇年九月十七日

朝日新聞の社会部長、科学部長、論説委員を歴任したジャーナリスト柴田鉄治《しばたてつじ》の訃報《ふほう》が八月末に届いた。

ここ十年のあいだ何度か話を聞く機会を得たが、このところの話題はいつも政治とメディア（より具体的に言えば、安倍政権と官邸記者）の問題に収斂《しゅうれん》した。沈着かつ折り目正しい性格の人だったが、会話の最後にはいつも、後輩たち（私も含めた）への叱咤と失望をないまぜにして嘆息《たんそく》でくるんだ言葉を漏らした。柴田の逝去《せいきょ》は安倍首相の辞意表明の直前だったが、もしそれに間に合っていたとしても、この間のメディアのあり方を「敗北」と総括しただろう。

この「敗北」は職責や職業倫理に殉じた結果のそれではなく、既成事実に屈した不戦敗であることは言うまでもない。七年八カ月もの長期政権を許した云々以前に、事実に肉薄《にくはく》し、不都合な真実に向き合い、権力や大資本との不明朗な関係を断ち切ってそれらに切り込み、臆《おく》さず付和雷同せず世に警鐘を鳴らす――というジャーナリズム本来の役割を果たしたのか。それは私たち報道人が厳しく問われていることであるし、柴田も常に省みていたことだった。

原子力開発草創期に茨城で記者人生をスタート

「日本のメディアはとっくの昔から敗北していた」というのも柴田の言だが、こうしたジャーナリズム観の根っこは、自らが関わった原発報道への悔恨や朝日の論陣への反省によって培われたものだ。

柴田は日本の原子力開発草創期に、その発祥の地・茨城で記者人生をスタートした。戦争協力への反省が戦後の原点であるはずの新聞が原子力の安全神話に加担した果てに起きた福島第一原発事故は、新聞ジャーナリズムにとって「第二の敗戦」だったが、柴田にとっても「敗北」という言葉を強く噛みしめる未曽有《みぞう》の体験だったようだ

当時の新聞を丹念にめくってみると、確かに、戦後ジャーナリズムの蹉跌《さてつ》は、独立回復後間もない一九五〇年代の原発報道にすでに始まっていたことが分かる。

東大物理学科を卒業した柴田が朝日新聞に入社し水戸支局に配属されたのは一九五九年、最初期の原子力ブームの余波が続いていた時代だ。茨城県東海村の日本原子力研究所（原研）で国内初の原子炉に火が灯ったのは一九五七年八月のことだった。

その二年前、核技術の供与で西側の結束を図ろうとした米国の戦略に乗った日本政府は、原子力基本法の「民主・自主・公開」原則を早々に歪め、米国の援助で原子炉を設置する道を進み始めていた。原研の候補地選びは一九五五年秋から水面下で進められたが、年明けからは全国で熾烈な誘致合戦が繰り広げられた。

原子炉の安全性に関する解説記事が朝日新聞茨城版に初めて掲載されたのは一九五六年二月十日、東海村が「原研設置対策委員会」を発足させたわずか二日後だった。「爆発の心配はない　『死の灰』

は遠く海底へ」という見出しの記事で、筆者は入社一年目の水戸支局記者、木村繁《きむらしげる》。前年に科学記者として唯一採用された男だ。

柴田鉄治のジャーナリズム観の形成には、この木村繁の存在が合わせ鏡のように絡んでくる。

「安心して誘致」を訴えた朝日新聞連載

二年前の第五福竜丸の被曝《ひばく》や米ソの核実験で「放射能マグロ」「放射能雨」という言葉が生まれ、国内では放射能汚染への懸念が広がっていたが、木村は解説記事で「幸せなことにその心配はないようだ。放射能をおびた気体や水は十分処理してから大気中や海に捨てられる」「炉を冷やすための水もいくらか放射能を帯びるが、〔略〕海に流しても放射能マグロなど絶対にできない」と説明。そして「万事、安全第一だから近所の人たちも安全なわけである」と結論づけた。

放射線量が非常に強く当時「死の灰」と表現されていた使用済み核燃料については、こう言い切った。「ドラムカンに入れられたりした上で、太平洋のまん中に捨てられる。〔処理方法は〕ほかにもいろいろな手段があり、いずれの場合も危険性はない。アルコール工場やデンプン工場より、原研の方がずっと衛生的だ」。

科学技術の力によって原子炉の危険性は抑えられるのだから、県や村と歩調を合わせ、安心して原研を誘致しようじゃないか。事実上そう訴えている記事だった。

各地の綱引きの果てに、原子力委員長・正力松太郎の強引かつ巧みな政略で原研建設地が東海村に決まったのは四月六日だ。その二週間後、木村は「原子力の豆知識」というコラム連載を茨城版で始めた。初回に「地元に住むわたくしたちは、少なくとも『原子力県民』の名にふさわしいだけの知識を身につけておきたい」と連載の意図を記したうえで、原子力発電を「わずかの燃料で何年も運転を続けることができ、しかもススも煙も出ないから快適だ」と紹介、さらに「放射性同位元素を使えば、常温のままで殺菌でき、新鮮で生のままでも保存できるので画期的である。刺身もピクニックの弁当として手軽に野や山へ持って行けることになるだろう」と、原子力がもたらす恩恵を描いた。

連載は三カ月間、全五十回に及んだ。放射能の危険性に触れたのはただ一度、「原子炉の運転や、使用ずみ燃料の処理、アイソトープの取り扱いなどには強い放射線がつきものだが、保健物理学者たちの努力によって放射線障害は事実上存在しなくなった」という記述のみだった。連載の一部は、県の広報紙にも転載された。

朝日新聞は十二月、この連載を基にした『郷土のほこり』と題するパンフレットを県内に配った。翌一九五七年元旦から水戸市で開催される「原子力平和利用博覧会」を記念したもので、表紙は東海村で建設中の第一号原子炉の写真だった。

博覧会には三十六日間の会期中、県民の一割にあたる二十二万七千人が来場した。「原子力ようかん」「原子力まんじゅう」が土産として売られ、木村の連載「原子力の豆知識」も冊子になり土産物屋に並んだ。一冊五十円、飛ぶように売れたという。

原子力博覧会は一九五五年十一月、読売新聞社と米広報庁が共催し東京・日比谷で開いたのが皮切りだ。正力松太郎率いる読売新聞と日本テレビがしきりに原子力の追い風報道をしたことはよく知られているが、原子力ブームを煽り「平和利用」を盛んに喧伝したのは、どの新聞も変わらない。この年の新聞週間の標語は「新聞は世界平和の原子力」だった。

博覧会はその後全国十カ所で開かれ、各地で新聞社が主催や後援についた。朝日新聞社は京都と大阪で主催した。会場では原子炉の模型や人間の手の動きを再現する「マジック・ハンド」などが展示され、科学技術が開く明るい未来をアピールした。原子力の危険性に触れることはなかった。

広島と長崎での原爆投下から十年余り、第五福竜丸の被曝で広がった反核運動で三千万人を超す署名が集まり、広島で第一回原水爆禁止世界大会が開かれたのは、半年前のことだ。銀幕の中では、水爆実験で目を覚ましたゴジラが口から放射能を吐いて人間に復讐していた。原水禁運動や放射能の脅威への警告を、メディアは平和利用キャンペーンでかき消していった。

なぜ、新聞は原子力の安全性に切り込まなかったのか。

「平和利用」という言葉に絶大な効果

「当の世論は科学技術への素朴な信仰心に満ちていた。報道も世論も原子力にバラ色の夢を描き、それに酔った。そこに、原子力報道の最初の失敗があった」

柴田はかつて私にそう述懐したが、曰《いわ》く、この「夢」は、戦中の非科学・非合理性への反省と、科学技術立国としての復興の姿とが重なり合っていた。「科学の素晴らしさを伝えるのが我々の仕事」は木村の口癖だったが、当時、「平和利用」という言葉には絶大な効果があったという。原水爆は「悪」だが、平和利用なら「善」という二元論が支配的だった。原子力は諸刃《もろは》の剣だが、核兵器という巨悪を否定するあまり、メディアは平和利用のマイナス面に目を向けなかった。

「軍事利用の原爆で負けた日本人にとって、平和利用という言葉は麻薬だった。自分もその麻薬に酔っていた」。二十四歳で水戸支局に赴任した柴田は木村と入れ替わりでその下宿に入ったが、その際、原子力まんじゅうを土産として友人に配って回ったという。木村は科学部に異動し、のちには科学部長に就くことになる。

柴田は「世論も科学技術を素朴に信仰していた」と言ったが、実はそのころ、東海村民の七割が放射能の危険性を感じている、という意識調査の結果を、茨城大の学生らがまとめていた。朝日新聞は一九五六年八月十日付で調査結果の概要を掲載したが、この点には触れなかった。「放射能の危険があると思うか」という設問があったこと自体、なぜか載せていない。

バラ色の夢に酔っていたのは、むしろメディアではなかったか。原子力の黎明期にあたるこの時期、原子炉の安全性や放射能の危険性に切り込むような記事が朝日新聞に載ることはなかった。

柴田が水戸に赴任した一九五九年、東海村に設置される日本初の原発（東海発電所）をめぐり、中央では、事業者の日本原子力発電（原電）と当局、そして日本学術会議の物理学者たちとのあいだで「安全論争」が繰り広げられていた。

東海原発は正力松太郎が強引に英国炉を輸入し設置したものだが、学界は、耐震性や事故対策、放射性物質の閉じ込めなどの問題がなんら解決されていないことを厳しく指摘。さらに、設置者（原電）の関係者が審査者（原子力委員会部会）のメンバーに名を連ねるケジメのなさを「家庭教師が入試をするようなもの」と鋭く批判した。推進機関が原発設置に待ったをかけられるのか、という本質的問いだった。[☆3] 朝日新聞の社論は学界の主張と軌を一にはしたが、その水割りに過ぎなかった。輸入技術での性急な発電導入ではなく基礎研究から積み上げるべきだ、と戒《いまし》めはしたが、原発の安全性を疑ったわけではない。

「原発反対は非科学的」という信念

一方、柴田ら水戸支局の記者は、茨城版で一九五九年八月十六日から十回にわたって「何ができる東海原子力発電所」を掲載。原子炉の構造のほか、耐震性やコンテナなど当時議論されていた問題を解説した淡泊な記事だった。十一月三日からは同様に「発電炉設置をめぐって」を四回掲載。「地元は案外無関心　設置反対の動きも見られず」と報じた。

実際には当時、原電は「地元対策」に躍起だった。建設に慎重あるいは反対姿勢の村民宅には、下請けの建設会社が差し向けた高級車が乗りつけ、水戸市内の料亭で接待攻勢が始まった。こうした地元での生々しい地ならしの動きは、当時の朝日の報道からは、まったく探れない。

一九六〇年一月、東海原発の建設が始まった。朝日新聞の論調はこの後、原子力に楽観的なものに変わっていく。原子力発電についても消極的容認から条件付き推進へと傾いていった。「条件」とはこの時代、安全より軍事転用の歯止めに主眼があった。

☆3　原子力規制委は当時もちろん存在せず、原子力安全委が原子力委から分離したのは一九七八年、原子力安全・保安院の新設も二〇〇一年のこと。

「注意して取扱《とりあつか》うかぎり、原子炉はすこしも危険ではなくなっている」「一九八〇年代には月や火星、金星に向う原子力エンジンのロケットも、完成の域に達しているだろう」（一九六二年十二月二日付社説）

「国産発電炉を自力で開発し、その経済的利用を促進して行かなければならない」（一九六三年十月二十八日付社説）

一九六四年には、関西電力、東京電力に続き中国電力、東北電力、九州電力が、原発に乗り出す方針を発表した。朝日新聞は十月十一日の社説「原子力発電の時代に備えよ」で、「どのような開発を通じて増殖炉の段階に到達するのか、そうした一貫した開発方針は決っていない。緊急に必要なことは、独自の根本方針を確立することである」と主張した。使った分より多くの燃料を生む「夢の増殖炉」の開発を進めよ、とついに号令をかけたのだ。

科学が生活を豊かにするという素朴な信仰に大きな疑問が突きつけられるのは、公害が社会問題化した一九七〇年代以降だ。しかし、原子力や原発に対する朝日新聞の科学報道や社論は、容認姿勢のままだった。そして、原発反対の動きは社会部や地方支局が受け持つという奇妙な分業が生まれた。

木村繁が科学部長を務めていた一九七六年夏、朝日新聞は「核燃料」という連載を始める。部長の木村が直々にデスク役を務め（筆者は大熊由紀子《おおくまゆきこ》）、原子力の先端情報と技術者を数多く紹介した全四十八回の記事には、「一方的な推進論」との批判が多く寄せられた。が、科学を推進するのが科学部の使命であり、原発反対は非科学的だという木村の信念は揺るがなかった。

連載の終盤に、こんな記述がある。

「『絶対安全』なものしか許さないとしたら、わたしたちは、ダム、自動車、列車、薬をはじめ、すべての技術を拒否して、原始生活に戻らねばならなくなる。しかし、その原始生活には『飢え』や『凍死』や『疫病』という別の危険がつきまとう」

木村は「自動車事故では毎年六千人の人が死んでいるじゃないですか。なぜ自動車反対といわないんですか」という、似たような言葉も残している。典型的な藁《わら》人形論法の詭弁《きべん》術だが、原子力推進論者はこれをしばしば使う。原子力開発の安全性を強調しておきながら、その同じ口で「安全に絶対はない」とあっさり居直るのも、典型的な論法と言えた。

編集担当役員「反対という立場で報道記事を書かれては困る」

メルトダウンを引き起こした世界初の過酷事故であるスリーマイル島原発事故も、メディアの姿勢を大きくは変え得なかった。

事故から四カ月後の一九七九年八月、朝日新聞は全国の記者を集めた原発報道研修会を開いた。ここで説かれたのが「イエス・バット」（条件付き容認）論だった。

「バット」以下の条件は、①軍事転用しない、②他国の軍事利用を防ぐ、③安全性と経済性を確立する、④原子力行政の信頼性を高める、⑤地域住民の納得を得る――の五条件で、論説委員として科学分野の社説を担当していた柴田は講師として「今後の社説はバットの方に力を入れてゆきたい」と語った。

しかし、記者の一人からの「朝日新聞社から月給をもらっている限り、われわれは、基本的に原発には反対という立場で記事を書いてはいけないわけか」との問いに、論説主幹の岸田純之助《きしだじゅんのすけ》は「そういう質問が出るとすれば、そのとおりだと答えるほかない」と答えた。さらに、専務取締役（編集担当）が「反対運動がある以上、朝日がこれを報道するのは当然だ。ただ、自分も反対という立場で報道記事を書かれては困る」と付け加えた。事実報道に携わっている記者にとっては言わずもがなのことで、出席した記者たちに残した印象は「要するに朝日はイエスなんだ……」だった。

そのすぐ後の一九八〇年元日、なおも「スリーマイル島事故でさえ、一人の死者も出ていない」と主張する木村に替わり、柴田は科学部長に就く。それでも、大きく報道が変わったわけではなかった。「バット」以下の条件をいくら挙げても、それが努力目標である限り、イエスはどこまでもイエスだった。その社論に引きずられ、原発を監視しその矛盾と切り結ぶべき事実報道も、緊張感を持つことはなかった。

柴田はのちに、悔恨を込めてこう語っていた。

「本来なら是々非々と言うべきだったが、イエス・バットは非常に便利な言葉で、あっという間に社外にも広がり、自分も疑問なく使っていた。バット以下の条件が満たされない場合はノーなのか、ノー・バットではなぜダメなのか、現場の記者にはよく分からなかったかもしれない」

岸田純之助は一九八三年に論説主幹を退いたのち、関電の広報誌の監修者となり、一九九二年からは関電のグループ企業、原子力安全システム研究所の最高顧問に就いた。

「イエス・バット」の曖昧さを問い直すことのないまま、私たちは二〇一一年三月十一日を迎えた。

報道を検証し修正する不断の更新作業

常に自分の少し前方にいた木村繁の報道姿勢に違和感を抱きつつ、それを全面的に改めることもできなかった柴田は、福島の原発事故後、朝日の原子力報道を「失敗に次ぐ失敗」「敗北」だったとはっきり総括した。

両面ある科学技術の一面しか見ず、過酷事故や廃棄物問題など原子力の特異性を軽視しバラ色の夢を振りまいた一九五〇～六〇年代の第一の失敗。反対派が登場した対立の時代に「絶対安全」を説く推進側の非合理を衝かずに反対派を非科学的と攻撃した一九七〇年代の第二の失敗。スリーマイル島とチェルノブイリの事故で潮目が変わった世論と政策との乖離を無視した一九八〇～九〇年代の第三の失敗。省庁再編で原子力行政をほぼ掌握した経済産業省へのチェックを怠った二〇〇〇年代の第四の失敗。

そして福島の原発事故では、事実に肉薄せず発表依存に陥った第五の失敗――。

日々起こる新たなニュースに即応しなければならない報道は、ある意味で「失敗」は避けられない。しかしそれが「敗北」に至らないためには、きのう報じたことをきょう検証し、あすの報道で修正する不断の更新作業を続けるしかない。

原発事故については四つの事故調査委員会の報告書がまとまって久しいが、全容解明と原因究明は不完全なままで、多くの宿題を残している。柴田が「十年間でどこまでやれるか、メディアは再び問われている」と言った節目は、来年（二〇二一年）三月に迫る。

第五章

沖縄と本土

――どちらの民意が重いのか

解題

ここに収めた小論「あなたの街に米軍基地は要りますか？」が掲載された翌月の二〇一九年二月二十四日、米軍普天間飛行場（沖縄県宜野湾市）の移設をめぐる辺野古沿岸部（沖縄県名護市）埋め立ての是非を問う県民投票が投開票された。結果は「反対」が七二・一五％の四十三万四千票で、玉城《たまき》デニー氏が前年九月の知事選で得た過去最多の三十九万票を超えた。投票率は五二・四八％だった。

投票事務を実施しないと反発していた自治体も、「賛成」「反対」に加え「どちらでもない」の選択肢が設けられたことなどから参加を決め、結局のところ県内全四十一市町村で「反対」票が最多となった。ちなみに「賛成」は一九・一〇％、「どちらでもない」が八・七五％。玉城知事はすぐさま「政府は、辺野古の埋め立てを決して認めないという断固たる民意を真正面から受け止め、『辺野古が唯一』という方針を見直し、工事を中止するとともに、普天間飛行場の一日も早い閉鎖・返還に向け、県との対話に応じるよう、強く求める」と、土砂投入を強行する安倍政権を牽制《けんせい》した。

投票結果は埋め立て反対の強い民意が示されたものと解するのが素直な見立てだろうが、翌日の全国紙各紙の「評価」は大きく分かれた。「反対の強い民意が示され、安倍政権の対応が問われる」（朝日）、「埋め立てを強行する政府に強い民意を突きつける形となった」（毎日）、「辺野古移設に論点を絞っても反対の民意が示された」（日経）と、三紙は反対の民意の表れと捉えたが、読売は「投票率五二％」に注目し「県民の参加は広がりを欠き、影響は限定的なものになりそうだ」と報じ、産経は『『反対』は全有権者の過半数どころか、四割にも満たなかった」と強調、翌日も「有権者六割『反対』せず」という見出しを立てた。

そもそも県民投票の実施に批判的だった読売は、社説でも「複雑に利害が絡む国政の課題は、有権者に直接問うのではなく、国政選挙で選ばれた国会議員に委ねるべきである」と主張。産経も「今回の県民投票はその内容にかかわらず、民主主義をはき違えたものである。〔移設は〕県民の『直接の民意』だけで左右することはできない」と、住民投票という手法そのものを疑問視した。

言論としての主張に各紙の色が出るのはむしろ健全だろうが、事実の解釈にスタンスを反映させるのはフェアな報道とはいえない。「六割が反対していない」などと言い張る者は、投票率五割前後の国政選挙の結果による現政権や前政権にも正統性がないと主張しているに等しいことを自覚すべきだろう。[☆1]これは民意の計測において分母に「有効投票数」ではなく「有権者」を据えろということだ。つまり「絶対得票率」の発想を持ち込めという意味になるが、通常の選挙でこんなものはもちろん導入されていない。産経は憲法改正国民投票でも、改憲に必要な「過半数の賛成」の分母を有権者にすべきだと主張するのだろうか。ハードルが上がって困るのはむしろ改憲派のはずだが……。

☆1　リベラルメディアも安倍政権の国政選挙での勝利のたびに、民意を大きく増幅させる小選挙区制の「弊害」と低投票率を持ち出して「民意と乖離している」「信任なき勝利」と報じてきたが、本質的には同じ類いの負け惜しみだろう。選挙制度は闘争のルールとして前提されているのだから。

もっとも、「反対していない有権者の方が多い」との主張を批判するなら、国民投票で最低投票率や絶対得票率を設けろという護憲派（の多く）の要求も、ダブルスタンダードとして退けなければならないだろう。詳細は第三章の試論「国民投票に最低投票率は必要か」で述べたが、「棄権」とは文字どおり、民主的決定に参加する権利を行使する機会を自ら棄てたのだとみなすしかない。

いずれにせよ、政府は既成事実化を図ろうと県民投票に先駆けて辺野古の土砂投入を強行しており、投票結果を受けても工事を続行している。現場海域に軟弱地盤が確認され、総工費は従来想定の二・七倍の九千三百億円となり、普天間返還の時期も二〇二二年度から三〇年代半ばにずれ込んだ。首相が繰り返す「負担軽減」「沖縄に寄り添う」という言葉が空しく響くなか、「辺野古が唯一の解決策」という通念だけが一人歩きしている。

政府は「安全保障上不可欠」だと説くが、駐沖海兵隊の一部グアム移転や戦術の見直し、あるいは中国のミサイル能力向上などの環境変化を受け、沖縄に基地を集中させる地政学上の疑問が国内外に広がっていることは、本文に記したとおりだ。その中で紹介したNHKの世論調査（二〇一七年）の数字に付け加えるなら、沖縄の米軍基地の存在を「必要」「やむを得ない」と答えた容認意見は沖縄では四四％で、「必要でない」「かえって危険」を合わせ四八％が否定している一方、全国では七一％が「容認」で「否定」の二〇％を大きく上回っている。基地を「本土並に少なくすべきだ」「全面撤去すべきだ」は沖縄では計七六％だが、全国では五六％にとどまるうえ、「現状のままでよい」との回答が三三％と沖縄の二倍以上にのぼった。本土は日米安保のコストを沖縄に押しつけたうえにそれを他人事としか見ていない。そして、東京都小金井市議会の事例で見るように、基地はどこにも要らないという口実で沖縄への基地集中を座視してきたのは、むしろリベラルの側である。「沖縄が日本に甘えているのか、それとも日本が沖縄に甘えているのか」。翁長雄志《おながたけし》・前知事はそう問いかけたが、もはや傲慢《ごうまん》さの裏返しでしかない「寄り添う」という言葉の意味も含めて、内省しながら書いたのがエセー「『ウルトラマン』とマイノリティ」である。

国内に米軍基地が存在することの意味を、私たちはどこまで真剣に議論してきたのか。「抑止力」「辺野古が唯一の解決策」という言葉の内実をどれほど考えてきたのか。沖縄の民意はそう国民全体に問いかけているはずだが、本土と沖縄における圧倒的な情報格差はなお解消されていない。「米軍に守られている」という通念を問い直すために何ができるのか、もとよりメディアの責任が問われている。

沖縄でさえ容認派が多い日米安保の是非と米軍基地の集中（分散）問題は区別して論じる必要があるだろうが、さらに（切っても切れない関係でありながら）別個の解決課題である日米地位協定の改定問題について、若干補足しておく。

駐留外国軍と受け入れ国が結ぶ「地位協定」は、外国人であろうとその国の法令で訴追されるという属地主義の例外措置であるが、日米地位協定には、主権国家間の外交の常識である互恵性《ごけい》、つまり対等性がない。基地を置き特権を受けるのは米軍のみである。

前泊博盛《まえどまりひろもり》編著の『本当は憲法より大切な「日米地位協定入門」』や山本章子《やまもとあきこ》著『日米地位協定』、伊勢﨑賢治と布施祐仁《ふせゆうじ》の共著『主権なき平和国家』などが明らかにしているとおり、世界各地で米国が結ぶ地位協定の中で、日米間のそれだけが、占領期と変わらぬ基地の管理権や裁判管轄《かんかつ》権・捜査権を認めた一九六〇年の調印以来、一度も改定されずに今日に至っている。[☆2]

NATO地位協定は互いに同じ特権を認め合い、締結国間の関係は対等だが、その中にはもちろん敗戦国のドイツとイタリアも含まれている。両国は冷戦後、米国の要請に対して地位協定改定を外交カードに使い、占領時代以来の基地管理権と制空権を全面的に回復している。[☆3]

米国との地位協定改定を勝ち取った国はたくさんあるが、日本では米兵による犯罪が沖縄で起こるたびに一時的に声が盛り上がるものの、「米軍基地反対」「海兵隊は出て行け」もしくは「県外移設」にテーマが横滑りしてしまう。地位協定の問題への対処が国民運動にならないのは、ひとえにそれを「沖縄の問題」に矮小《わいしょう》化しようとする政治意志と、本土の国民の不感症によるものだろう。

地位協定問題が主権問題ではなく迷惑施設問題になってしまう大きな理由として、前出の伊勢崎賢治・東京外大教授は憲法九条を挙げる。現代の地位協定の国際標準である対等性を目指す交渉にあたって障害になるのが、日本が軍事過失を裁く国内法を整備していない「法の空白」の問題だという。九条が建前として日本に戦力の存在を認めていない以上、日本が米国と軍事的な互恵の協定を結ぶことは論理的に不可能で、護憲派やリベラル勢力にも受け入れ難い。「日米地位協定の改定と九条問題は直結している。つまり九条（特に二項）がある限り日米地位協定は変わらないし、沖縄の負担も減らない」というのが、その主張である。

これに対しては大きな反論もあるかもしれないが、これ以上の深入りは避け、伊勢崎氏の著作『新国防論』を紹介するにとどめておく。日本政府が国防を米国に頼り切ってきた一方で、護憲派は九条を理由に安全保障を直視してこなかった（だけでなくそれを誇りに思ってきた）というのは一面の真実であろうが、この問題については第三章の「『護憲』『改憲』を論じる語る前に問うべきこと」をお読みいただきたい。

☆2　日米地位協定は、二〇〇四年まで非公開だった両国の「合意議事録」によって運用され、これこそが在日米軍の「特権」を担保してきた。対等な協定への改定だけでは問題は解決しないと指摘される理由だ。いわゆる日米密約については二〇一〇年、民主党政権下で有識者委員会による調査結果がまとまったが、地位協定に関する「密約」は対象にならなかった。

☆3　日本政府は、日米地位協定は「NATO並み」で米国のほかの同盟国と比べて不平等ではないと主張してきたが、安倍内閣は二〇一八年、相互防衛義務のある多国間協定のNATOとは協定内容が異なって当然だと述べ、政府見解を一部修正している。

あなたの街に米軍基地は要りますか？

二〇一九年一月六日

民意とは何か

「民意」とは何か、つくづく考えさせられた年の瀬だった。

沖縄の基地負担軽減という名目で始まった米軍普天間飛行場の移設計画は、昨年（二〇一八年）十二月十四日、政府による辺野古の海への土砂投入強行という局面に至った。

辺野古移設が唯一の解決策としてきた政府に対し「辺野古ノー」を明確に訴えた故・翁長雄志氏や玉城デニー氏の知事選での大勝も、安倍政権には沖縄県民の意思表明とは映らないらしい。菅義偉官房長官は十二月十四日の会見で「沖縄の民意を顧《かえり》みていないのでは」と問われ、いつもの澄ました表情で「まったくあたらない」と答えた。

自民党の重鎮議員は私にこううそぶいた。

「朝日新聞は『民意黙殺』『民意を海に埋めた』とかさんざん書いてるけどさ、玉城さんは知事選で『誰一人取り残さない政治』を訴えたんでしょ。沖縄の人は辺野古問題だけで投票したわけじゃないんだよ」。片や、官邸幹部は「民意民意というが、辺野古がある名護市と普天間飛行場の地元の宜野湾市では、辺野古移設賛成派の市長が選ばれている。民主主義の原点は一番近い自治体だろう」と居直った。

もっとも、地域や生業《なりわい》、社会階層によって複雑に入り組んだ利害や住民の意思を調整するのが政治であるとすれば、人柄や期待度も含めた総合パッケージ商品の争いである選挙が終わった途端、結果に対する好都合な解釈合戦が始まるのも常なのかもしれない。「民意」が何によって代表されるかはプラトン以来の難問だ。

であるならば、政策遂行の正統性を得るために、玉城知事が住民投票という手段であらためて辺野古反対の民意を示したいと考えるのは当然だ。特定のシングルイッシューに対する主権者の直接の意思表明で過半数の賛意を得れば、それを暫定的であれ「民意」と扱わないわけにはいかない。多数決は民主制のすべてではないにしても、それを否定しては政治は機能しなくなる。

首長による新手のボイコット

しかし、今年（二〇一九年）二月二十四日に投開票と決まった県民投票に対しては、早くも難題が持ち上がっている。

投開票事務に必要な予算案が市町の議会で相次いで否決され、宜野湾市と宮古島市は「投票事務を実施しない」と宣明した。いずれも市長は玉城知事と距離を置く保守系だが、宜野湾市の松川正則《まつかわまさのり》市長は「市議会の意思は極めて重い」と、理由の一つにこれまた「民意」を挙げた。

全四十一市町村での投票が実施できなければ、投票率と得票数が下がり、「県民の意思」として扱う正統性にも疑問符が付く。

最低投票率や得票率を設けた過去の国内の住民投票や諸外国の国民投票では、たびたび投票ボイコット運動が起きた。日本で条例に基づく住民投票が初めて行われたのは一九九六年だが、当初は、特に議員からの「衆愚政治に陥る」「代表制（間接民主制）を侵害する」という否定的見解は根強かった。

四百件以上が実施されたいま、こうした懐疑論はほとんど見られなくなったが、今回の首長による投票事務不執行は新手のボイコットであり、投票権を侵害する愚挙《ぐきょ》としか言いようがない。今回の県民投票は地方自治法に基づく直接請求によって実現したものであり、県条例は、同法の規定によって投開票を市町村の事務と定める。議会が予算案を否決しようとも、首長は法令で義務づけられた事務の実施を拒否することはできない。憲法が保障する参政権を奪われた市民から怒りの声と提訴の動きがあるのは当然だろう。

松川市長らは、県の広報活動の中立性に疑問があるというなら、適正で公正な運用をまず県に求めるべきだし、辺野古への移設を推進したいのなら、そのように有権者に訴えて多数派を握る努力をすればよいだけだ。投票不参加は筋違いも甚だしい。

「どちらとも言えない」の選択肢はあり得ない

一方、首長や議員からは「二択では民意が表せない」「分断を呼ぶ」との批判も出ている。県民投票条例案の審議で、自公は「やむを得ない」「どちらとも言えない」を問いに含めるよう主張した。

過去の事例を見ても、住民投票や国民投票を意味あるものにするには、公正なルールの下で運動と投票が行われ、十分な情報が提供されたうえで自由闊達《かったつ》な議論が交わされることが条件となる。だがそれ以前に、まずもって適切な「問い」が設定されなければならない。社会調査の専門家のあいだでは、日本人へのアンケートの選択肢を奇数にしてはならない、という冗談のような本当の話があるらしい。真ん中の選択肢や「無回答」を選ぶ者が突出して多いという事実からは、二者択一を迫られることを日本人は好まないという性向が確かに窺《うかが》える。

だが、高度成長期のように基本的政策について大きな対立がなく、再分配と利害調整が政治の主務だったコンセンサス政治の時代ならいざしらず、針路の選択次第で国や地域の行く末が大きく変わるような賛否角逐《かくちく》する問題で、足して二で割るような政治はあり得ないし、「どちらとも言えない」を選択肢に入れた国民投票や住民投票など海外で聞いたこともない。議場での採決と同様の判断が住民にはできないと決め込むのは、議員の歪んだ選民意識だろう。

知事は県民投票結果を受けての方針を言明しておくべき

一九九六年に沖縄で最初に米軍基地をめぐる県民投票が実施されたとき、学生で夏休み中だった私は沖縄本島にいた。

基地内労働者を身内に抱える人たちのあいだで県民投票の話題がタブーになっているかのような報道もあったが、私の見聞きした限りでは、そんな空気は感じられなかった。前年の米兵少女暴行事件の記憶が生々しいことに加え、問われたのは米軍基地の整理・縮小と日米地位協定の見直しという、おそらく多くの人が否定しようのないものであり、賛成が八九％という結果を聞いても意外感はまったくなかった。この問いであれば、仮に本土で投票を実施しても、沖縄県民の葛藤に思いを馳《は》せることもないまま同様に「総論賛成」になったであろうことは目に見えている。

翌年の名護市の住民投票は辺野古への移設の是非を明確に問うたが、反対多数の結果に反して市長が受け入れを表明し辞任するという「事件」があった。

諮問《しもん》型の住民投票は、政治的拘束力はあっても法的拘束力はない。いま県民の一部に県民投票への懐疑が残っているとすれば、こうした過去も一因になっているのではないか。それは、普天間問題という特定のイッシューについての適切な「問い」を提示できなかったことと、執行者だった大田昌秀《おおたまさひで》知事と比嘉鉄也《ひがてつや》市長が、投票結果を受けてどのような決定を下し政策を遂行するつもりなのか、事前に明言していなかったことによる。

今回の県民投票は辺野古移設について賛成反対どちらかに「○」を記す択一方式であり、過半数を得た方の結果が有権者の四分の一に達した場合の尊重義務を知事に課している。民意の照射をより求めるために、玉城知事は結果を受けての自らの方針を、あらためて言明しておくべきではないか。

「政府が県民投票結果を無視したらどうする?」という問いの意味

そのうえで、きたる県民投票が抱える本当の難題は、さらに先にある。

昨年十二月十二日、琉球大で学生有志が県民投票の勉強会を開いた。取材に来た在京キー局のテレビキャスターはその場で、直接請求の署名集めに尽力してきた学生にこう質した。

「投票結果を政府が無視して基地建設を続けたらどうする?」

海底に想定外の軟弱地盤があることを隠し、違法行為を理由にした県の埋め立て承認撤回の効力を身内の国交相に停止させ、港が使えなければ計画外の民間桟橋から土砂搬出を進める……こんななりふり構わぬ政権の奇策強硬策に、知事は打つ手があるのか。反対の民意が示されても工事を止められなければ、求心力が下がるぞ——。そんな善意の助言だったのかもしれない。

学生たちは返答に窮《きゅう》したが、こう問い返すべきだった。

「あなたこそ、どうするんですか？」

「民意」というなら、辺野古移設を強行する政党の議員たちを選出し、その議員たちが首班指名した首相とその内閣を国政選挙のたびに信任し続けているのは国民、ことに本土《ヤマト》の私たちであるという事実から目を背けるわけにはいかない。あのエメラルドの海に土砂を流し込み続けているのは、ほかならぬ私たちであり、日本国民の政治的意思である。

普天間問題の二十二年の歴史で、安倍政権の強硬さは群を抜いている。しかしこの問題への政府の基本的姿勢は一貫しており、米軍の既得権益には触れずに代替施設のはずの計画を肥大化させてきた方向性は変わらない。小渕恵三《おぶちけいぞう》や野中広務《のなかひろむ》など経世会の政治家が沖縄に優しい顔を向けてきたとしても、振興策による民意の懐柔《かいじゅう》は問題を解決するどころか本質に向き合うことを回避する姿勢にほかならなかった。野党は土砂投入に「暴挙」「計画撤回を」と一斉に反発したが、「最低でも県外移設」と言った民主党政権が沖縄県民を見事に裏切った事実も忘れるべきではない。

本土のメディアや野党は県と国の「対話による打開」を訴えるが、副知事と官房副長官の集中協議というかたちだけの「対話」があっても、あるいは仮に政権が変わって真摯な「対話」が実現したとしても、どのような「打開策」があるのか、明確に示せてはいない。

政権批判だけでは解決しない

「沖縄の歴史に向き合え」という主張も散見される。辺野古問題の原点に沖縄の歴史があるのは確かだろうが、その原点をどこにおくかは、それほど自明ではない。

普天間飛行場が住宅、学校、病院、農地を強制接収して建設されたこと、その権利回復がなにをおいても必要なことに、異論を唱える人はいないだろう。その理不尽を呼び込んだ米軍統治と「ありったけの地獄を集めた」沖縄戦、それが本土決戦の捨て石だったという苦難の歴史がいま、「銃剣とブルドーザー」を彷彿《ほうふつ》とさせる土砂投入の光景と相まって「辺野古ノー」という一点に噴出しているというのも、真実に違いない。しかし、その淵源を明治政府の琉球処分、さらには薩摩藩の侵攻、豊《とよ》臣《とみ》・徳川《とくがわ》政権の琉球政策にまで遡《さかのぼ》って、本土のメディアや国民が沖縄のアイデンティティに理解を馳せ心情的に「寄り添」えば、辺野古問題の解決策が見えるというわけではない。近代以降の中東史に起因するアラブとイスラエルの対立を、まるで太古から続き永劫《えいごう》争う宿命の宗教紛争と見て投影する誤った認識と同様、「本土と沖縄の対立は根深い歴史問題だ」「基地問題は複雑で簡単に解決できない」という言説は、果てしない現状追認に反転しかねない危険もある。

普天間飛行場の移設問題と、世界でも最も互恵性がなく主権喪失度が高いとされる日米地位協定の改定問題、そして日米安保の是非論は、根っこはつながりながらも解決に要する道筋や手法は異なる別個の課題だ（沖縄でも安保容認は世論調査で六〜七割、翁長雄志前知事も安保を重視していた）。

こと辺野古問題について本土のメディアやリベラルがすべきは、沖縄で進行している事態への本土、の主権者の責任を突くことだ。民主的権力の源泉たる国民を権力と切り離して政権のみを批判するのは、ご都合主義というだけでなく、天に唾《つば》する行為と言える。

「我がこと」として認知するための基地引き取り運動

辺野古問題は沖縄の問題ではなく全国の問題なのだ、という訴えは、本土の基地引き取り運動というかたちで先行している。基地問題を本土の人間に「我がこと」として認知してもらうための方法論として昨今あらためて注目される。

その市民運動のメンバーが提案した陳情・意見書が昨年、東京・小金井市議会に諮《はか》られ曲折のすえ可決されたが、その顚末《てんまつ》は、この国の「リベラル」の有りようをよく示すものだった。

陳情書は、普天間の代替施設が国内に必要か国民的議論を行い、必要との結論ならば、民主主義と憲法に基づいて一地域への押しつけにならぬよう公正な手続きで決める――という内容のもの。賛成多数で採択され、国への意見書をあらためて可決するはずだったが、陳情に賛成した共産党がとつぜん翻意《ほんい》した。意見書の「全国すべての自治体を等しく候補地とする」との文言が、日米安保廃棄と在日米軍基地全面撤去を主張してきた党の方針と整合性がとれないことに気づいたためだという。共産市議は「米軍基地を容認しているとの誤解を与える。陳情への賛成は間違っていた」と陳謝。結局、「基地の国内移設を容認するものではない」などと文言修正され意見書は可決された。

「基地はどこにも要らない」と言いながら、沖縄への加重負担を放置し続ける――。「引き取り運動に批判的な人は保守よりリベラルに多い」と運動メンバーの一人は話す。

全国でも住民投票を

一方、安保条約が日本の施政権下の防衛のみを定めた五条の片務性を米軍の駐留を認める六条で相殺するものである以上、この体制を支持する八割以上の国民は、米軍基地が身近にあることを受け入れなければならないはずだが、「沖縄の基地集中は私たちにも責任がある」と口では認めつつ、現状を見て見ぬ振りして安保の便益のみを享受し続けた。

本土のリベラルと保守は共犯関係にある。

ＮＨＫの二〇一七年の世論調査によると、沖縄では辺野古移設に「反対」が六三％を占めたが、全国では「賛成」が四七％と、「反対」の三七％を上回っている（「どちらかといえば」も含む）。沖縄以外の人に対する「仮にあなたの住む都道府県に米軍基地が移設されるとしたらどう思うか」との問いに対しては、五八％が「反対」で、「賛成」は三三％だった。

さらに紹介したい。沖縄の米軍基地を（「全面撤去」ではなく）「本土並みに少なくすべきだ」と答えた沖縄以外の人に、自分が住む都道府県への移設についてどう思うか聞くと、七〇％が「反対」で、「賛成」は二七％だった。

沖縄に基地が固定化される構造的意識は、このように可視化される。

辺野古への移設強行は本土の民意ではない、基地問題だけで政治家や政党を選んだのではない、とあくまで言うのなら、沖縄と同様に、いまこそ本土でも住民投票を実施し、明確な「民意」を量るべきだ。全都道府県議会で投票条例を成立させ一斉に実施すれば、事実上の国民投票となる。国民投票の対象・範囲についての検討を求めた国民投票法成立時の附帯決議（二〇〇七年五月十一日）に基づき、同法の改正か特別立法を国会が進めるという方法もあり得る。

普天間飛行場の代替基地を自らが住む都道府県に引き取ることに賛成か反対か――質問はそれ一つでよい。

これまでのように辺野古移設への賛否や日米安保への姿勢をいくら問うても、沖縄の基地問題は「我がこと」にはならない。「日本に住む一人ひとりに突きつけられている問い」とリベラル系メディアが言うのなら、ぜひ全国住民投票を提唱してほしい。

もし全都道府県（あるいは全市町村）で「反対」が上回ったとすれば、沖縄への負担押しつけの「民意」があらためて白日にさらされるだけでなく、日本のどの地域の住民も日米安保のコストをこれ以上負う意思がないということになる。

米軍基地は攻撃目標にもなる

米軍を体内に抱えることは、抑止力を高める一方で、軍事的緊張を呼び攻撃目標とされる危険も高める諸刃の剣であることは安全保障上の常識とされ、米軍が駐留する国はどこでも両論のせめぎ合いがある。日本ではなぜか前者の「米国に守られている」ばかりが通念として鵜呑《うの》みにされている。

二〇一二年の日米合意で、普天間を使う在沖海兵隊の大部分九千人はグアムなどに移ることが決まっている。海兵隊を輸送する強襲揚陸《ようりく》艦などの母港は八百キロ離れた長崎・佐世保で、兵員はいまでも、そこから来た艦船に乗って一年の多くの期間をアジア太平洋への移動や訓練で過ごしている。

海兵隊は沖縄にいる必要があるのか、本当に抑止力になるのか、軍事専門家からも疑問の声があることは、「沖縄ではそれこそ通念となっている」（沖縄県幹部）。

琉球新報は昨年（二〇一八年）十二月二十三日、ブッシュJr.政権でパウエル米国務長官の首席補佐官を務めたローレンス・ウィルカーソン元陸軍大佐が「沖縄の海兵隊駐留に正当な戦略上の必要性はない。駐留はすべてお金と海兵隊の兵力維持のためだった」と述べたインタビュー記事を載せたが、米軍関係者からの同様の指摘は以前からある。

しかし、こうした地政学や戦略・戦術上の移設の可否の検証は、負担を引き受ける地域がないのであれば、必要条件でも十分条件でもない。

辺野古移設強行がまかり通るならば、たとえば原発や放射性廃棄物処分場の立地をめぐっても「国策」や「国の専権事項」の名の下で同じことが起きる、という指摘がある。他方で「国の存立に関わる安全保障の問題だけは特別だ」とも言われる。私は、後者の考えをとる。ただし、辺野古移設推進派が正当化の便法として使う意味とは違う。

主権国家内に他国の軍事基地があり武装組織が常駐していることは本来異常なことだという世界的な常識に立ち返れば、基地をこれ以上受け入れられないという「民意」が示されたなら、日本国政府はその事実をもって米国と外交交渉を重ね、普天間飛行場の無条件返還を強く求めなければならない。

その際に日米地位協定の二条一項（米側に日本国内どこにでも施設・区域の提供を求める権利を実質上認めたもの）、あるいは日米安保条約そのものが障害になるというのなら、そのときこそ国防のあり方が根本的に問われることになる。

『ウルトラマン』とマイノリティ——在日琉球人が生きたヤマト

二〇二〇年二月五日

「ウルトラマン。本籍地、沖縄。やはり、私は、こう記入したい」

初期ウルトラシリーズの監督、実相寺昭雄《じっそうじあきお》は、著書にそんな言葉を残している。

一九六六年～七二年に放映された『ウルトラマン』『ウルトラセブン』『帰ってきたウルトラマン』の作品世界は、じっさいのところ、沖縄と日本、米国の関係を色濃く映していた。

この三作品に参加した数多くのシナリオライターの中で、基本設定と物語の骨格を作り上げ、脚本全体を統括するメインライターを務めたのは、金城哲夫《きんじょうてつお》と上原正三《うえはらしょうぞう》というふたりの沖縄人だった。

その上原正三さんが今年（二〇二〇年）一月二日、八十二歳で世を去った。早逝《そうせい》した盟友・金城の思いを引き継ぎつつ、「在日琉球人」として本土《ヤマト》で生き抜いた半世紀だった。

生前に何度も取材させていただいた者として、ここに追悼の意味も込めて覚書を残しておきたい。

「怪獣使いと少年」

訃報を受けて円谷《つぶらや》プロは一月十日、上原さんの代表作である『帰ってきたウルトラマン』第三十三話「怪獣使いと少年」（一九七一年）をサイトで無料公開した。ウルトラシリーズ随一の問題作にして傑作と語り継がれる作品だ。

あらためて、襟《えり》を正して見入った。

物語は川崎の河川敷から始まる。見るからに不潔な身なりをした孤児の少年「良《りょう》」が、廃屋でうらぶれた老人「金山《かなやま》」と暮らしている。心優しい金山の正体は、地球の環境調査のためにやってきたメイツ星人。怪獣に襲われていた良を救ったのが出会いだ。しかし工場街の汚染された空気で公害病になり、地中に埋めた宇宙船を掘り返すことができず、母星に帰れない。良は代わりに来る日も来る日もスコップで河原を掘り続けている。

挙動不審の良は周囲から「宇宙人」と呼ばれ中学生から凄惨《せいさん》ないじめを受け、ついには暴徒化した街の住民に襲われる。怪獣攻撃隊MATの隊員、郷秀樹《ごうひでき》（ウルトラマン）が制止しようとすると、群衆は「宇宙人の味方をするのか！」と激高し、良を殺そうとする。かばった金山が警官に射殺されると、封印されていた怪獣が街を破壊し始める。

「退治しろ」と迫る群衆に、郷は吐き捨てる。

「勝手なことを言うな！　怪獣をおびき出したのは、あんたたちだ」

観る者をむしろ居心地悪い沈鬱な気分にさせる、特撮ヒーローものらしからぬ異色な内容にいまさらながら気圧《けお》される。

私の知る上原正三という人は、凜《りん》とした佇《たたず》まいの、常に奥ゆかしい微笑をたたえた静やかな人物だった。何がこれほどの作品を書かせたのか。

「宇宙指令M774」

那覇に生まれた上原青年が大学入学のために当時「外国」だった沖縄からパスポートで上京したのは一九五五年。車窓の風景にまず驚いた。

「基地がない」

沖縄出身と明かした途端、態度を一変させた大家に下宿を断られた。東京で暮らす叔父は九州出身と偽り、本籍地も移していた。目の前の当人がそうとは知らずに「沖縄には土人《どじん》がいるらしいよ」と言う人もいた。

「悔しいという感情とは違う。ただ、この差別の正体はいったい何なのか、知りたい。ずっとそう思ったまま、六十年が経ってしまった」

三年前の私のインタビューに、そう述懐した。東京近郊で半世紀以上暮らしながら、自分は異邦人であるという意識から自由になることはなかった。

円谷プロに入ったのは一九六

上原正三さん＝筆者撮影

五年、金城に「人手がとにかく足りない。手伝ってほしい」と懇願されたのがきっかけだ。一つ年下の金城は隣町の南風原町《はえばるちょう》出身で、当時すでに円谷プロの企画文芸室長として『ウルトラQ』のメインライターを務めていた。社交的で人なつっこい笑顔と楽天的にどんどん人を率いるリーダーの気質を備え、見学に来る子どもたちにも優しく接した。まさに南国の空のような性格だったと、多くの人が伝える。

上原さんは脚本家を志してはいたが、それは沖縄戦と基地問題を描くため。怪獣ものに興味などなかったが、次第に金城のペースに巻き込まれていく。

デビュー作は『ウルトラQ』第二十一話「宇宙指令M774」。海底に潜む音に敏感な怪獣の話だ。息を殺して航行していた海上保安庁の巡視船が、客船を救うためにエンジンをかけ、怪獣の注意を引こうとする――というストーリーだが、幼少時の体験の投影だった。

一九四四年十月、七歳の上原少年は東シナ海の船上にいた。疎開先の台湾を出航した後、目指す那覇が「一〇・一〇空襲」で壊滅。魚雷に脅えながら二週間、海をさまよった。千四百八十二人が犠牲になった対馬丸事件が起きた海域だ。沖縄の日本軍は前年から非戦闘員の疎開を始め、足手まといになる女子どもを米潜水艦や艦載機《かんさい》が待ち受ける航海にほとんど無防備のまま放り出していた。大人たちの悲壮な顔を見て、子どもながらに死を覚悟したという。夜は家族六人、体をひもで結んで寝た。ようやく鹿児島にたどり着き、熊本に疎開した。乗っていた船が復路で撃沈されたことを、のちに知った。

糸満署長として沖縄に残っていた父と戦後再会し、変わり果てた姿に驚いた。熊本で大本営発表を信じていた家族は、父親が地獄のような沖縄戦の戦場を逃げ回っていたとは思いもしなかった。住民と一緒に亀甲墓《きっこう》に潜んでいたところ日本兵に追い出され、死体の浮く小川の水を飲んで死にかけていたところ、捕虜になった。爆風を浴びたためか、左耳はまったく聞こえなくなっていた。

「宇宙指令M774」での海保の行為は、住民を捨て石にした沖縄での日本軍の姿をあえて逆さに描いたものだった。「怪獣ものでも、自分のテーマを書ける」と手応えを得る。

『セブン』第二十八話の「700キロを突っ走れ！」は、本土復帰前の沖縄の日常を投影した作品だ。強い破壊力を持つ高性能火薬「スパイナー」を実験場まで運ぶ任にあたったウルトラ警備隊の隊員が、ラリーカーに紛れてスパイナーを搬送する。子ども時代の花火工場事故のトラウマを引きずるアマギ隊員は爆発の恐怖に怯えるが、敵の攻撃をかいくぐり危険な任務を全うする。だが、アマギらが守り抜いたのは実はダミーで、本物のスパイナーは別の車で運ばれていた。

武器や爆発物を積んだ米軍車両が市街地を走り回る光景と、平穏が瞬時に壊される危うさを常に孕んだ現実、そして、何も知らされぬまま利用され犠牲を強いられる住民のありようを描いた。

これが放送された翌一九六九年、米軍の知花弾薬庫で致死性の毒ガスが漏出し、二十四人の米兵と、軍属が治療を受ける事故が発生。大量の毒ガス兵器の貯蔵を県民は初めて知った[☆4]。上原さんにとっても「決して忘れられない」脚本となった。

「まぼろしの雪山」「ノンマルトの使者」

一方、明朗な金城は王道のヒーローものを書いた。しかし、『ウルトラマン』や『セブン』が単なる「怪獣殺し」の物語に堕《だ》する危険性に、常に意識的だった。金城の作品も、人類とその敵役である異星人や怪獣のどちらが悪役なのか、曖昧な話が少なくない。

『ウルトラマン』第三十話「まぼろしの雪山」は、雪女の娘と呼ばれ村人に迫害される少女ゆきと、彼女を助ける伝説の怪獣ウーとの交流を描いた物語だ。炭焼きの老人の下で育った天涯孤独の少女ゆきは、村人の依頼でウー退治にやってきた科学特捜隊を「なんでもかんでも怪獣呼ばわりして殺してしまう恐ろしい人たち」と詰《なじ》る。最後には村人に追い詰められるが、少しの恨み言も言わず加害者を赦《ゆる》そうとする。ゆきが息絶えると、ウルトラマンと戦っていたウーも幻のように消え去る。ウルトラマンが怪獣を倒さなかった数少ない回の一つとして知られる。

そして、これもまた傑作との呼び声高い『ウルトラセブン』第四十二話「ノンマルトの使者」では、人類によって海底に追われた平和な種族ノンマルト（「ノン・マルス＝否・戦」から命名された）が、自分たちこそ地球の原住種族であり、自らを地球人だと思い込んでいる人類こそが侵略者だと告発する。最後の安住の地を侵され反撃するノンマルトだが、先住民であることを示す証拠ごとウルトラ警備隊に滅ぼされる。勝利に酔う隊員たちの傍《かたわ》らで、本当の先住民がノンマルトであることを知るモロボシ・ダン＝セブンは、苦悩に顔を歪ませる。

いずれもハッピーエンドとは程遠い、絶望感すら漂う結末になっている。民俗学で言うところの〈山の民〉〈海の民〉をモチーフにしたと思われるこの内容は、大和朝廷に征服された熊襲《くまそ》や隼人《はやと》、土蜘蛛《つちぐも》といった先住民の歴史、そしてもちろん金城の故郷である琉球のことを想起せずにはいられない。「金城が沖縄戦や差別を直截に語ったことはない。テーマ性を抑え、ファンタジーにまとめるのが彼の真骨頂だった。でも、そのマイノリティーとしての視点は、まぎれもなく沖縄人のものだったと思います」。上原さんはそう語っていた。

金城の母は一九四五年三月、南風原の自宅で米軍の機銃掃射《そうしゃ》に遭い左足を失った。六歳の金城は動けぬ母を残し、祖父と共に艦砲射撃の砲弾をかいくぐって山中へ逃げた。この壮絶な体験は一生の心の傷になった。

勧善懲悪を超えた陰影ある物語の根には、まぎれもなく沖縄戦が埋め込まれていた。その博愛主義と、日常に異化効果をもたらすような演技じみた豪快な笑いも、金城にとってはその後の生を耐え抜くための、無意識の術《すべ》だったのかもしれない。

ウルトラマンとセブンのブームの後

好対照の金城と上原さん、そして集まった才気ある若手ライターたちの活力で、『ウルトラマン』『セブン』は一大ブームを巻き起こす。だが、ブラウン管の外の現実が、ふたりの苦悩を深めていた。

☆4　沖縄返還交渉の最中に発生したこの事故で、大規模なデモや県民集会が開かれ、米ニクソン政権は化学兵器の先制不使用と沖縄からの撤去を宣言。米軍は一九七一年夏までに化学兵器撤去作業を終えた。二〇一九年十月の沖縄タイムスの報道によると、弾薬庫のガス弾は二十九万発に及び、サリンやＶＸ、マスタードガスの大型タンクもあった。これら兵器には、百キロのサリンを内蔵するＭＣ1型爆弾が三千発以上と、起爆時にＶＸガスをまき散らす地雷一万三千個が含まれていた。

公害が深刻化し、ウルトラマンが示した科学の夢は色あせつつあった。故郷の米軍基地からは連日、ベトナムへの空爆機が飛び立った。反基地運動と安保闘争が全国で激化。沖縄返還交渉は進んだが、基地のない島を願う県民の「無条件返還」要求はかなわなかった。

米国や祖国の正義と善意に対する無条件の信頼が崩れる。それはふたりに、宇宙人であるウルトラマンやセブンはなぜ無償で地球人を守ってくれるのか、という根源的な疑問を膨らませることになった[☆5]。

後続番組『マイティジャック』の視聴率低迷と特撮の予算超過もあり、金城は円谷プロでの居場所を失う。

「沖縄で復帰を迎えたい」。金城は一九六九年、故郷に帰った。上原さんも円谷プロを辞めた。だが東京には残った。共にウルトラシリーズを手掛けたTBSプロデューサーの橋本洋二《はしもとようじ》に強く引き留められたこともあったが、「本土で異邦人として生きる方が、むしろ自分の芯《しん》を保てると思ったことが大きかったです。でも、ぎりぎりまで悩んでの結論でした」。

帰ってきたウルトラマン

二年後、上原さんは橋本プロデューサーに呼ばれ、『帰ってきたウルトラマン』のメインライターとして制作陣に加わる。『ウルトラマン』『セブン』とは違い、近未来ではなく公害が深刻化する同時代の東京を舞台に据えた。主人公は、戦う必然性に悩む等身大の青年に設定した。

第一話で、ウルトラマンは郷秀樹に呼びかける。〈人類の自由と幸福を守るために共に戦おう〉。もはや「正義」という言葉は使わなかった。ウルトラマンや怪獣が壊したビルの下敷きになる人々を描写するのも、前二作にはない演出だった。

沖縄復帰前年という時期。職場で「おめでとう」と声をかけられ、脱力した。「めでたい？　いったい何が？　米軍の一元支配から、ヤマトも加わった二重の抑圧になるだけだろう」。本土の人間の無理解が創作意欲を刺激した。傑作「怪獣使いと少年」はこうして生まれた。

作品で描かれた北海道・江差《えさし》出身という少年「良」の設定は、アイヌを連想させる。メイツ星人に在日コリアンに多い姓「金山」を名乗らせたことと併せ、マイノリティ迫害が主題になっていることは、誰の目にも明らかだろう。当時をこう振り返っていた。

「このエピソードを書いているあいだ、関東大震災で多数の朝鮮人がデマによって虐殺された事実がずっと頭の中にありました。根も葉もない噂《うわさ》が疑心暗鬼を呼び、不安に煽られて人々が集団化したとき、その凶暴性がエスカレートする。そういう話をいつか書こうという思いは、シナリオライターを目指していた若いころからあった気がします。震災の直後には混乱の中で『発音がおかしい』という理由で殺された人もいる。沖縄人の僕もあのときもし東京にいたら、標的にされていたかもしれな

☆5　大江健三郎は、諸刃の剣であるはずの科学技術の正の側面のみを体現させた『ウルトラマン』のドラマツルギーを厳しく批判した。また、呉智英、佐藤健志、大澤真幸らは、ウルトラマンと地球との片務的関係は安保体制下での米国と日本、さらには本土と沖縄の姿を暗示しているとしたうえで、その矛盾と破綻が拡がり繕いきれなくなっていったとの批評をしている。

い。他人事ではないという思いは、ずっとありました」

「いまヘイトスピーチが問題化していますが、デモで『朝鮮人死ね』と叫んでいる参加者は、普通の勤め人や主婦ですよね。家庭に帰ればおそらく善い父親や母親だと思います。それが夜になるとネットに罵詈雑言を書き、ふとしたきっかけで暴徒にもなる。人間というものは鬼と菩薩《ぼさつ》の両面を持っていて、いつでも豹変《ひょうへん》する。そういう人間の本性の恐ろしさは、いつの時代も変わりません。でも、そのきっかけが以前より充満している社会にはなっている。そう感じます」

金山が警官に射殺されるシーンは、当初は群衆が竹槍で刺し殺す描写だったのを、TBS側が難色を示したために撮り直したものだった。それでも局内の試写で問題視され、プロデューサー橋本の取りなしでなんとか放映にこぎ着けた。しかし上原さんはメインライターの立場を事実上追われることになった。

「いまから思えば、僕の本音や差別に対する反発が出すぎていて、作品の出来そのものは気に入っていません。でも、あの金山と良は、僕自身だった。書いたこと自体はまったく後悔していません」

「当時は作品がメッセージを持つことは当然だという意識が、作り手たちの共通認識だったと思います。だからこそ反テーマ主義を掲げる人もあり得た。でも現在は、意見の違いを許容せず激しく罵《のの》り合い、抗議に先回りして自粛する風潮が蔓延《まんえん》している。もう『怪獣使いと少年』は生まれないし、放映されることもないでしょう」

「初代ウルトラマンを超えるものはこれからもない」

帰郷した金城も、薩摩藩の琉球侵攻や明治政府の琉球処分を主題にした沖縄芝居の脚本を立て続けに書く。だが、方言札が使われた幼少期を過ごし十五歳で上京してしまった金城は、ウチナーグチ（沖縄語）をうまく使いこなせず苦しんだ。一九七五年には、環境破壊との批判もあった沖縄国際海洋博の演出を引き受ける。沖縄を世界に発信する好機と捉えたが、漁師らに「本土の回しもの」となじられた。

「沖縄と本土の架け橋になりたい」は口癖だったが、両者のあいだで引き裂かれた。酒の深みにはまった。「沖縄はどうなる。戻ってこいよ」。酔っては上原さんに電話した。翌年、自宅離れの二階から誤って転落死。三十七歳だった。

「金城がその渦に巻き込まれた沖縄とヤマトの関係はこの四十年、変わらないどころかどんどんひどくなっている」。上原さんは会うたびにそう語っていた。

国土面積〇・六％の島に、なお米軍専用施設の七割が集中する。たびかさなる墜落事故、米兵による犯罪、そして政府による名護市辺野古の基地建設強行……。二〇一六年には、東村高江《ひがしそんたかえ》で米軍のヘリパッド建設に反

金城哲夫の書斎。弟の和夫さんが当時のままの状態で管理している。いまでも遠方からファンが訪れ、怪獣の模型や折り鶴を残していく＝沖縄県南風原町、筆者撮影

対する人々に向けて、大阪府警の機動隊員が、とうに死語と思われていたあの言葉を言い放った。

「自国政府にここまで虐《しいた》げられている県が、ほかにあるでしょうか。沖縄は本当に日本なんでしょうか」

　静かな表情ながらも、その声は怒りに震えていた。郷秀樹＝ウルトラマンが群衆に吐き捨てた台詞「勝手なことを言うな」が、上原さんの心の声として私の頭の中で反復した。

　夭逝《ようせつ》した金城の生涯は「ウルトラマンを創った男」として半ば伝説化している。すでに多くの金城論が世に出ている。一方、本土で個として在ることを選び軋轢《あつれき》を引き受け続けた上原さんの軌跡は、自分の生を劇化したり、自己完結的な意味づけを与えたりすることを拒絶するものだったと言ってよい。その主張は、被差別者同士のいたわりや団結を求めるものでもなく、沖縄民族主義の標榜でもなかった。むしろこう言っていた。

「ウチナーンチュ〔沖縄人〕がヤマトで差別されると言うけれど、沖縄の中にも差別はあります。僕らが小さいころは、本島の人間は離島の島民を馬鹿にして蔑《さげす》んでいました。僕の先祖は十三世紀ごろに中国から渡ってきて、琉球王朝から与えられた久米村に定住した一族です。沖縄の中でも特殊な目で見られているという感覚は、戦前まではかなり残っていました。もしかしたら僕は沖縄に戻っていたとしても、居場所がない、異邦人だという意識を持ち続けていたかもしれない」

「在日琉球人」を自任することで本土に根づくための「芯」を保ち、疑問や違和感を引き受けながら、それをフィクションの中で昇華させる——。それが上原正三という脚本家のアイデンティティだったのだろう。

もちろん、作家が込めたテーマを作品が語るとは限らない。作者の押しつけや自意識を受け手は敏感に嗅ぎ取る。子どもほど、その審美眼は曇りない。

「金城が作ったヒーローを超えたい、超えたいと思ってきた。金城にはない発想、金城のコピーではないウルトラマンを作ろうと、リアリティーも追求しました。でも、金城が作った、どこまでも伸びやかな初代ウルトラマンを、ついに超えられなかった。いまではそう思います。これまでに数多くのヒーローが誕生しているけど、初代ウルトラマンを超えるものは、これからもないでしょう」

盟友を懐かしむその眼は、どこまでも澄んでいた。円谷プロを去る際に金城の「一緒に沖縄発の作品を作ろう」という誘いを断ったことを、ずっと心の片隅で気に掛けていたようだった。

沖縄には古くから、海の彼方の平和な理想郷「ニライカナイ」の信仰がある。この話題になると、上原さんはいつも身を乗り出した。

「金城はニライカナイを宇宙の彼方に見ていた。M78星雲にあるウルトラマンの故郷『光の国』です。そこからやってくる使者が、地上の争いを取り除いてくれる。それはいくら絵空事と言われても、やはり素敵な発想だと思いますよ」

いまごろきっとニライカナイで金城と再会しているだろう。話題は、いまだ本土の軛《くびき》から脱することのできない沖縄の苦悩についてか。それとも、沖縄発のヒーローものの脚本の相談だろうか。

第六章
天皇と戦争責任
——戦前から持ち越されたタブー

解題

終戦から七十五年目の夏も、コロナ禍《か》で規模は縮小されながらも、各地で戦争体験を語り継ぐ催しが開かれた。新聞にも、老齢に達した語り部たちの艱難辛苦《かんなんしんく》の体験が数多く載った。行間にあふれる、おそらくこれで最後になるであろう証言を後世の平和の礎にしたいという切実な思いに触れるたび、厳粛な心持ちになる。と同時に、えも言われぬやるせなさを抱いてしまう。「加害」よりも「被害」のエクリチュールの方が圧倒的に多い、という理由だけでもない。

心底からの「戦争はこりごりだ」から戦後をスタートした日本人にとって、記念日ジャーナリズムが伝えてきた三月十日と以降の大都市空襲、六月の沖縄戦終結、二つの原爆忌《き》、ソ連参戦、そして八月十五日でクライマックスを迎える一九四五年のできごとは、集合的記憶（social memory）として刻み込まれてきた。一方で、七月七日（盧溝橋《ろこうきょう》事件）、九月十八日（柳条湖《りゅうじょうこ》事件）、十二月八日（真珠湾《しんじゅわん》攻撃、ハワイ時間では七日）という日付は社会的記憶喪失（social amnesia）の地平に追いやられている。

八月という月は、私たち日本人をどこか運命論者のようにしてしまう。国を挙げての鎮魂《ちんこん》月間は、さきの大戦について思いを馳せる機会でもあるはずだが、そこでは、抗《あらが》い難かった、という諦念として受け入れてしまった歴史の渦をもう一度遠心分離し、そこで個々人が果たした役割や責任を自ら追及しようという意思は、なぜかいつも、飛び交う「平和」「自虐」「誇り」「過ちは繰り返しません」

といった大声とともに、真夏の空気の中に蒸発していってしまうのだ。

戦争責任や社会的忘却の問題は、もちろん日本だけのものではない。だが、特に日本では「責任」という言葉が非常に曖昧に使われる。「責任を取る」となると、さらに曖昧になる。第一章で触れた「自己責任論」となると、もはや語義矛盾とすら思えてくる。事実と因果関係の検証が曖昧なまま同調圧力から「謝罪」が成立してしまう社会というだけでなく、戦後に形成された、この被害者意識としての集合的記憶の問題も大きな理由の一つだろう。殊《こと》に戦争責任をめぐっては。

例年と同じように見えた二〇二〇年八月の「コンテンツ」群の中で、東京・下北沢で上演された一本の舞台作品が興味を引いた。この章に収めた論考「熱海にあるもう一つの靖国」で取り上げたA級戦犯の松井石根《まついいわね》を題材にしたもので、日本における「責任」の語法の危うさにも迫った秀作だった。その『無畏《むい》』（劇団チョコレートケーキ）という作品の内容をごく簡単に紹介しよう。

松井は陸軍きっての親中派で、日中が協力して列強の植民地を解放しようという大アジア主義を持論としながら、蔣介石《しょうかいせき》の国民政府打倒を目指し、中支那《しな》方面軍司令官として上海から進軍、その過程で配下の部隊はいわゆる「南京大虐殺」を起こす。それが訴因となり戦後の極東国際軍事裁判（東京裁判）でA級戦犯として起訴され、絞首刑に処される。

配下の将兵の独断と暴走を防ぎ得なかったゆえに極刑というかたちの責任を取らされた悲劇的人物かのようにも伝わる松井だが、南京攻略を参謀本部に進言したという史実は消しようがない。軍規粛正の徹底を命じながらも早期の入城式にこだわり、それがさらなる犠牲拡大につながった面もあり、その人物像も歴史的経緯も単純ではない。

「責任はすべて私にある」と繰り返す収監中の松井に、対話相手である弁護士（劇中で唯一、架空の人物）は、やがて自らの役割を逸脱した追及を始める。「事件を防ぐためにあなたにできたことは」「徴発と略奪との違いはなんでしょうか」「何が起きていたのか、本当に知らなかったのですか」……。追真の丁々発止《ちょうちょうはっし》を通じて、松井の本音や苦悩があぶり出されていく。そして弁護士はついに宣告する。「責任はすべて私にある――それは魔法の言葉ではないですよ」（ここで観客は否応《いやおう》なく、似たような言葉を繰り返した政治家がいたことを思い起こすことになる。「責任を痛感している」「すべての責任は首相である私にある」……）。

丸山眞男が「無責任の体系」と名づけた宿痾《しゅくあ》がなお日本に巣くい続けているのは、社会構造や日本人の心性の問題などではなく、おそらく、この戦争責任の追及の問題に大きな原因がある。この芝居がフィクションならではの手法で松井の内心や行動を問うのは、かつての戦争指導者たちに責任を帰するためではなく、日本人が自らの手で、個々人の刑事的、政治的、道徳的な責任を追及することの意味を確認するためである。

あらためて丸山の言葉を引用しておこう。

問題は白か黒かということよりも、日本のそれぞれの階層、集団、職業およびその中での個々人が、一九三一年から四五年に至る日本の道程の進行をどのような作為もしくは不作為によって助けたかという観点から各人の誤謬・過失・錯誤の性質と程度をえり分けていくことにある。例えば支配者と国民を区別することは間違いではないが、だからとて「国民」＝被治者の戦争責任をあらゆる意味で否定することにはならぬ。

（「戦争責任論の盲点」）

「国家の犯罪」「総懺悔《ざんげ》」などという総括ではなく、いつ、誰が、どのような動機でそれを決定し、実行したのか、個々の役割の軽重はどうだったのかをしつこく不断に検証することの意義は、なお失われていない。

二つ目の論考「加害と被害のはざまに生きた官僚」でも演劇作品に注目した。『拝啓天皇陛下様　前略総理大臣殿』（劇団燐光群《りんこうぐん》）という刺激的な題の演目が挑んだのは、森友問題をめぐる財務省の決裁文書改竄事件であり、「公と私」あるいは「組織と個人」という、日本の急所とも言える問題だった。

記事中でロバート・ジャクソンという法律家を紹介した。第二次大戦の戦犯訴追について米英仏ソ四カ国が締結したロンドン憲章を取りまとめた米国代表で、「人道に対する罪」を国際法上の重要なコンセプトとして初めて打ち出した人物だ。上官の命令を理由に人道上の罪は免責されない、というその原則は、ナチス幹部を裁いたニュルンベルク裁判の根拠となった。

ジャクソンは、その少し前の一九四三年、米連邦最高裁の判事として、有名な判決の法廷意見を書いている。学校で星条旗に対する敬礼を拒否した生徒が処分を受けたことに端を発する思想・良心の自由をめぐる事件で、この自由には、平時であれ戦時であれ、公権力は決して土足で踏み込んではならないという格調高い文章として知られる。個人には良心の自由と、それに従う権利がある。国旗に公然と背く自由を認めるのであれば、たとえばその旗の下で命じられる人道に反する行為も拒否し、義務として自己の良心に従わなければならない。これは一貫したことなのだ——というのが眼目だ。

ホロコーストの蛮行《ばんこう》を主導したアドルフ・アイヒマンが法廷で「自分は命令に従っただけだ」と官僚答弁と弁明を繰り返す様子に、ハンナ・アーレント[☆1]は「凡庸《ぼんよう》な悪」を見い出す。この「悪」は、陳腐《ちんぷ》で表層的で害意が見えず、無自覚であるがゆえに底無しに広がって世界を荒廃させかねない。

軍隊という組織（戦後では官僚機構）を覆った「滅私」のモラルは、いまなお、学校や会社など多くの集団、組織にも瀰漫《びまん》している（そういえば、新聞社にも「兵隊」「手下」「〇年生」といった軍隊・学校アナロジー用語が残っている）。その中で「個」を貫き自由な主体であることの困難と覚悟に寄り添い、その価値を伝え続けるのも、「リベラル」の仕事かもしれない。

戦争責任の問題と切り離すことのできない「天皇」も、憲法九条問題と並ぶ戦後最大のアポリアだ（巻末の原武史《はらたけし》・放送大教授インタビューでも、この問題に踏み入っている。併読のほどを）。

戦後、天皇は象徴と化して遠方に退いた。明治憲法下で背負ってしまった政治的マキャベリズムを下ろし、かえって安定した地位を得たという言い方もできる。

占領軍は天皇を「女王蜂《ばち》のように日本に安定をもたらす」（元駐日大使ジョセフ・グルー）存在と捉え、東京裁判でも昭和天皇を起訴しなかった。ただ、統治権の総覧者の責を問うという当然のプロセスが進まなかった理由は、GHQの思惑だけが理由ではなく、天皇を断罪することは日本人としての自己を否定することになるという本能的な畏《おそ》れが私たちの側にもあったからかもしれない。
「空虚な中心」（ロラン・バルト）[☆2]である静かなるミカドは、日本人が自然と日本人であるという黙《もっ》契《けい》を可視化させる存在であり、あらゆる争点を呑み込むブラックホールであり、維新（革命）や社会改良を目指す者たちにとってジョーカーのような切り札だった。

極左と極右のあいだをわたり歩いた作家・見沢知廉《みさわちれん》が書いた前代未聞の天皇小説として知られる『天皇ごっこ』の中に、面白いシーンがある。成田闘争のために集結した新左翼の諸セクトの活動家たちは、激しい党派対立からいがみ合いを続け、互いの演説にヤジを飛ばす。しかし、最後にマイクを握ったリーダーが、「我々の唯一の目的は、天皇を、打倒することです……」「天皇を……殺すんです……」とアジった途端、全党派がヘルメットの色や思想を超えて一つになるという「神秘なる一瞬」が舞い降りる――。語り口はフリッパントそのものの作品だが、ここで示されているのは、彼ら左派も「天皇の赤子」にほかならない、という逆説だ。人によっては、見たくない自画像を見せられ

☆1　一九〇六～一九七五年、ドイツ出身の哲学者。ユダヤ人であり、ナチス時代のドイツからアメリカに亡命。主に政治哲学の分野で業績を残し、全体主義や大衆社会を分析した。著書に『全体主義の起源』『イェルサレムのアイヒマン』など。

☆2　一九一五～一九八〇年、フランスの哲学者。フランス文化使節の一員として数度来日。聖堂や広場が中心に設けられる西欧の都市と比較して、東京の中心には皇居という何もない森林空間が広がっていることに着目、日本論として『表徴の帝国』を著した。

たような居心地悪い気にさせられる作品かもしれない。

「ごっこ」は現在で言えば「萌《も》え」だろうか。リベラル陣営の知識人の中には、皇室への思慕《しぼ》の情を積極的に口にする人、現上皇を「アベ的なるもの」に対する防波堤にしたいと考える人、「基本的人権のない陛下をお救いするために」共和制を唱える人（橋爪大三郎《はしづめだいざぶろう》は「尊皇共和制」との用語を使う）なども数多いが、確かに、なんだかんだ言って日本人はずっと天皇萌えしてきたのかもしれないな、という感に打たれる。自分は天皇などに関心はないと思い込んでいる者も含めて。

二〇一九年の退位礼、剣璽《けんじ》等承継、即位礼、大嘗祭《だいじょうさい》という一連の儀式が見せたものは、憲法七条が定める国事行為を行う国家の一機関などではなく、情念と結びついた集団主義の守護神の、壮大な交代劇だった。聖者の行進と足跡を称えるメディアの感動物語は、浄《きよ》めの儀礼なのだ。バラバラの日常生活を送っている寄る辺ない個人が、こうして「みんな同じ日本人」という黙契につなぎ留められていく。

東京のど真ん中にある特異点が担保する、こうした無意識の黙契を国家大の共同性の拠り所にしている限り、在日コリアンの子孫など外国ルーツの国民はいつまでも「日本人」とはみなされず、包摂のメカニズムから排除されかねない。

そして、天皇や皇室に関する自由な言論を許さない構造を作っているのは、リベラル系も含めたジャーナリズムである。「陛下」「殿下」「さま」という特別な敬称は、単なる記号的対応を超えた、戦前から持ち越された皇室タブーを物語る。

一九一八年の「白虹《はっこう》事件[☆3]」で記者らが起訴された大阪朝日新聞は、国体への不敬として右翼からも攻撃され、発行禁止の危機に立たされた。謝罪と反省のために編集綱領《こうりょう》に盛り込んだのが「不偏不党」というキーワードで、これは政府批判の否定を含意していた。

「不偏不党がジャーナリズムの目標を表す概念というより経営にとって都合のよい概念として使われた歴史は、まだ清算されていません。報道機関が天皇制をどれだけ批判できるかは、いまも社会の自由度を示すメルクマールです」。根津《ねづ》朝彦《ともひこ》・立命館大准教授（戦後思想史・ジャーナリズム史）のこの言葉に、付け加えることはない。

三本目の論考「忘れられた右翼」で取り上げた浅沼《あさぬま》事件の数カ月後には風流夢譚《ふうりゅうむたん》事件☆4が起き、山口二矢《やまぐちおとや》をモデルにした大江健三郎の『政治少年死す　セブンティーン第二部』も半世紀以上にわたって封印されることになった。これらの事件は戦後日本のジャーナリズムに「菊《きく》タブー」を植えつけ、皇室報道や言論の自由におけるスティグマであり続けた。

二〇二一年は風流夢譚事件から六十年、である。

☆3　大阪朝日新聞が一九一八年八月二十六日付夕刊に掲載した記事をきっかけとする言論統制事件。当時の朝日新聞は、シベリア出兵や米騒動をめぐり寺内正毅内閣を激しく批判しており、当該記事にあった一句「白虹日を貫けり」は、内乱が起こる兆候を指す故事成語であったため（「日」は秦王、「白虹」は凶器を暗示）、大阪府警察部新聞検閲係が筆者と編集人を告発。朝日新聞不買運動が広がり、社長が退陣した。

☆4　一九六〇年十一月に雑誌『中央公論』に発表された深沢七郎の小説『風流夢譚』に皇族が斬首される表現などがあり、抗議活動と擁護運動が起きた。翌一九六一年二月、中央公論社の嶋中鵬二社長宅に右翼少年が侵入して家政婦と社長夫人を殺傷する言論テロ事件が発生した。

熱海にあるもう一つの靖国——追悼をめぐる二つの場所

二〇一九年八月十八日

令和最初の「八・一五」

令和最初の「八・一五」が訪れた。

全国戦没者追悼式での安倍首相の式辞には、七年連続で近隣諸国への加害への言及や「反省」の文字がなかった。一方で、新天皇が平成時代の表現を受け継ぎ「深い反省」を表明したことが、好対照に報じられた。

もっとも、その「おことば」の全文を子細に読んでみると、この「反省」は、誰のどのような行為と結果に対してのものなのか、主語も目的語も判然としない。ちょうど七十四年前の正午、ラジオから流れた昭和天皇による肉声が「敗北」ではなく「時局ヲ収拾」と述べ、「戦争を始めた天皇」がいつの間にか「戦争を終わらせた天皇」に換わってしまったのと似たレトリックがある。

一年の折り返し点は六月末のはずだが、なぜか私には、旧盆のさなかの八月十五日、夏の極みのこの日こそが一年のエントロピーの頂上という気がしてならない。様々な意味で、日本人が死者を最も身近に感じる日でもある。

「八・一五」は国を挙げての鎮魂の日であり、さきの大戦について思いを馳せる日とされている。しかし、死者たちの無言の声はいつも多弁に解釈され、拡声された「加害」「被害」「自虐」「誇り」「平和」といった大文字のキーワードとともに消費されていく。そして、自らの過去を冷徹に見つめようとする意思は、なぜかいつも、真夏のエネルギーの蒸発に伴い拡散していってしまう。

終戦の日。「戦争責任」と「追悼」にまつわる、二つの場所を訪ねた。

例年どおりの靖国

靖国神社は朝から、毎年恒例の光景が繰り広げられていた。

地下鉄九段下駅の最寄り出口から地上に上がると、すでに複数の拡声機からの声が交錯していた。こざっぱりとした大学生らしき若者は「従軍慰安婦、徴用工、南京大虐殺はどれも虚偽だという証拠がそろっている。それなのに日本が悪事を行ったといまだに信じている人が多い。日本はアジアを白人支配から解放した。素晴らしい日本人に生まれたことを感謝しましょう」と道行く人々に訴えている。隣に掲げた横断幕には「伝えよう！祖国の誇り　広げよう！国を愛する気持ち」との毛筆の文字が躍《おど》る。

歩道の両脇には、参拝者たちにパンフレットや冊子を渡そうという人たちが列をなしていた。「世界から尊敬された武士道」「ロシアによる二十世紀最大の悪行　シベリア強制抑留」「日本国憲法は無効」「読まない！買わない！朝日新聞」……参道の入り口までのわずか六十メートルを歩いただけで、抱えきれないほどの量が集まった。

黒スーツに黒ネクタイで汗だくになった高齢者、ポロシャツと短パン姿の若者、軍服や特攻服を着込んで旭日旗《きょくじつき》をはためかせた男たちの集団が、入り交じりながら次々と拝殿に向かうのも、例年の光景だ。

大村益次郎《おおむらますじろう》像の脇では午前十時半から、英霊にこたえる会と日本会議が主催する「戦歿《せんぼつ》者追悼中央国民集会」が催された。今年（二〇一九年）で三十三回目。登壇者たちが「戦勝国が我が国を一方的に断罪した、誤った『東京裁判史観』に多くの日本人がとらわれている」状況を憂え、「憲法改正で真の独立を」及び「四十年以上途絶えている天皇陛下の靖国ご親拝を」の二つを訴え、全体声明に盛り込む。これも例年どおりだ。

ご存じのとおり、靖国神社が大きな政治・外交問題になったのは一九七八年のA級戦犯合祀《ごうし》☆5以降だ。アジア諸国の反発の是非は措き、戦勝国にとっては、講和条約で東京裁判を受け入れて国際社会に復帰した日本の首相や閣僚たちが、かつての戦争指導者たちを祀《まつ》った施設に赴き頭を下げることは、戦後秩序への挑戦と映る。富田朝彦《とみたともひこ》・元宮内庁長官のメモによると、昭和天皇が一九七五年を最後に靖国参拝をやめた理由は、A級戦犯の合祀に強い不快感を抱いたからとされている。

ニュルンベルクと東京の二都市で戦後開かれた国際軍事裁判については、訴因の立証や政治的介入、事後法の「平和に対する罪」適用などをめぐって様々な批判があるが、全否定でも全肯定でもなく、その国際法的な意義と課題が学術的に認められ検証されている。国際法を公然と無視して開戦した国が勝利した場合、こうした国際裁判はあり得ないし、敗けて裁かれた場合、法廷が戦勝国と中立国によって構成されるのは必然だ。米国の無差別爆撃と原爆投下が国際法違反として裁かれないのは不公正だ、という指摘はそのとおりだが、それを主張できるのは、国際法の規範的権威とその遵守を受け入れればこそだろう。

とはいえ、参拝者に話を聞いてみると、「国のために戦った祖父に感謝を伝えにきた」「二度と戦争を繰り返したくないという思いで参拝した」といった声が大半だ。百田尚樹《ひゃくたなおき》の『永遠の0』を読み「あの時代の若者のことを忘れてはいけないと思った」という高校生もいた。

一方で、東京裁判など勝者の一方的裁きだ、日本は中国に侵略などしていない、と強く反発する人にも少なからず遭遇する。終戦の日特有の磁力なのか、この日も、大学生二人に「従軍慰安婦を国が取り仕切るなんてあるわけない。罪悪感を持たせ続けるためのアメリカと韓国の陰謀だ」とまくし立てられた。「慰安所の管理に軍が関与したことは日本政府も認めている」と指摘しても、「そんな証拠はない」ととりつく島がない。

名状し難い疲れを感じて、九段を後にした。

熱海にある「もう一つの靖国」へ

次に向かったのは、静岡県熱海市にある寺院「礼拝山興亜《こうあ》観音」。毎年八月十五日午後、ここでも

☆5　一九四六年五月に開廷した極東国際軍事裁判（東京裁判）では、侵略戦争を起こす共同謀議を行ったとして二十八人の被告が「平和に対する罪」などに問われ、病死二人と病気による免訴一人を除く二十五人全員が有罪となった。死刑判決を受けたのは東条英機、板垣征四郎、土肥原賢二、松井石根、木村兵太郎、武藤章、広田弘毅の七人。皇太子（現上皇）誕生日の一九四八年十二月二十三日、巣鴨プリズンで絞首刑が執行された。

戦没者慰霊の法要が営まれている。

市中心部から東へ約五キロ、左手に切り立った山が迫る相模湾沿いの国道で下車する。蟬時雨《せみしぐれ》を浴びながらつづら折りの険しい山道を十五分ほど登ると、中腹に高さ約三メートルの赤茶けた露仏像《ろぶつぞう》が立っている。

寄進したのは、一九三七年の南京攻略の責任者で、のちにそれが原因でA級戦犯として訴追され処刑されることになる松井石根だ。松井は後方で指揮を執っていたため南京に入城したのは陥落後のことだった。大規模な捕虜殺害、放火、略奪、暴行があったと知るのはのちのことだったとされる。退役後の一九四〇年、日中双方の戦死者を弔《とむら》うためにこの観音像を建立し、参詣《さんけい》と読経《どきょう》の日々を送った。血に染まった戦場の土を混ぜて造ったという像は、だから、眼下の太平洋とその先のアジア大陸を向いている。

その横に、〈七士之碑《しちしのひ》〉と彫られた高さ一メートルほどの石碑が立つ。裏手にまわると、広田弘毅《ひろたこうき》を筆頭に東条英機《とうじょうひでき》や松井ら七人のA級戦犯の名が刻まれている。

「ここに七方のご遺灰が眠ることは、長いあいだ秘されていました」

伊丹妙浄《いたみみょうじょう》住職が静かな声で語った。一九四八年の処刑後に米軍が持ち去りどこにも存在しないはずの七人の遺灰が、ここに眠っている。その事実を知る人たちにとって、ここは靖国神社同様、特別な場所である。「もう一つの靖国」。そう呼ぶ人もいる。

七人の刑は皇太子誕生日の一九四八年十二月二十三日、分針が午前零時を回るのを待ち厳重に執行された。巣鴨プリズンから運び出された遺体は、横浜市の久保山火葬場で米軍の警戒のなか荼毘《だび》に付される。七人が殉国者になるのを恐れた米軍は、すぐに遺灰を掃《は》き集めひとかたまりにして運び出した。東京湾に撒《ま》いたとされるが、正確なところは分かっていない。

だが、東京裁判で終身刑となった小磯国昭《こいそくにあき》の弁護人を務めた三文字正平《さんもんじまさひら》弁護士は、ひそかに遺灰の回収を狙っていた。三文字は、火葬場長と、近くの寺の住職との三人で二十六日夜半、闇に紛《まぎ》れて骨捨て場に忍び込み、米軍がコンクリート穴に捨てた骨灰《こっぱい》の残りをかき集めた。

翌年遺灰を預かったのが、興亜観音をまもっていた伊丹住職の父だった。家族にも打ち明けず十年間存在を隠し続け、ほとぼりが冷めたと判断した一九五九年、石碑を建てて除幕式を行った。碑の揮《き》毫《ごう》は吉田茂である。

占領軍の危惧に反して、七人は軍国主義の象徴として忌避されこそすれ、殉教者としてあがめる風潮は生まれなかった。石碑は一九七一年、新左翼の過激派「東アジア反日武装戦線」に爆破され砕け散った。戦後永らく人目を忍ぶような存在だったこの場所に

松井石根が1940年に寄進した興亜観音像。南京の戦場の土を混ぜて造ったという＝筆者撮影

は、七人の遺族や関係者以外では、訪れる人もまれだった。メディアに取り上げられたこともほとんどない。

この日の法要も、参列者はわずか七人。靖国の喧騒《けんそう》とはあまりに対照的だった。

「静かな環境」だったが……

処刑された元陸軍大将、板垣征四郎《いたがきせいしろう》の次男で、日本遺族会事務局長や自民党参院議員を歴任した板垣正《ただし》に十年前にインタビューしたことがある。興亜観音への思いは次のようなものだった。

「敵味方なく祀っているとはいっても、中国の人にはきっと通じない。いまの平均的な日本人に受け入れられる施設でもないだろう。誰もが自然に足を向ける時代になればよいが、靖国神社のように不毛な政治問題化するぐらいなら、いまのまま、静かな環境で弔いができる状況で残り続けた方がいい」

しかし、時間が凍結されたような空間だったこの場所にも、ここ十年ほど、かつてとは違う人影がぽつりぽつりとあらわれるようになっている。

旧軍人が中心だった奉賛会《ほうさん》は途絶えて久しかったが、戦後世代によって二〇〇八年に復活。現在二百五十人ほどいる会員の二割は二十代、三十代だという。

私は終戦記念日や七人の命日などにたびたびここを訪れてきたが、確かに近ごろ若者の姿をよく見かける。話を聞いてみると、ブログやSNSで存在を知ったという人がほとんどだ。戦後六十年の二〇〇五年前後に保守系メディアで盛んに取り上げられたパル判事への関心からたどり着いた、という人もいる。興亜観音は堂内にパルの写真を掲げ、顕彰《けんしょう》している。

「中国で年配の人に『南京大虐殺』と言っても、誰も知らない。共産党が捏造したウソだからだ」

「大東亜戦争は、アジアとアフリカを白人支配から解放するきっかけになった」

「東京裁判史観から脱し、犯罪者扱いされる七人の名誉を回復しなければ」

「敵の戦死者まで祀る心は日本にしかない。世界に誇るべきだ」

この日の参拝者も、問わず語りで持論を口々に述べた。「なんで朝日の人間がこんな所に」と驚かれるのは、毎度のことだ。

松井石根は処刑前、「怨親平等《おんしんびょうどう》」「恨みを抱くな」との言葉を遺したというが、この寺院の存立基盤が「大東亜戦争は侵略戦争ではなかった」「七人は罪人ではない」という「遊就館史観《ゆうしゅうかん》」と同じ信念にあることは否定しようもない。七、八年前には奉賛会や護持団体の内部対立が激化し、別の宗教団体が運営に関与しようとしたこともあったという。

板垣正が求めた「静かな環境」は、遠くなりつつあるのかもしれない。

現在の奉賛会長を務める本多正昭《ほんだまさあき》（五九）に話を聞いた。東条英機の妹のひ孫にあたる。

「若い人の関心が高まって参拝するようになったことは、たいへん有り難いことだと思います。ネットで見たとか、小林《こばやし》よしのりの漫画を一冊読んだだけとか、そういう安直な人が多いですけどね（笑）。それでも、多くの人に参拝してもらいたい。七人の遺族や一族は、戦後ずっと苦節を味わってきたわけですから」

東条との関係を知らされたのは小学五年生のときという。母親から「日本が戦争を始めることを決めた人間。恨んでいる人も多い。絶対に口外しない方がいい」と言われた。高校時代、信用できる友人に打ち明けたことがあるが、自宅に遊びに行くと、家族に露骨に嫌な顔をされた。

そのころから、戦争関係の本を読みあさったという。本多勝一《かついち》の「中国の旅」も熱心に読んだ。インパール作戦の生存者や満州からの引き揚《あ》げ者の話も聞いた。

「日本軍が無謀な作戦で兵を死なせたり民間人を見捨てたりしたのは事実。南京のことも、すべてウソだったと主張するのは無理があると思いますよ」

ただ、東京裁判が誤った裁きだという考えは、より深まっていったという。

「戦時国際法違反をきちんと裁くというなら、東京大空襲や広島・長崎の原爆投下もすべて裁かなければならないはずです。東京裁判は勝者による一方的な裁きとしか言いようがない。そういう意味では、A級戦犯とされた七人は無実だと考えています。なにより、七人だけが悪者とされた図式がおかしい。だって、日本人はただの戦争被害者だったわけでもないでしょう」

再び靖国へ

熱海を発ち、夕刻、再び靖国神社に向かった。

遊就館前にある石碑を何人かがのぞき込んでいた。ここにもパルの顕彰碑がある。碑文には「大多数連合国の復讐熱と史的偏見が漸《よう》く収まりつつある現在、博士の裁定はいまや文明世界の国際法学界に於《お》ける定説と認められたのです」とある。建てられたのは二〇〇五年だ。

東京裁判でインド代表判事を務めたパルについては、相矛盾するイメージがある。

「個人責任は認められない」「日本の侵略行為が共同謀議と立証されていない」などとして被告全員の無罪を主張したパルの個別意見書は主に、事後法による裁きを戒め、「侵略」が定義困難であることと、人道に関する罪については実行者と上官がすでに裁判を受けているため被告の罪はないことを指摘したものだ。南京での残虐行為については「日本軍が占領したある地域の一般民衆、戦時俘虜《ふりょ》に対し犯したものであるという証拠は圧倒的である」と認めている。パルは当時国際法の専門家ではなく、国家の戦争権や個人の罪についてのその国際法理解には、いまでは冷静な評価がなされている。

だが、つまみ食い的な「日本無罪論」が一人歩きし続けた。保守派は、東京裁判の虚妄を暴き日本に同情を示したと解して恩義を感じ、左派は、パルへの肯定評価は大東亜戦争の美化につながると反発。論争は噛み合っていない。パル自身が来日時に戦犯について「みんな罪人ではない」あるいは「日本は自らの主権のもとに戦犯を裁判したらよいと思う」と述べるなど、様々な解釈を許す言動をとったことも要因かもしれない。

ドイツでのニュルンベルク裁判のころ、哲学者ヤスパース☆6は、戦争の罪を「刑事上の罪（国際法違反）」「政治上の罪（国民としての政治的責任）」「道徳上の罪」「形而上《けいじじょう》の罪」の四つに腑分けし、この順番で問うていくことが必要だと説いた。日本での戦争責任論が常に曖昧で不毛なすれ違いの論争にな

☆6　一八八三〜一九六九年、ドイツの哲学者、精神科医。実存主義哲学の代表的論者の一人で、ハンナ・アーレントの師でもある。戦争責任については『責罪論』で論じている。

るのは、この最初の段階の責任が十分に問われず、なかなか先に進めないからだろう。それは、その名において戦争が遂行された最高責任者が免責されたということと無縁ではないし、日本人が自らを裁いていないことによるのだろう。国際法を単に道徳と捉えその規範性を認めない態度は、右派だけのものでもない。東京裁判をめぐってはなぜか、頭に血がのぼった全否定か諦念のような丸呑みのいずれかが、基本的反応になっている。

境内から出ると、昭和館前の交差点付近で、反天皇制を叫ぶデモ隊と日の丸を掲げた集団が、警官隊の緊張を横目に激しく罵り合っていた。頭を冷やせとばかりに突然の豪雨が襲い、一時間ほどでやんだ。

暮色《ぼしょく》の西空に目をやると靖国の森の深緑が見えた。そのはるか先には興亜観音がある。セピア色の「昭和」はどこにもない。塗り込められているのは、まぎれもなく原色の「令和」の風景なのだった。

加害と被害のはざまに生きた官僚――赤木俊夫とヤマショウの亡霊

二〇二〇年十一月十八日

私《わたくし》を滅し、一身を公《おおやけ》に奉ずる――「滅私奉公」という言葉は、いまなお日本人の心をうずかせるものがある。

「大公無私」「公門桃李《こうもんのとうり》」「奉公守法」といった熟語や故事から浮かぶ清廉な公務員像は、広く公職に就く者だけでなく多くの組織人にとっても振る舞いの理想とされている。それなら、もし「公」の側が法や正義を歪めたとき、「私」はなお「無」でいられるのか。そもそも「公」とはいったい何か。

公＝パブリックとは何か

戦後七十五年も経っても、この「公＝パブリックとは何か」という問いは、この国のアポリアであり続けている。

戦前においては公（語源は大きな宅、つまり朝廷）は、すなわち国家であり天皇だった。日本人にとって天皇とは何かという問いはかつて、国家への忠誠度を測る指標でもあった。一九四五年を境に天皇が象徴と化しても、公の概念の組み替えは行われず、軍組織に典型的だった上意下達と問答無用の世界は官僚機構に温存されたのではないか。たとえばそう仮説を立ててみたとときに、ひとりの人間として公とのはざまに苦しんだ官僚の姿は、どのように浮かび上がるのか――。劇団「燐光群」が十一月十三日から東京・高円寺で上演した『拝啓天皇陛下様　前略総理大臣殿』は、こうした重い問いに挑んだ秀作だ。

ヤマショウがよみがえり赤木さんと交錯

劇団主宰で作・演出を手がける坂手洋二《さかてようじ》は、これまでも沖縄、原発、捕鯨《ほげい》、LGBTといった社会的テーマに切り込み、異彩を放つ舞台作品を世に送り出してきた。本作では、渥美清《あつみきよし》の出世作として知られる映画『拝啓天皇陛下様』（一九六三年）の同名原作を下敷きにしつつ、森友学園への国有地売却をめぐる財務省と近畿財務局の決裁文書改竄事件を重ね合わせる。

小説（と映画の）『拝啓天皇陛下様』は、軍隊という世界の外では生きる術を持たなかった哀れな男、山田正助《やまだしょうすけ》（ヤマショウ）の一代記だ。

天涯孤独で漢字も読めない純朴な男ヤマショウは、三度の飯にありつける軍に居残り続けようと、神聖視する天皇に直訴の手紙までしたためようとする。同じ岡山の連隊に入営した語り手にして作者の棟田博《むねたひろし》（ムネさん）との友誼《ゆうぎ》を軸に展開する物語に、盧溝橋事件や南京事件、対米英開戦などの時代背景が織り込まれる。近代日本の戦争と共にあったヤマショウは終戦からほどなく「天皇の最後の赤子」として不慮の死をとげる。

坂手の舞台では、ヤマショウが時代を超えてよみがえり、森友問題で決裁文書の改竄を強いられた果てに死を選んだ近畿財務局の元職員、赤木俊夫《あかぎとしお》さんをモデルにしたワカギムネオ（ムネさん）と交錯する。財務省の報告書や赤木さんの手記、妻の雅子《まさこ》さんによる訴訟の資料などから、改竄の顛末が生々しく再現される。

「組織の中の個」という問題提起

「上からの命令」に抵抗した果てに不正を受け入れ、部下に累《るい》が及ばぬよう自ら手を汚した現代版ムネさんは、「私の雇い主は日本国民。国民のために仕事ができる国家公務員に誇りを持っています」という自身の言葉と行為との乖離に苦悩し、精神を崩壊させ、自裁への道に追い込まれていく。その過程にヤマショウが寄り添う。日本学術会議会員の任命拒否問題も盛り込まれている。

大胆というか強引な設定だが、そもそも演劇という芸術が「遠隔」にある仮想の時間と空間を現前させる装置であることを考えれば、なんら違和感はない。コロナ禍でリモート（遠隔）のやり取りが加速したいまなら、なおのことだ。

原作者の棟田と遠戚で同じ岡山出身の坂手は、もう二十年近く前から『拝啓〜』を舞台化しようと考えていたとい

『拝啓天皇陛下様　前略総理大臣殿』より。ワカギムネオ（左）とヤマショウ（右）＝姫田蘭撮影（提供：劇団「燐光群」）

う。もっともアイデアは時々で変わり、昭和終焉《しゅうえん》の際の自粛社会や天皇制そのものを主題にしようと発案しては練り直すことが続いた。そんなときに、上司の命令と良心との板挟みになった赤木さん（夫婦ともに岡山出身）の死を知り、以前から温めていた「組織の中の個」というテーマと結びついた。

「戦前には天皇の名の下に多くの人が死んでいった。そしていま、総理大臣のために死んでいく官僚がいる。時代はどこまで変わったのか、天皇的なものの代わりになったものがあるのではないか、ということです。軍隊や官僚機構の中で歯車である個人がモラルや倫理を貫こうとすれば、必ず押しつぶされ不幸な結末を迎えることになる。そしてこの問題は、役所だけでなく、日本の会社や学校、スポーツチーム、さらにはリベラルとされている組織の中にすら、残り続けているのではないか。そんな大きな問題提起をしたかった」。坂手はそう話す。

いまだ精算されていない「滅私」の桎梏

『拝啓～』の原作や映画には、ヤマショウが天覧演習で天皇の顔を拝んで感激する重要なシーンがあるが、歴史学者・加藤陽子《かとうようこ》（学術会議会員任命を拒否された六人の候補者の一人）の近著『天皇と軍隊の近代史』によれば、白馬にまたがり観兵式に臨む昭和天皇のイメージと、軍人勅諭《ちょくゆ》で説かれた「朕《ちん》が股肱《ここう》」（天皇の手足）たれ、というメッセージは、日本の兵士の心性形成に大きく貢献した。

戦後になって天皇は遠景に退いたが、神のごとく組織に君臨し逆らうことのできないトップや上司を「天皇」と表象したり揶揄《やゆ》したりする言い回しが現れ、揚げ句には、左派を自認する人たちが実際の天皇（や上皇）に、「横暴な」政権に対する防波堤や護憲リベラルの守護神としての機能を期待するといった倒錯すら起きている（山本太郎《やまもとたろう》の園遊会での「直訴」は記憶に新しい）。「上官の命令は天皇陛下の命令」と個を滅して機械の一部品となり、おびただしい数の他者と自己の自由と尊厳と生命を損ねた時代と、私たちはどれほど隔たっているのだろうか。組織の利益最大化のために粉骨砕身する企業戦士と、グルの指示に盲従し無差別殺人を試みた聖戦戦士を生んだ戦後は、相変わらず「兵士の世紀」だったと言うしかない。

「滅私」の桎梏《しっこく》は、私たちの中でいまだ清算されていない。でなければ、どうして「総理の言葉は絶対」とばかりに、その国会答弁との整合性のために、これほどの数の官僚が違法行為に手を染めたのだろうか。

「公務員として命令に服従しただけ」

「組織の中の個」「公と私」について、重要なサンプルを紹介したい。

フランスでかつて「パポン裁判」というものがあった。ここで裁かれたモーリス・パポンは、戦前にジロンド県で総務局長のポストに就き、知事をしのぐ権限を握っていた高級官僚だ。

戦後はパリ警視総監などの要職を歴任し、ジスカールデスタン大統領時代には大臣にまで登りつめた。しかし一九八〇年代、戦時中の対独協力政権（ヴィシー政府）時代に自ら指揮して千五百人以上のユダヤ人を強制収容所に送ったことが発覚。「人道に対する罪」で裁かれ、八十七歳にして禁錮《きんこ》十年の判決を受けた。

パポンは「公務員として命令に服従しただけだ」という趣旨の弁解をするが、これは、ホロコーストを主導したアドルフ・アイヒマンの被告席での弁明の言葉とまったく同じだ。

第二次大戦の戦犯訴追と処罰に関する基本的コンセプトは、一九四五年に締結されたロンドン憲章が基になっている。「上官の命令」を理由に人道上の罪は免責されない――。これが、事後法との批判を受けつつも、ナチス幹部を裁いたニュルンベルク裁判の根拠となり、戦後の国際人道法（戦時国際法）を前進させるエポックとなった。

人は組織人である前に市民であり人間であり、ヒューマニズムという普遍的倫理に従うなら、場合によっては自分の職能を裏切らねばならないときがある。自分は国家への服従（企業への忠誠）を果たしただけだ、だから責任を問われるいわれはない、と弁解することは、組織のヒエラルキーに殉じて価値のヒエラルキーを転倒させ、良心の自由を放棄するに等しい。これは、狭く「人道に対する罪」だけでなく、公務員や会社員がその任務をまっとうすることによって犯した罪全般にあてはまる話だ。

その意味において、公＝パブリックとは、国や組織といったローカルなモラルや規範に服すことではあり得ず、むしろ世界市民的な自由な主体である「私」に立ち戻ることにほかならない。ここでは、私たちが一般的に考える「公」の意味は転倒されている。☆7

加害者であり、被害者であり

とはいえ、しがらみだらけの現実世界で、真に「パブリック」な存在であり続けるのには、相当の覚悟が要る。

赤木さんの訃報を耳にして、私が即座に思い浮かべたのは、環境庁企画調整局長を務めた山内豊徳《やまのうちとよのり》さんのことだった。福祉畑を三十年も歩んだ後に水俣《みなまた》病訴訟で和解を拒否する国側の責任者として患者の矢面に立っていた山内さんは、内なる良心と職責との板挟みとなり、やはり自ら命を絶った。一九九〇年のことだ。

是枝裕和《これえだひろかず》監督が最初期のドキュメンタリー作品『しかし…』や著作『官僚はなぜ死を選んだのか』でこだわりを持って追い続けた山内さんは、赤木さん同様、文学や芸術に造詣《ぞうけい》が深く、しなやかで柔らかな魂を持つ誠実な人物像が伝わる。

純粋な一個の人間であろうとすればするほど、その人生を険しいものにしてしまうのが官僚という職業であるなら、ふたりはいずれも、官僚であることに徹しきれなかった人物だったということになるのかもしれない。

理想主義が現実主義に圧倒されていく現場に立ち会い、手ずから関与したという責任において、山内さんも赤木さんも加害者であったことは間違いない。と同時に、ふたりは冷え切った鉄のように冷徹な組織という車輪の下敷きになった被害者でもあった。その二重性に引き裂かれながら生き、最終的には己《おのれ》の加害者性の重みに耐えかね、自裁という結論を出したのだろう。

☆7　カントは『啓蒙とは何か』で、政治家や公務員などの公職に就き国や公共団体への忠誠を尽くすことは「理性の私的使用」に過ぎず、そこから離れて自由な主体になることが「公的＝パブリック」だと指摘している。

しかし、こうした二重性を背負っているのは、私たちも同様ではないか。赤木さんらとの違いは、日々裏切っているものや自身の加害者性から目を背け、気づかぬふりをしているかどうかという点に過ぎないのかもしれない。

組織に生きることの悲しみ、痛み、怒り

今回の舞台『拝啓天皇陛下様　前略総理大臣殿』を作るにあたり、坂手には「赤木さんという自ら命を絶った人をモデルにすることに、大きな葛藤があった」という。☆8

「正直なところ、いまでも手が震えるほどの迷いがあります。でも、赤木さんが若い部下を巻き込むまいと汚れ仕事を引き受けた一方で、出世していった上司たちがいる理不尽と、赤木さんが陥った状況は、我々も日常的に抱えている普遍的な問題でもあるということを、僕にしかできない方法で残しておくことはやはり必要なんだと、自分に言い聞かせました」

この作品が描いているのは、日本で組織に生きることの悲しみであり、痛みであり、怒りだ。が、決して安易に観客の感情移入を誘うものではなく、逆に、私たちが生きる二重性のありようを突きつける。

佐川宣寿《さがわのぶひさ》・財務省理財局長（当時）が改竄と引き換えに手にしたものに比べ、赤木さんが自らの死と引き換えに問いかけているものは、なんと重いことだろう。

☆8　本作の中でもう一つ、重要な題材として何度も登場するのが、赤木さんが改竄の経緯を詳細に記したとされる「赤木ファイル」だ。赤木さんの妻雅子さんが国などを訴えた裁判では、自宅を訪れた赤木さんの元上司がファイルの存在を認めた音声データが明らかになっている。真相解明につながるかもしれないこのファイルについては、衆院の計百二十八議員が「予備的調査」を要請し、衆院調査局長を通じて財務省に文書を提出するよう求めた。しかし、衆院調査局長が二〇二〇年十一月九日にとりまとめた報告書によると、財務省は「訴訟に関わることであるため回答を差し控えたい」と、ファイルの存否も明かさなかった。

忘れられた右翼——五十年目の三島由紀夫、六十年目の山口二矢

二〇二〇年十一月二十八日

五十年目の憂国忌（十一月二十五日）をピークに、記念日ジャーナリズムを習い性とするメディアにはあらためて、三島由紀夫《みしまゆきお》の文学と死の意味を問い直す記事や特集が繚乱《りょうらん》した。

一方で、右翼のあいだで三島と並び神格化されている少年、山口二矢の没六十年の命日（十一月二日）は、ニュースにもならなかった。山口の凶刃《きょうじん》に倒れた浅沼稲次郎《あさぬまいねじろう》・社会党委員長のことも。

公衆の面前での衝撃的テロから六十年。三島事件とは対照的に浅沼事件を検証する動きはほぼ絶えたが、テロの賛美は続いている。

「日本を赤化から守りたかった」十七歳のテロ

一九六〇年十月十二日。東京・日比谷公会堂では、解散総選挙を控え、自民、社会、民社の三党首立会演説会が開かれていた。西尾末広《にしおすえひろ》・民社党委員長に続き登壇した浅沼稲次郎（当時六一）が演説を始めて二十分ほど、壇上に駆け上がった十七歳の山口二矢が浅沼に突進した。隠し持っていた短刀は左脇腹を突き、よろめいた巨体をもう一閃《いっせん》襲った。

山口は兄の影響などから、赤尾敏《あかおびん》が総裁を務める大日本愛国党に入党、その反共思想に染まった

が、より行動者たらんとして同党を脱退した矢先だった。浅沼は近くの病院へ緊急搬送されたが即死状態だった。現行犯逮捕された山口は「日本を赤化から守りたかった」などと供述。三週間後、警視庁から東京少年鑑別所に移送されたその晩に、「七生《しちしょう》報国　天皇陛下万才」との言葉を残して首吊り自殺した。

この年、世情は混沌としていた。日米安保条約改定をめぐり左右の政治対立が激化。五月にデモ隊が囲む国会で条約は強行採決され、警官隊との衝突で東大生・樺美智子《かんばみちこ》が死亡した。十年後の七〇年安保時よりもはるかに「革命前夜」を思わせる、騒然とした時代だった。

事件は多くの人間を触発し、大江健三郎はわずか三カ月後に山口をモデルに傑作『セヴンティーン』を発表する。

左右対立激しい党内を実直さと不器用さで辛うじてまとめていた浅沼の死は、その後の内部抗争や党の低迷の遠因になったとも言われるが、事件の戦後政治への影響を検証するのは容易ではない。翌月の総選挙は、弔い合戦に挑んだ社会党に対し、「所得倍増」を掲げる池田勇人《いけだはやと》率いる自民党が、争点を安保からずらすことに成功し大勝した。時代はすでに、のちの高度資本主義社会に向けて転換していたのかもしれない。だとしたら、山口の行動の意味は、すなわち浅沼が殺された意味は、どこにあったのか……。その後の歴史と時代の変化を見てきた我々が、事件の総括に苦しむ所以《ゆえん》だ。

いずれにせよ、様々な評価をよそに、山口は「義挙《ぎきょ》」を成し遂げたのみならず潔《いさぎよ》く自裁した「烈士」、右翼の鑑《かがみ》として祭り上げられていく。

「ネットに匿名で不平不満を書き連ねる連中とは違う」

今年（二〇二〇年）十一月二日午前、山口が眠る東京・青山の寺院墓地には、遺族欠席のなか右翼関係者ら約六十人が墓参に訪れた。夜には新橋に会場を移し、神式《しんしき》の「山口二矢烈士六十年祭」が催された。

呼びかけ人の一人で、右翼団体代表の河原博史《かわはらひろし》（五〇）に話を聞いた。

「人を殺《あや》めることがよいか悪いかといえば、やってはいけないに決まっています。でも社会が歪んだときに、意を決した者による決起や行動によって大きく社会が改善の方向に向かったことも事実です。戦後のあの時期、反共・防共を貫くことは、敗戦という大きな傷を日本が克服するために避けて通れないものだった。自分はそう考えます。でも、テロの行為者はすべての責めを逃げ隠れせずに堂々と負わなければならない。その意味で、朝日新聞を襲って名乗りもしない赤報隊《せきほうたい》のことは、自分は評価したことはない。でも山口烈士は見事に自決し、自己犠牲の精神を発揮した。ネットに匿名で不平不満を書き連ねる卑劣《ひれつ》な連中とはまったく違います」

そのネットでは、いまでも「英雄」「壮挙《そうきょ》」と山口を称賛する書き込みが相次ぐ。

十年前、浅沼が通った早稲田大では、赤い血がにじむシャツや背広など最期を物語る遺品のほか演説原稿など約百点の資料が展示され、なお定まらぬ浅沼の政治的評価を試みる企画展が開かれた。旧社会党関係者の有志による追悼集会も催された。

しかし今年はコロナ禍もあってか、浅沼の追悼行事は開かれていない。一方で右翼関係者による山口の顕彰が途切れることなく続いていることは、令和の一風景として、ここに銘記しておきたい。

左右の枠を飛び越えた情念の連鎖

個人の命を超えた大義や絶対性があると信じる右派思想は、人命尊重のリベラリズムとはどこまでも相容れない。しかし、スターリニズムから脱却したはずの新左翼の活動家たちも、暴力とテロを肯定していた事実を無視することはできない。

戦後右翼を代表する神道家、思想家だった葦津珍彦《あしづうずひこ》は、浅沼事件の心理的側面を「非合理なるものへの憧れ」と分析した。そのうえで、右翼テロだけでなくフランス革命や左翼運動にも、「生命を超えた価値」を求める以上は政治信条の根底に同じような暴力性が潜在すると指摘し、政治と暴力の不可分性とテロリズムの本質に目を向けるよう訴えた。

> 左翼でも右翼でも、一つの政治的信条というものの根底にはテロへ走る本質の潜在するのを否定しがたいと思う。文明下の政治思想は、公然とテロの正当性を主張することをさける。しかしながら、政治的信条そのものに潜在するテロリズムは、信条と信条との対決が、高度の緊張を呈する時には、忽然《こつぜん》としてその姿を現わして来るのだ。
>
> （『土民のことば——信頼と忠誠との情理』）

葦津の論は山口に同情的すぎる嫌いはあるものの、テロを理解しようと試みるもので、決して擁護しているわけではない。非合理な情念の連鎖・継承が生む、特に日本的なテロの発生メカニズムを見つめることでしかテロを防げない、という主張だ。

山口が所属していた大日本愛国党の総裁、赤尾敏（「街宣車」というスタイルを発明した、戦後右翼で最も有名な一人）は、戦前は左翼だった。結核療養のため十代後半を過ごした三宅島には浅沼の生家があり交流もあったという奇縁だが、赤尾は自分と同じく戦中に弾圧された浅沼や共産党の宮本顕治《みやもとけんじ》のことを「敵ながらあっぱれ」と評価していたとされる。同じく右翼の大物思想家、影山正治《かげやままさはる》（三島の『豊饒《ほうじょう》の海』第二部『奔馬《ほんば》』のモデル）が小林多喜二《こばやしたきじ》の不屈性を認めていたように。

三島のクーデター未遂も一歩間違えればテロになった可能性があるが、東大全共闘との問答で「私は右だろうが左だろうが暴力を否定したことは一度もない」「諸君の熱情は信じる」と語ったように、新左翼へのシンパシーを持ち続け、一部の武装闘争路線も擁護した。

赤軍派によるよど号ハイジャック事件で「先を越された」衝撃が三島の決起を促し、その三島事件を「骨のない左翼人への警告」と受け止めた日本赤軍の岡本公三《おかもとこうぞう》は、日本を出国し国際テロに走ることになる。左右の枠を飛び越えた情念の連鎖が、ここにはある。

岡本の渡航費用を出した新左翼シンパの故・若松孝二《わかまつこうじ》監督は『実録・連合赤軍　あさま山荘への道程』（二〇〇八年）の後に『11・25自決の日　三島由紀夫と若者たち』（二〇一二年）を撮った。冒頭シーン、純白のシーツを引き裂き天井に結《ゆ》わえる思い詰めた目の少年は、山口二矢だ。そこに浅沼稲次郎の演説がかぶさり、さらに三島の『憂国』の原稿が映る。

生前の若松にインタビューする機会があったが、答えは以下だった。

「左も右もない。革命を目指すでも、天皇親政を目指すでもいい。国や政治の危機を思って行動を起こした人間たちの純粋さを描きたかった。『憂国』だよ。それだけだ」

誤解を恐れず言えば、若松も、非合理や非日常への跳躍を渇《かつ》する、連鎖する情念への感染者だったのだろうと思う。それは、テロや暴力の肯定と紙一重の危うさもある。『テロルの決算』で浅沼と山口が激しく交錯した一瞬を描き切った沢木《さわき》耕《こう》太郎《たろう》が、この著作についてはいまだ一切語ろうとしないことに、そのあたりの秘密があるかもしれない。

再び季節はめぐり、自信を喪失したこの国で

山口二矢はテロに及ぶ前、天皇への忠義と無私を説く谷《たに》口《ぐち》雅春《まさはる》の著作を読んで迷いを振り切ったというが、その谷口が創始した新宗教「生長《せいちょう》の家」の信徒だった鈴木《すずき》邦男《くにお》(民族派団体「一水会」顧問)も、東アジア反日武装戦線の連続企業爆破事件(一九七四〜七五年)に「先を越された」という思いから、右翼武闘派としての活動を本格化した。さらに言えば、市ケ谷の陸自総監部で三島とともに割腹自殺した森《もり》田《た》必勝《まさかつ》は中高時代、浅沼稲次郎の熱心な支持者で、山口を「暴漢」と非難していた。浅沼の母校の早稲田に進んだ森田を右翼運動にオルグしたのは、二つ年上の鈴木だった。

命日の11月2日夜に右翼関係者によって催された「山口二矢烈士六十年祭」＝東京・新橋、筆者撮影

山口と同年生まれで「その背中をずっと追ってきた」という鈴木は、二十五歳で逝《い》った森田へのやましさもあり、かつては世界革命や聖なる天皇という個人の生命を超える絶対性を信じていたという。しかし、自分の命の一段上に他人の命を置くという考えに傾き、必然的にテロを完全に否定するようになった。右翼に言論の場がない時代でもない。意見の異なる者との対話を担保する言論の自由に、いまでは至上に近い価値を見い出しているという。山口の墓参にも参加していない。

葦津珍彦も、テロ防止に有効なのは、啓蒙よりも、自由討議によって政治的信条を異にするもの同士が交流し政治的不信を解消し合うことだと説いている。そして、人間の本性にある非合理への憧憬《どうけい》や冒険主義的性向を認めたうえで、それを馴致《じゅんち》する術を学ばせることこそ必要だとした。理性の限界を見る右派思想家らしい見解だが、本質を突いている☆9。

それならいま、情念の連鎖は断ち切られたと言えるのだろうか。

赤軍派残党やセクトの先鋭化で新左翼運動は大衆の支持を失い、日本はその後、六〇年安保時にすでに萌芽《ほうが》のあった「経済の季節」へ完全移行した。しかし再び季節はめぐり、自信を喪失したこの国で、政治的ロマン主義にかぶれ改憲や日本回帰を訴えた首相が七年八カ月もの長期政権を維持することになった。それだけではない。生活保守主義を小市民的と嘲《あざけ》り、熱い「政治の季節」を懐古主義的に振り返っているのは、左派の「歴戦の勇士」たちも同様ではないか（二〇二〇年に公開され話題となった映画『三島由紀夫vs東大全共闘 50年目の真実』への感想はあえて言うまい）。

三島が焦がれた青年将校の決起が続いた一九三〇年代と同様の議会不信、社会集団間の断絶、対話や議論の拒絶どころか忖度《そんたく》と自主規制による言論状況の閉塞……というこの国の現況を見れば、非合理な力に駆られた暴力とテロが完全に過去のものになったと断言することなど、できはしないのではないか。

山口が死を賭《と》して闘った共産主義の理想は冷戦終結とともに潰《つい》えたかもしれないが、一九六〇年から決して変わっていないものもある。三島が唾棄《だき》し全共闘も欺瞞を突いた戦後民主主義や平和主義が、言うとおりの「空っぽ」なものだったかどうかは分からない。しかし少なくとも、彼らの共通の敵だったはずの「対米従属」は、まったく過去のものになってはいない。

☆9　感情だけでなく啓蒙的理性も誤謬や悪をもたらすことは、カントやその理論に批判的に依拠したアドルノなども重視した。また、精神分析家のフロイトは、自我が抱える攻撃的な破壊・攻撃衝動を「死の欲動」という概念で説明し文学などに大きな影響を与えたが、これは批判や論争を呼び続けている。

補論　インタビュー

interview with 井上達夫

「自称リベラル」は国民を信じていない

二〇一九年九月三・四日

BREXIT《ブレグジット》の混迷のトンネルからいまだ抜け出せない英国で、「第二のトランプ」が新首相に選出され、またぞろ右派ポピュリズムの隆盛がしきりに論じられている。

ユーラシア逆端の此方《こなた》では、先般の参院選期間中、「消費税廃止」「奨学金チャャラ」などと左派ポピュリズム的政策を訴えた「れいわ新選組」が熱狂的支持を集めたが、主要メディアは黙殺。「改憲勢力」の議席が焦点かのような報道が政治的言説空間を覆った。

BREXITと改憲にまつわるメディアの報道には知的倒錯があり、その根っこには憲法九条問題がある、と論じるのが法哲学者の井上達夫・東大大学院教授（二〇二〇年に定年退職、現・名誉教授）だ。

『正義』という概念を基に、リベラリズムの立場から右も左も舌鋒鋭く批判してきたが、特に歪んだレンズでものを見ているのは護憲派・リベラルの側だ――との批判は耳に痛い。

先ごろ（二〇一九年五月）上梓《じょうし》した『立憲主義という企《くわだ》て』で九条問題にあらためて切り込み、法の支配と立憲主義の回復を訴える井上教授に、民主制や言論、そして憲法について聞いた。

第一節　ポピュリズム批判は「正統」か

英首相ボリス・ジョンソンはポピュリストか

――英国の新首相に就いたボリス・ジョンソンはEU離脱派の中心人物でしたが、トランプ大統領同様のポピュリストだという見方があふれています。

威勢のよい言葉で大衆の熱狂を煽り、強硬な離脱路線によって議会を紛糾《ふんきゅう》させ、今日に至る国内外の混乱を招いたかのように見られています。

ジョンソン個人に対する評価は別として、要するに、現在の混乱や政治的閉塞の原因が二〇一六年の国民投票にあり、それは悪しきポピュリズムであるという見解ですね。日本のメディアや言論界で大きく取り上げられているこうした言説は、完全に間違っています。

国民投票以降の政治的混乱が示しているものは、国民投票の機能不全ではなく、議会政治の機能不全です。

EU離脱という明確な国民投票の結果を受け、メイ前首相は残留派だったにもかかわらず、それを尊重し、離脱協定案をまとめましたが、保守党内の強硬離脱派と残留に固執する労働党との挟撃《きょうげき》で潰されました。しかし、その議会がなんらの代替案をまとめられないまま時間を空費し、議院内閣制の政治的決定機能そのものが行き詰まった状況になっています。

三年前に国民投票が実施されたのも、実は、現在見られる状況と同様の機能不全に議会が陥っていたからです。

当時のキャメロン首相はメイ氏同様に残留派でしたが、保守党内が離脱派と残留派に分裂し膠着《こうちゃく》状態になったため、国民投票で賛否を問うとマニュフェストで約束して二〇一五年の総選挙に勝利し、問題の解決を国民投票に委ねたのです。国民から選ばれた議員が熟議する代表民主制による賢明な判断に任せるべきだ、という含意で「国民投票＝悪しきポピュリズム」と主張するのは、まず、事実の理解そのものが逆立ちしています。

国民投票をやったから議会政治が破綻したのではなく、議会が分裂し、自分たちで意思決定できなくなったから、議会の方が、国民投票による国民の審判に決定を授権《じゅけん》したのです。それにもかかわらず、この国民投票の結果を具体化するための協定案作成について、またもや議会は、与野党の対立のみならず与党内の対立で分裂し、意思決定能力の欠損を露呈している。そのため再度の国民投票を求める声すら出ている状況です。

――BREXITを事例に国民投票を否定する多くの人の本音は、国民投票という手段ではなく、離脱派が勝ったという結果に対しての不満というのが実のところ大きいのではないでしょうか。

そうです。キャメロンはEU残留の可否を国民投票に付するとマニフェストで約束して二〇一五年総選挙で勝ちましたが、離脱派のみならず残留派も含めて有権者の多数が国民投票そのものには賛成したのです。一部の残留派が国民投票を事後的に批判しているのは、自分たちが負けたからです。もし勝っていたら、その結果の尊重を求めていたでしょう。

国民投票のやり直しを求めているのは、望まない結果を生む投票は否定するが、求める結果を出す投票は支持するという、あからさまなダブルスタンダードです。不公正きわまりない。こんなご都合主義のやり直しが通るなら、その結果もし逆転できても、反対勢力に同じようなやり直しを求める口実を与えてしまい、問題の解決そのものを不可能にしてしまう。自壊的な主張です。

残留派やそれを支持した親EUメディアは、残留という自分たちが考える「賢明で理性的な判断」とは反対の結果が出たことへの不満から、国民投票は反知性的で危険なポピュリズムだと主張している。でも、これは事実を歪曲《わいきょく》した主張です。

離脱という投票結果がジョンソンらのフェイクニュースによる愚民誘導によるものだという主張もありますが、それこそがフェイクニュースです。この国民投票は、有料テレビCMの禁止や運動資金の上限規制など厳正なルールにしたがって行われただけでなく、残留派・離脱派双方ともに徹底的な公開討論や宣伝活動で互いの主張の問題点を指摘し批判する機会が十分与えられていました。

「高学歴層と労働者階級の対立」が根本にある

——リベラル側が英国の国民投票結果にショックを受け、「ポピュリズム」を大衆迎合主義と誤訳して批判的レッテル貼りをするとき、その社会の底流で起きているものを過小評価しているのではないでしょうか。フランスのジレ・ジョーヌ（「黄色いベスト」）運動もそうですが、反ＥＵとして噴出している民意はグローバル化への下からの抵抗であり、国家という防波堤機能の再興やネーションへの再帰を望む動きとも取れます。それは、二大政党の政治エリートがすくい取れなかった中間層の不安を刺激し「米国ファースト」を掲げて当選したトランプ現象とも通底しているように思えます。

　ＢＲＥＸＩＴで顕れた根本的問題は、英国全体にとってのＥＵ残留の利益とコストの比較が正確になされたのかどうかということではなく、残留の利益をより多く受ける高学歴・ホワイトカラー層と、移民労働者の増加によって雇用不安や低賃金圧力にさらされ残留のコストをより多く負担させられると感じた労働者階級とのあいだの対立にあります。

　この新たな階級闘争的な要素を軽視し、ＢＲＥＸＩＴを危険なポピュリズムと批判するメディアや知識人は、欧州統合の維持推進を「進歩的」とみなし、これに逆行する動きを「反動的」と捉えるドグマに囚われている。

　自分たちが「正しい選択」と考える残留派勝利という結果になっていたら、この国民投票を英国民の英断と称賛していたでしょう。でも離脱派が勝ったから、「議会政治を混乱させる危険なポピュリズム」と非難されるべきものになった。こうしたダブルスタンダードが英国の残留派だけでなく日本のエリートたちにも跋扈《ばっこ》するのは、彼らがＥＵという超国家的な地域的統合体の正負両面を冷静に検討しようとしていないからです。

——日本の新聞の社説なども、ＢＲＥＸＩＴは過去の国家像に引きずられた単独行動主義だといった否定的見解が目立ちます。国際協調とグローバル化の

問題を混同したうえに、自由貿易と保護主義を真っ二つに線引きできるかのような情緒的な報道も多い。

日本では、ジョンソン首相の下で「合意なき離脱」が現実味を帯びていると報道されていますね。「合意なき離脱」という言葉は、まるで離脱後の英国とEUとの法的関係について合意がないまま離脱するかのような誤解を生み、それがまた、こんな破壊的帰結をもたらすのが国民投票の危険性なのだ、と誤解される理由にもなっています。

「合意なき離脱」はNo-Deal Brexitの訳ですが、誤訳です。No-Dealとは、柔軟離脱の条件をめぐる協定について英国とEUが歩み寄れるDeal（取引）が成立しないことを意味するだけ。単に「取引なき離脱」と訳すべきです。そして、この「取引なき離脱」の法的帰結は明白です。

英国とEU加盟諸国との法的関係は、離脱後ただちに、EU基本条約とそれに基づくEU法規制以外の、英国が締結している諸条約・諸協定と一般国際法によって規律されます。たとえば、通商関係はWTOのルールによって規律されます。EU体制の一部である欧州司法裁判所の管轄から英国は外れますが、別枠のヨーロッパ人権規約に基づく欧州人権裁判所の管轄には服します。こういうことについては、英国とEUのあいだにも、自明の法論理的帰結として当然「合意」があります。

「合意」がないと言えるのは経済的帰結についてです。ただこれは、独仏といったEU主要構成国と英国とのあいだだけでなく、それぞれの内部でも反EU派が存在し激しい対立があるのだから、ある意味で当たり前です。

日本のメディアは、英国に拠点を置いていたホンダなど外国企業の一部が撤退の方針を示していることを「英国経済の大惨事」であるかのように伝えていますが、これは当初から想定されていたことです。離脱によって短期的には経済的損失が生じ得ることは、強硬離脱派も否定していません。

では中長期的にはどうなのか。急激な強硬離脱、段階的な離脱への移行、そして残留のいずれが英国の経済的競争力の再生強化にとって最善なのか。これについては深刻な対立があり、繰り返しているように、議会政治の意思決定プロセスでは解決できなかったからこそ、二〇一六年に国民投票が行われたのです。

離脱の短期的経済帰結も「想定内」以上に悪化することがあり得るとすれば、原因は、離脱の道筋を明確化する協定内容をいつまでも決められない議会の政治的無能性にあります。企業にとっては、予見可能性が低いということ自体、合理的経済活動にとってリスクです。英国議会の優柔不断が、英国経済の政治的リスクを高めているのです。

こうして見てくると、国民投票を、議会民主政を破壊する反知性的ポピュリズムと非難するのは、事実無根であるだけでなく、我々がいま目撃している明白な事実に反していることが分かります。議会民主政の破綻が国民投票を求めさせた事実を、国民投票が議会民主政を破綻させたと曲解する人々は、因果関係を逆立ちさせるイデオロギー的「逆さ眼鏡《めがね》」で世界を見ている。

国民投票の否定こそ危険なポピュリズムだ

――エリーティズムやリベラル系メディアが残留こそ「正しい選択」だという考えにこだわり、こうした逆立ち的解釈や二重基準を用いるのはなぜでしょう。

一つには先ほど述べたＥＵ信仰があるのと、政治的決定の「正当性 rightness」と「正統性 legitimacy」の区別ができていないことが原因です。

離脱か残留かをめぐって国民投票がなされたのは、どちらが「正しい選択」かを決めるためではない。どちらが正しい選択か決定できないからこそ、国民投票がなされたのです。

どちらが正当な選択かの先鋭的な対立を解消できないなかで、英国は国家としての集合的決定を行う必要があった。集合的決定とは、その決定の「正当性」を否認する反対者をも拘束する全体の意思決定です。その拘束力の根拠となる規範的権威こそが「正統性」です。

二〇一六年の国民投票は、ＥＵ帰属問題について「正当な選択」を行うためではなく、「正統性ある政治的決断」を行うためになされたのです。

何度も言うように、英国議会は、この問題を国民投票に付託することについて有権者の支持を得たうえで、議会民主政のルールに従って、政治決定を下す権限を有権者集団に授権しました。この国民投票は英国の議会主権原理を否定するものではなく、それに従って行われたのです。残留派が、自分たちが「正当な選択」とみなす結果にならなかったからといって、それを尊重しないのは、国民投票による裁定に「正統性」を付与した議会民主政の意思決定ルールを蹂躙するもので、これこそ「危険なポピュリズム」です。

それともう一つ、日本でＢＲＥＸＩＴ国民投票バッシングをしている人たちの知的倒錯には、特殊日本的な要因があります。

――井上さんがいつも指摘している「護憲派イデオロギー」の問題ですね。

そのとおりです。憲法九条改正を何がなんでも阻止したい護憲派は、憲法九十六条が定めた改憲手続きの発動そのものに抵抗し、国民投票法の制定にも反対しました。現行国民投票法の欠陥をあげつらいながら、それを是正する改正を本気で求めもせず、その欠陥を事実上放置し、これをまた国民投票を否定する口実にしています。

「護憲」を言うなら、日本国憲法の国民主権原理を擁護し、憲法九条のような実定憲法規定の是非をめぐる争いを最終的に国民の審判に委ねる憲法九十六条を尊重しなければならないはずですが、彼らは国民投票が健全な民主主義を滅ぼすという反国民投票キャンペーンを展開してきた。その最悪の事例が、一部の護憲派団体が流している「国民投票がヒトラーの独裁体制を生んだ」というデマです。

ヒトラーに独裁権限を与えたのは、国民投票ではなく、ドイツ国会が定めた全権委任法です。ヒトラーは独裁体制樹立後に、自分に対する忠誠証明を国民に強要するために、既定の政策決定の事後承認を求める国民投票を行いましたが、これは反対の自由どころか棄権の自由まで制約する圧迫干渉の下でなされました。世界で二千五百件以上なされてきた国民投票の中できわめて異例な濫用ケースです。

これをまるで国民投票の典型であるかのように歪曲し、しかも、国会の法律で与えられた独裁権限を使ってヒトラーが自由なき国民投票を強行した事実まで歪曲し、国民投票はヒトラー的独裁を生むから危険だなどと主張するのは、きわめて悪辣《あくらつ》なデマです。こういうデマを流す護憲派勢力は、自分たちがやっていることが実はナチスと同じだということを自覚しなければならない。ナチスが国政選挙で勝った原因の一つが、他党を攻撃するデマ戦略だったたわけですから。

さすがに、護憲派の中でも、このデマはひどすぎると思う人々もいるでしょう。というか、いると思いたい。しかし、そういう人たちも含めて護憲派がいま、国民投票バッシングの材料として「これは使えるぞ」と流布《るふ》させているのが、「英国のＥＵ残留の可否を問う国民投票で離脱派がデマで勝利したから、国民投票は危険だ」という言説です。この言説自体が事実を逆立ちさせるデマであることは、先ほど述べたとおりです。

デマにデマを重ねて国民投票バッシングに明け暮れる護憲派は、「民主勢力」を名乗っていますが、実態は、国民主権と立憲主義を結合させる憲法九十六条を侵犯して、自分たちの党派的イデオロギーを独善的・独断的に国民に押しつけようとしている点で、反民主勢力です。実は、彼らが固守すると標榜している憲法九条も、彼らは自分たちの政治的選好に合わせて改竄・骨抜きしている点で、「護憲派」の名にも値しないのですが……。

リベラリズムは「正義主義」

――憲法九条の話はのちほどたっぷりうかがいたい

と思います。井上さんは「リベラリズム」の思想に立ちますが、これは日本語にあえて訳せば「自由主義」ではなく「正義主義」とでも呼ぶべき立場だと定義していますね。

リベラリズムの思想的ルーツには「啓蒙」と「寛容」という二つの考えがあります。込み入った説明は省きますが、「啓蒙」には理性の暴走や独善を呼んでしまう、「寛容」には非寛容に対する寛容をも許容してしまう、といったネガティヴな側面もある。両者のネガを除去し、ポジの面を統合させるための理念が「正義」だと考えています。

もちろん、一口に正義といっても、正義の具体的な判定基準をめぐっては、功利主義やリバタリアニズムなど様々な思想があり、競合しています。やや専門的になりますが、これらを「正義の諸構想conceptions of justice」と呼びます。様々な立場が対立競合しているので複数形になっています。しかし、対立競合する正義の諸構想に貫通し、それらを共通に制約する原理があり、それが定冠詞付き単数形の「正義概念 the concept of justice」です。

私が考える「正義概念」の規範的実質は、「普遍化不可能な差別は禁止せよ」ということ。「普遍化不可能な差別」とは、自己と他者との「個体的同一性における差異」に訴えないと正当化できない差別です。分かりやすく言えば、「得するのが自分だからいい」とか、「損するのが自分でなく他者だからいい」とかというような差別です。ここでいう「自分」は「自分が属する自集団」を含み、「他者」は「自分が属さない他集団」も含みます。

普遍化不可能な差別を禁じる正義概念は、さらに、「自分の行動や要求が、自分と他者の視点や立場を反転させても正当化できるかどうか、吟味《ぎんみ》しなさい」という反転可能性要請も含意します。

この正義概念は、何が最善の正義構想かを一義的に特定はしませんが、およそ正義構想の名に値しないものを排除する消極的制約原理として、強い規範的な統制力を持ちます。それは「正義のレース」の優勝者を決める判定規準ではなく、このレースへの参加資格をテストするものです。

正義概念のテストが課すハードルは決して低くはありません。たとえば、自己の他者に対する要求を正当化するために、ある状況ではこの基準を用いる。ところが別の状況下でそれを適用すると不利な結論が生じるので、自分に有利な別の基準を持ってくる——。こうしたご都合主義的な基準の使い分けは、正義概念に反しています。自勢力が勝った、あるいは勝てる見込みの高い国民投票ならOKだが、敵勢力が勝った国民投票は排撃するというのは、この種の不正な二重基準の典型例です。

自国利益が常に他国利益より優先されるべきだと考える右派やナショナリストは、一つの正義構想を提示しているのではなく、「普遍化不可能な差別を禁じる」という正義概念の要請自体に反しており、そもそも正義を語る資格がない。もちろん、彼らは自国益に反する正義など無用と開き直るかもしれない。でも、自分たちを「リベラル」だと思っている人たちは、自己と他者、自集団と他集団を公正に扱う正義概念を尊重すると標榜しているはずだから、こういうリベラル派、たとえば朝日新聞が、国民投票などに関してダブルスタンダードを使うのは自壊的で、信用を失う行いです。

女性クオータに対するリベラルからの反論

——いわゆる「リベラル」側の昨今の論調で気になるのは、「女性が輝く社会」に関するものです。フェミニズムが「男らしさ」「女らしさ」といった本質主義的ジェンダーを脱構築したことは正しいでしょう。でも、女性だというだけで自動的に議席の枠を確保するクオータ、パリテといったアファーマティヴ・アクション的政策に対して、あまりに無批判に賛同する論調が少なくない。男性優位社会のなか女性がこれまで大きくスタートラインを下げられていたにしても、これは「正義」という要請にかなうのか。

女性クオータやパリテを求める主張は、本質主義への逆戻りという問題を確かに孕みます。一つには、女性ということで、その政治的利害を一枚岩的にカテゴリー化してしまっている。さらに、男か女かという二元論的対置図式自体が、ＬＧＢＴＸといった性的少数者を差別排除してしまう危険もある。

私は参政権保障という立憲民主主義の観点から、クオータ制には疑問を持っています。参政権は間接民主制に関しては選挙権と被選挙権の両面があります。クオータ制は立候補を望む者の意志や能力と無関係な属性、しかもその者がコントロールできない属性によって被選挙権を法的に制限するという問題に加えて、有権者の代表選択に制約を課すもので、つまり選挙権も制約しています。

女性有権者が男性候補より女性候補の方を女性だという理由だけで優先するとは限りませんから、女性有権者の選挙権を制約しています。仮に女性有権者は女性候補を優先的に選ぶとしたなら、有権者の半数が女性で投票率も男性より低いわけではない以上、女性候補に女性票が集中するはずですから、政党にとっては女性候補を立てることが政治的に有利なはずで、クオータ制を設ける必要はないでしょう。

クオータ制のような被選挙権規制が例外的に許容される場合があるとしたら、人種的少数者、民族的少数者、宗教的少数者といった、「数の論理」が幅を利かす通常の民主的政治過程では自らの声を十分発する機会の乏しい文字どおりの「周辺的少数者(marginal minorities)」です。ただ、これらの少数者についてでさえ「クオータという逆差別で議席を与えてやったのだから多数派の決定に文句を言うな」という口実を多数派に与えるから望ましくないという異論もあります。

いずれにせよ、「女性は被差別集団だ」ということで性別クオータを正当化するのは疑問です。女性は周辺的少数者ではなく、有権者集団の半数を占める以上、女性議員を増やしたければ、被選挙権規制に頼るのではなく、自らの選挙権を積極的に行使して目的実現を目指すのが筋です。

政党・政治家の後援団体が「家父長制」的イデオ

ロギーに支配されているというのは、理由になりません。こうした団体の「組織票」が牛耳《ぎゅうじ》る現状に対しては、「浮動票」と呼ばれる未組織大衆、つまり、数の上では多数ながら投票率が一般的に低く投票行動があてにならない人々の政治的無関心に大きな責任があり、こうした無関心派の中には多くの女性有権者も含まれています。

有権者一般、特に女性有権者の「意識向上(consciousness raising)」運動を推進して、利益集団の組織票が支配する現状を打破することが先決です。それをバイパスしてクオータ制に頼るなら、政党は既存の集票マシーンを使って女性候補を勝たせようとするから、結局、女性政治家も男性政治家と同様、利益団体の既得権に絡み取られてしまう。

――自分たちを普遍主義に反しているとまでは考えないパリテ・クオータ導入論者の中には、男女という差異は肌の色や宗教や民族や世代といったカテゴリーとは違い、それらを貫く人類共通のパラメーターである、いわば「普遍的差異」なのだ、という主張もあります。これについてはどう考えますか？

性別という差異は、他の差異を貫通して存在する「普遍的差異」だから特別だ、というのは理由になりません。男女の差異は、どの人種、民族、宗派にも、また、障害者と健常者など他の社会的差異にも貫通して存在していると言えるのと同様、たとえば、障害者と健常者の差異は、男にも女にも、さらにどの人種・民族・宗派にも貫通して存在します。性別だけでなく、どの差異も他の差異を貫通して存在しています。女性は被差別集団だという理由でクオータ制を要求するなら、他の被差別集団、とりわけ周辺化された被差別少数者のためのクオータ制も同時に要求しなければ、不正な二重基準になります。

しかし、多様な差異のカテゴリーを議席配分に反映するために、それぞれのカテゴリーに属する人の数に応じてクオータ制を採用するというのは、被選挙権と選挙権の両方を過度に規制することになり、望ましくない。それだけでなく、差異の識別と候補者枠ないし議席の割り当て規準をめぐって解消不可能な対立が生じ、実際上も不可能です。

たとえば「障害者」として一括するのか、それとも身体障害者、知的障害者、精神障害者とさらに細かく区分けするのか。宗教的少数者の宗派をさらに同定するのか、それには新興カルトも含めるのか。複数の差異が共属する候補、たとえば黒人女性で同性愛者の候補は、得票数を三倍加算されるのか。そして当選後は議会での投票権を三倍加算で行使できるのか――等々、問題は対応不可能なほど複雑化します。

そんな面倒くさいことはどうでもいい、女性は人類の半分だから、女性議員も半分いて当然だ、女性の政治的地位強化を優先しろ、というのが、いまの性別クォータ論者の本音でしょう。

しかし、こういった主張に開き直れるのは、まさに、女性が有権者の半分を占めるがゆえに、クォータというかたちでの自分たち政治的権益の確保を、文字どおりの「被差別少数者」に優先させて要求できるだけの強力な政治力をすでに持っているからです。数をたのんで女性というカテゴリーの特権性を主張していることになり、周辺化された少数者である他の被差別集団に対してアンフェアです。

主としてヨーロッパで被選挙権における女性クオータの採用が進んでいるのは事実ですが、それは女性という集団が、一般の被差別少数者にはない政治力を持っているがゆえに、被選挙権と選挙権双方を制約するきわめて乱暴な短絡的方法で自分たちの政治的権益を増強できたという事実にすぎません。これを先進的現象とみなして無批判的に称揚したり追従したりすることには、大きな疑問を感じます。

女性は歴史的に社会的偏見と差別を被ってきたのは事実ですが、いまや選挙権と被選挙権の平等が妨げられているわけではない。立候補しやすい環境整備などは積極的に進めるべきですが、生まれ持った属性で議席を自動的に付与するクオータやパリテの導入は、「正義」に反しています。

自分の要求が、それにより不利に扱われる他者の側から見ても、真っ当な理由によって正当化できるのか、攻守ところを変えてものを考えなければならない。先ほど述べた「視点の反転可能性テスト」です。これは、男だろうが女だろうが、等しく適用することが求められている。特に、自分たちの政治的要求を他者に押しつけ得るだけの政治力を持つ勢力には、このことが強く求められます。運動論優先でこうした原理を無視するとしたら、その立場を「リベラル」とは呼べません。

第二節　「正義」を見失った護憲派

立憲主義を蹂躙する「護憲派」

――憲法の話に入りましょう。井上さんはかねて九条問題を素《もと》に護憲派と改憲派の双方の欺瞞を指摘してきました。近著『立憲主義という企て』でも九条問題に多くの記述が割かれています。「立憲主義」とは安倍政権を反面教師に「憲法は権力を縛るもの」という説明が一般的にも広がりましたが、いま立憲主義をあらためて世に問うた狙いはなんでしょう。

日本の市民や政治家だけでなく、知識人のあいだでも、立憲主義の真っ当な理解は浸透していません。

立憲主義の基礎には「法の支配」の理念があります。自由な論争を認めた民主社会では、何が「正しい法」なのかをめぐって熾烈《しれつ》な争いがある。自分が不当と考える政治的決定でも、新たな競争ラウンドで覆せるまでは、自分たちの社会の公共的決定として尊重するという態度をとらなければならない。反対者をも拘束するその規範の基礎となるのが、先ほど（第一節）説明した、「正当性」とは区別される「正統性 legitimacy」です。

対立競合する勢力に等しく課される公正な政治的競争のルールが「正統性」を保障します。それを要請するものが「法の支配」です。立憲主義とは、この「法の支配」の理念を成文憲法の中に具現化して統治権力を統制するものです。

先ほど「正義の諸構想」と「正義概念」の区別に触れましたが、政治的諸勢力は、異なった正義構想に依拠する政策を追求して対抗します。こうした諸勢力を等しく律する公正な政治的競争のルールの理念的指針となるのは、まさに、対立競合する正義の諸構想に貫通する共通の制約原理である「正義概念」です。法の支配を憲法に具現させる立憲主義は、この正義概念に照らして理解されなければなりません。

ところが、右も左もそれを分かっていない。憲法を、自分たちの正義構想に合致した政策や法律を政敵に押しつけるための道具としか考えていない。護憲派も改憲派も、自らの政治的立場を合理化する装置として憲法を歪曲・濫用し、立憲主義を蹂躙しています。それが顕著に現れているのが、九条問題です。

——井上さんは、立憲主義への裏切りという点では、護憲派の罪の方が重いと主張していますね。

私自身の安全保障政策についての政治的立場は、専守防衛、個別的自衛権に限って自衛を認めるというものです。国連の集団安全保障体制には参加しても、米国の勝手な軍事行動に無制限に巻き込まれる危険性が高い集団的自衛権は認めない。つまり、護憲派の多くの立場と変わりません。

私が護憲派を批判するのは、彼らが自己の政治的立場を実現する手段として憲法を改竄・骨抜きして、憲法を政争の具に変質させ、権力抗争を公正な政治的競争のルールに従って行うことを要求する立憲主義を蹂躙しているからです。

護憲派の九条解釈には二つの立場があります。専守防衛・個別的自衛権の枠内、これを「専守枠内」と略称することにしますが、この枠内なら自衛隊を合憲とみなす立場で、私が「修正主義的護憲派」と呼ぶ人たち。それと、自衛隊と日米安保に基づく駐留米軍は九条が禁じた戦力にほかならず、存在自体が違憲だとする「原理主義的護憲派」です。

歴代保守政権と内閣法制局は、自衛隊は「戦力」ではなく専守防衛のための「最低限度の実力」であり、他国からの武力攻撃に対する防衛行動は「交戦権の行使」ではないと解釈してきました。修正主義的護憲派はこれを追認している。しかし、これ自体が、朝鮮戦争を機に高まった日本の再軍備化への政治的圧力に駆られて行った、あからさまな解釈改憲です。

いまや自衛隊は、世界五指に入る五兆円超の年間予算と最新鋭のイージス艦や戦闘機を備え、国際的評価機関によっても、非核保有国で韓国軍と並び最強とランク付けされる武装組織です。これを戦力でないと言い張るのは、詭弁以外の何物でもない。憲法解釈という点では、原理主義的護憲派が正しいのは明らかです。

修正主義的護憲派は、専守枠内という自分たちの政治的立場に従った解釈改憲を是認している点で、すでに憲法九条だけでなく九十六条の憲法改正規定をも侵犯しており、立憲主義を蹂躙しています。さらに、自分たちが解釈改憲に惑溺《わくでき》しながら、集団的自衛権行使を解禁した安倍政権の解釈改憲だけを違憲と批判しています。

これはあからさまなダブルスタンダードで、公正な政治的競争のルールに反し、二重の意味で立憲主義を蹂躙しています。

自爆的な護憲派の新たな理論武装

——九条を字義どおり解釈すれば非武装中立を求めているとしか読めませんが、この条文は実定法一般のような明瞭な指示内容を持っておらず、それを決めるのは安定性と継続性ある「有権解釈」なのだ、という論もあります。長谷部恭男・早大教授は「個別的自衛権は合憲だが集団的自衛権行使は違憲」というのが戦後一貫した有権解釈だったと指摘しています。

政府権力を憲法によって統制するのが立憲主義の要請なのに、その憲法の意味を、政府解釈に基づいた「有権解釈」に委ねるのは、立憲主義の自殺ではないですか。

そもそも、政府やその助言機関に過ぎない内閣法制局は憲法を「有権解釈」する権限なんて憲法によって与えられていません。有権解釈できる国家機関があるとしたら最高裁判所だけですが、最高裁の判例でさえ先例拘束性を持たず覆すことができます。しかも、最高裁はこれまで統治行為論などを使って自衛隊・安保の違憲判断を回避してきたのであって、集団的自衛権行使を合憲とはっきり判断しなかったのと同様、専守枠内なら自衛隊・安保は合憲という判断も示したわけではありません。

さらに、九条解釈に関して、憲法学者や法律家の中に専守枠内なら合憲というコンセンサスがあるかといえば、そんなものもありません。

しかも、過去の有権解釈に従えという主張は、諸刃の剣です。解釈改憲の違憲状態だろうと、しばらく続いて安定すればOKだということになる。安保法制支持者たちが「従来の政府解釈も一定期間継承されただけであり、集団的自衛権行使容認も今後継承され安定性を持てば、確立した政府解釈となる」と主張したら、反論できない。

――合憲論の憲法学者からは、自衛隊はポジティヴリストで運用される準警察組織だから軍隊ではない、つまり戦力にあたらないという説明もあります。

それも法律上はまったくの嘘です。自衛隊は自衛隊法七十六条により防衛出動命令を受けると、八十八条によりネガティヴリストで武力行使することになっています。八十八条一項は「出動を命じられた自衛隊は、わが国を防衛するため、必要な武力を行使することができる」と定めて、防衛のための武力行使を自衛隊に一般的に授権し、そして同条二項には、その際は国際法を遵守する、と明記してある。これは通常の軍隊同様、ネガティヴリストで運用されるということです。

警察同様のポジティヴリスト方式で自衛官の武器使用の条件を明示的に限定しているのは、治安出動の場合です。国内の治安維持のための出動は警察力の補完ですから、これは当然です。自衛隊はポジティヴリストで規制されているから準警察組織だなどという主張は、防衛出動と治安出動を混同した、あるいは意図的にその区別を隠蔽《いんぺい》した、誤った説です。

――九条の解釈については井上さんと同じ、つまり原理主義的護憲派と同じで、自衛のためでも武力行使を禁止しているという解釈を採りながらも、九条の例外を定めた他の憲法条文によって、やむを得ない自衛のための措置は許容されるという説を唱える学者もいます。政府も、例外的な必要最小限の武力行使の根拠として、十三条の幸福追求権や前文の平和的生存権を挙げてきました。

　私が「十三条代用論」と呼ぶ、憲法学者の木村草太《きむらそうた》氏のような修正主義的護憲派の新たな潮流ですね。この論の横暴性については、ここであらためて強く警告しておきたい。

　この立場は、自衛隊の存在が専守枠内でも九条二項が禁じる戦力の保有・行使にあたることを認めながら、「生命、自由及び幸福追求に対する国民の権利」を定めた憲法十三条が、その禁止を専守枠内で例外的に解除しているという。

　戦力という最も危険な国家暴力に対する九条二項の明示的な禁止を、それについてなんら言及していない人権規定に勝手に読み込んで解除するなんて、法解釈の枠を越えた暴論であり、立憲主義の公然たる破壊行為です。言論暴力ともいうべきこんな暴論で、憲法九条が禁止している戦力を解禁するのは、憲法学者による「無血限定クーデタ」の試みと言ってもいい。十三条の人権規定で九条が禁止する戦力が解禁されるというなら、専守枠内どころか安倍政権の集団的自衛権行使だって容認されてしまう。

　実際、安保法制の一環として改正された自衛隊法七十六条は、一項二号で「国民の生命、自由、及び幸福追求の権利」という憲法十三条の文言をコピーして集団的自衛権行使を解禁しています。木村氏は、十三条で戦力を解禁するという暴論を振り回しながら、専守枠内に限ると主張し、同じ暴論で集団的自衛権行使も解禁する安倍政権を批判しているわけです。これは、下品な比喩ですが「目糞《めくそ》、鼻屎《はなくそ》を笑う」式の屁理屈です。堤防の一部を破壊して堤防決壊リスクを高めている輩が、破壊箇所を拡大している連中を「危ないじゃないか」と批判しているようなものです。

しかし、さらなる問題は、護憲派にとって「十三条代用論」は自爆的だということです。

この論を用いれば、専守枠内なら九条が禁止した戦力の保有・行使が解禁されますから、従来の修正主義的護憲派が最後の一線としていた「自衛隊は戦力ではない、フルスペックの軍隊になることは絶対に認められない」という封印すらも破っていることになる。九条二項を温存して、自衛隊を明記する安倍改憲案について、安倍首相ですら「これは自衛隊をフルスペックの軍隊にしない趣旨だ」と言っていますから、「十三条代用論」は、安倍政権よりひどい解釈改憲をやっていることになる。本来なら「護憲派」こそが「行き過ぎだ」と批判すべきでしょうが、護憲派の大勢はこれを叩くどころか黙認し、さらには新手の理論武装を提供してくれるものと歓迎してます。

護憲派にとっても自爆的なこんな暴説を厳しく叩くどころか新入りのお仲間扱いしているのは、憲法九条を変えないという結論さえ維持するなら、九条を完全に死文化させる理論でもお構いなしという護憲派の姿勢を示しています。護憲派が実は憲法破壊勢力に過ぎないことが、歴然と暴露されている。

立憲主義をまもるには九条改正が必要

――憲法学界では自衛隊違憲論がかつては主流で、なお多数説と言えますね。

護憲派の中でも原理主義的護憲派が多数派だと思いますが、こちらの欺瞞は修正主義的護憲派よりもなおひどい。彼らは憲法解釈においては原理主義的ですが、政治的にはご都合主義です。

九条をまもれ、と言うなら、彼らの解釈は非武装中立なのだから、自衛隊廃止や安保破棄を主張しなければならない。しかし、一九六〇年安保闘争終焉後は、原理主義的護憲派も、専守防衛・個別的自衛権の枠内で自衛隊を政治的には容認する立場に変質しました。いや、容認しているだけではなく、ちゃっかりその便益を享受している。違憲だけど政治的にはOKと言う自分たちの立場を「隠された本音」として持つだけでなく、このことを明言している論客もいます。

専守枠内の自衛隊・安保を受容しながら、憲法九条を固守して「違憲だ、違憲だ」と言い続けることが、自衛隊の肥大を止め専守枠内で維持するのに有効なのだという政治的戦略論が彼らの立場ですが、九条がもはや自衛隊・安保の肥大化抑止機能を持っていないことはすでに触れました。そもそも、南スーダンに自衛隊を派遣したのも、ジブチに自衛隊の常駐基地を設立したのも、護憲派が支持した民主党政権ですよ。

原理主義的護憲派は、自分たちの欺瞞を糊塗するために、理想と現実の矛盾に問題はない、現実と反しているからこそ理想としての意味を持つのだ、などと主張しているが、これも欺瞞に欺瞞を上塗りするものです。

原理主義的護憲派の立場に立つ共産党の志位和夫委員長は、「国民の圧倒的多数が、自衛隊がなくても大丈夫と思う日が来るまで自衛隊を保持する」と明言している。日本人に多少なりとも現実感覚があるなら、一握りの人たちを別として、圧倒的多数が「自衛隊はなくても大丈夫」と思う日は、少なくとも、予想し得る将来には来ないでしょう。

来るかどうか分からない、来るとしてもいつ来るか分からない日が来るまで、締切なしに、すなわち無期限に自衛隊を容認するということは、いつまでも自衛隊を容認するというのと変わらない。彼らは「護憲派」を称しているけれど、実際には自衛隊に永遠に違憲の烙印《らくいん》を押し続けることで、違憲状態を固定化しようとしている。これは憲法の規範性に対する最大の侮辱《ぶじょく》で、立憲主義を掘り崩すものです。

自衛隊・安保を廃止して非武装中立を求める「一握りの人たち」はいるでしょうが、彼らの姿勢も欺瞞的です。非武装中立というのは「絶対平和主義」ですが、これは不正な侵略を容認する立場ではありません。侵略されたら逃げよう、白旗振って降参しようというのは、侵略のインセンティヴを高めるもので、絶対平和主義にとって自壊的です。絶対平和主義は、武力侵略に対しては非暴力抵抗で断固闘う立場です。

「一握りの人たち」が、殺されても殺し返さない、そういう峻厳《しゅんげん》な非暴力抵抗の自己犠牲を背負う覚悟を、本当に持っているかは疑問です。彼らの多くは口先では非暴力抵抗を主張しても、本音では「理想に反した現実」たる自衛隊・安保に寄生している。

もちろん、本当に誠実な非暴力抵抗論者もいるでしょう。しかし、この立場の原理的な問題は、それが求める「殺されても殺し返さない」という峻厳な自己犠牲が、通常人を超えた聖人の道徳で、倫理学では「義務以上の奉仕（supererogation）」と呼ばれるものだということです。

これは、自ら自発的に引き受けるなら称賛されるものの、引き受けなくても不正と非難されない奉仕です。非暴力抵抗論者は、自らこの自己犠牲を引き受けるのはよいとしても、武力侵略に対しては武力をもって闘い自分の家族と同胞を守るという人たちに対して、それを禁じることはできないということです。

一切の戦力の保有・行使を明示的に禁じる憲法九条は、首尾一貫したかたちで理解しようとするなら、絶対平和主義の思想に依拠していると言うしかありません。しかし、これは「義務以上の奉仕」を義務づけるものであって、倫理的には正当化できません。

戦力を統制する国内法の欠如は無責任

――「自衛隊は戦力でも軍隊でもない」という九条が求める嘘が、既成事実の進行のスピードを多少なりとも抑えてきた面はありませんか。

「嘘でも嘘なりに効用があり、自衛隊の拡大を抑えてきた」というのは、ごまかしにすぎません。しかもこの抑制力はもはや機能していない。何度も言いますが、現実の問題として、自衛隊はいまや予算的にも実力的にも世界有数の武装組織です。

しかも、いまの日米安保体制の下では、日本が個別的自衛権にとどまるとしても、米国が勝手に始めた戦争に日本は幇助犯《ほうじょ》として加担させられるのです。ベトナム戦争やイラク戦争などの米軍の侵略・武力干渉に日本は後方支援や兵站提供というかたちで協力しましたが、これにより国際法上は日本は米軍と一体化しているとみなされ、交戦法規により中立国に認められている保護を剥奪されます。

後方支援・兵站提供は「非軍事的協力」だとか、「戦力と一体化してない」とかという政府の理屈は国内向けの嘘で、国際法上は通用しません。ベトナム戦争のとき、仮にホー・チ・ミンが現在の北朝鮮のように日本に届くミサイルを持っていたとしたら、これで在日米軍基地を攻撃したとしても、国際法上は北ベトナムの正当な自衛権行使です。

「九条が戦力を縛ってきた」なんて嘘です。それだけではない。法理論的にはもっと重要な問題があります。

戦力は、国家権力の中で最も危険な暴力装置です。でも九条があるがゆえに、日本に戦力は存在していないという建前になっている。だから、たとえば戦力行使に対する文民統制や国会の事前承認、軍事司法システムといった最小限の「戦力統制規範」、つまり武装組織の編成や行使の手続きと方法を限定し戦力の濫用を抑えるための規定ですが、これすら憲法に定めることができない。法の支配、立憲主義の統制に最も服せしめなければならない危険な戦力が野放しになっているのです。

――「自衛隊は使えない軍隊」とよく言われてきましたが、この意味は世間で誤解されていますね。

日本には、他国との武力衝突が生じた際に民間人を誤って殺傷した場合などを想定した国際交戦法規に従って自衛隊の武力行使を統制する国内法が、欠損しています。

海外に自衛隊を送り、多国籍軍や国連ＰＫＯの一員に組み込まれて現地政府により治外法権を付与されながら、あるいは日米地位協定で日本が受忍している米軍の治外法権以上に広範な治外法権を自衛隊に与える地位協定をジブチ政府と結んでおきながら、軍事過失を犯した際にそれを裁く法システムを持っていない。憲法九条により「交戦」しない建前になっているがゆえに、交戦行動を律する軍事刑法と軍事司法システムを整備することができないからです。

それにもかかわらず、先ほど言ったように、自衛隊法は防衛出動した自衛隊が防衛のため武力行使することを認めている。

自衛隊が「使えない」のは、法的統制でがんじがらめに縛られているからではなく、逆に、武力行使できるにもかかわらず、国際法に従って自衛隊の武力行使を統制する国内法システムがないから、危なっかしくて使うことができないという意味です。

でも、「危ないから使わないことにしている軍隊」も、使わざるを得ない危機的状況が発生することはあります。二〇一八年末の韓国駆逐艦による自衛隊哨戒機《しょうかい》へのレーダー照射事件や、二〇一九年の竹島へのロシア機の「領空侵犯」騒ぎのように、昨今の日本近海の国際軍事情勢を見ても、武力衝突が偶発的事故によって起きる可能性はいつでもある。

世界有数の軍事力を持ちながら、それを国際法にしたがって統制する国内法システムがないというのは、国際社会に対して無責任以外の何物でもありません。これは、いますぐに解消しなければならない問題です。

立憲的改憲こそ現実的

――国際法で戦力あるいは交戦団体と扱われる武装組織を海外に送っておきながら、あくまで「戦力ではない」と説明し続けている。しかし、九条二項で「保持しない」と宣言している「陸海空軍」の英訳はland, sea, and air forcesで、「自衛隊」はSelf-

defense forces。対外的には軍、戦力を持っていると認めているわけで、すでに矛盾しています。

九条があることが日本の国際的信用を保っているというのは、護憲派の願望思考です。実際は逆です。九条二項を掲げながらそれと矛盾する自衛隊・安保を保持して平気な日本人は信用できないというのが、国際社会の真っ当な反応です。この対外的英訳は日本政府が官邸のホームページに掲げている公的なものですから、これを見れば、日本人はおよそ憲法などどうでもよいと考えている国民としか思われない。

二〇一七年夏にポルトガルであった法哲学の国際学会で、中国の女性研究者に言われました。「立派な憲法を持っているのに誰もまもらないなんて、日本は中国と同じですね」。

九条問題は、国内問題だけではないんです。それなのに「軍隊ではなく警察だ」「戦力ではなく実力だ」「戦闘ではなく武力衝突だ」などと、国内だけでしか通用しない「言霊《ことだま》」を飛び交わして事実を歪曲している。現実を見ようとせず、言葉の嘘で実態を取り繕えると本気で思っている。

――井上さんの持論は「九条削除」ですが、次善策としては「立憲的改憲」あるいは「護憲的改憲」でもよいと主張しています。つまり、九条二項を改正して専守防衛に限った戦力をきちんと認知したうえで、それを統制する規定も憲法に盛り込むというものですね。

九条削除論は色々と誤解されて評判が悪いですが、私の考えは、安全保障政策と戦力統制規範を峻別し、安全保障政策は憲法で固定化するのではなく民主的討議の場で争われるべきで、憲法が定めるべきものは戦力統制規範だ、というものです。

武装中立か非武装中立か、個別的自衛権か集団的自衛権か、国連の集団安全保障への参加は認めるのか……こうした問題に対する国の基本方針が安全保障政策であり、これは民主的立法プロセスの中で、国際情勢を踏まえた実質的な政策論議をしなければならない。対抗し合う政治的諸勢力にとって、それぞれの主張が通ることも通らないこともある。でも、民主的ルールによる政治的競争で議論して決めた結果なら、負けても受け入れ、また再挑戦するというのがフェアなやり方です。

それなのに、現状では、安全保障政策についての議論が、憲法解釈をめぐる神学論争にすり替わってしまっている。自分が正しいと考える政策を容易に変えられない憲法に紛れ込ませたり、好都合な解釈で固定化したりするのは、アンフェアです。

それはそれとして、どのような安全保障政策を採るにしても、先ほど説明したような戦力統制規範は、絶対に憲法に明確に書き込まなければならない。文民統制や国会事前承認、軍事司法制度といった最小限のものだけでなく、外国基地を設置する際の住民投票や、良心的兵役拒否権を含んだ完全に公平な徴兵制も、民主的な戦力統制原理として盛り込むべきだと私は提唱しています。

でもこのラディカルな案がすぐに国民に受け入れられるとは思わない。それならば、多くの国民が受け入れてきた専守防衛の自衛隊のあり方にも合致する、最低限の戦力統制を明記した護憲的改憲案こそが、立憲主義を回復する現実的で筋の通った案として真剣に検討するに値します。

最近では、政界でも護憲的改憲案が山尾志桜里衆院議員によって「立憲的改憲」案の名で提唱されている。その文案は、九条の後に、九条の二というような枝番《えだばん》条文を付加して、現行九条二項の規範的意味を改正するという形式をとっているため、表面的には九条二項を温存する安倍改憲案と似ていると思われるかもしれませんが、それは誤解です。

立憲的改憲案ははっきり、専守枠内で戦力の保有・行使を認めると定めているので、自衛隊が戦力であることを明示しない安倍改憲案とは異なり、これは九条二項明文改正案です。

専守枠を明示して戦力の保有行使を認める護憲的・立憲的改憲案は、護憲派の政治的立場に沿うはずにもかかわらず、護憲派は、安倍改憲案に対する以上の敵意を持ってこれを攻撃しています。

護憲派の中には憲法九条を「猛獣を閉じ込める檻《おり》」と呼ぶ者もいるが、先ほど言ったように、九条があるために、戦力統制規範という戦力を閉じ込める「檻」が憲法にはない。他方で、修正主義的護憲派は、自衛隊は戦力ではない、つまり「我々が飼っているのはライオンではなく、人を噛まない優しい猫なんですよ」という嘘を言い続け、憲法に「檻」を設置する必要はないと言いふらしている。

彼らは、戦力という危険な猛獣が野放しになっている日本の現実を隠蔽する言霊を飛びめぐらせているばかりか、この現実を指摘して猛獣をしっかりと「檻」に入れることを主張する立憲的改憲案を潰そうとしている。

護憲派は安倍改憲の「共犯者」

——言霊といえば、直近の国政選挙の二〇一九年夏の参院選でも「改憲勢力」という言葉が飛び交いました。何条をどう変えるのかの前提もなく改憲全般に前向きか後ろ向きかなどと認定できるはずもなく、まったく無意味なレッテル貼りだと思います。これまでもリベラル系メディアは選挙前に幽霊のような改憲の危機を煽り、選挙後には一転して「改憲の条件は整っていない」などと冷静な報道をするということを繰り返してきました。立憲的・護憲的改憲案に対しても、護憲勢力に分断をもたらし安倍改憲を後押しするものだ、という根強い批判がありますね。

護憲派は、まるで九条をいじったら魑《ち》魅《み》魍魎《もうりょう》が飛び出し戦前の軍国主義に戻るかのようなイメージを流布している。いくら死文化しようとも九条を残すことで我々が悪魔化することを抑えられるのだ、と。つまり、国民を信じていないんです。

あるいは、自分たちエリートは大丈夫でも、多くの国民はポピュリストの政治家に煽動されてしまう、だから国民投票も危険なんだ、という愚民観を抱いているとしか思えない。

でも、そう考えている彼ら自身も国民の一部です。自分たちが危険な戦力を持っていることを自覚し、民主的主体としてそれを統制していく責任があるという意識を持てない、そんな能力は自分たちにはありませんと言うなら、もはや民主主義は要らないということになってしまう。

最近では、護憲派の中からも、「護憲的・立憲的改憲はいいけれども、安倍政権下での改憲を封じるのがまず優先だ」という主張も出てきていますが、これもまた、民主主義を愚弄《ぐろう》する暴論です。

安倍政権下ではダメだと言いながら、自分たちが政権を取った暁《あかつき》には正しいと思う改憲をやるというなら、安倍改憲案を批判し安倍政権打倒を掲げて政権奪取しようとしているいまこの時点で、政権奪取する前に、自分たちがベターだと考える改憲案を提示し国民の信を問わなければ、だまし討ちになります。

それに、現に防衛のための武力行使を認められ、国際法上も戦力として扱われている自衛隊を憲法的・法的に統制できていない危ない状況を、いつになるか分からない政権奪取の日まで放置しておいていいというのは国際社会に対しても無責任きわまりないではないか、という指摘にも答えていない。

——井上さんの指摘は憲法論としては分かりますが、現実に護憲的・立憲的改憲を実現するためには、憲法審査会で原案を過半数で通し、本会議で全議員の三分の二の賛成を得なければ発議できません。きわめて高いハードルです。政治戦略として、まずは安倍改憲案の阻止が先だろうという声に対しては、どう反論しますか。

私は、政治戦略としても、それは誤りであるどころか、倒錯していると思います。

安倍改憲案は、戦力の保有を禁じた九条二項を残したまま、自衛隊の存在を明記するというものです。つまり「自衛隊は戦力ではない」という解釈改憲の嘘を憲法そのものに書き込むという、論理的に憲法を自殺させる最悪の改憲案です。

安倍政権は政局眺めをしながら改憲の機を窺っている。改憲プロセスの発動はあるかないかではなく、いつかという時間の問題でしょう。「なんであれ改憲反対」を叫んでいれば、憲法を永久凍結できると思う方が非現実的です。

それにもかかわらず、護憲派は、憲法を自殺させる安倍改憲案に代わるまともな立憲的・護憲的改憲案を潰すことに躍起になっている。そうすることで、護憲派は改憲の選択肢が現実的に安倍改憲案しか国民に提示されていない状況を作り出し、結果的に、安倍改憲の援軍になってしまっています。

さらに、護憲派は単に意図せざる結果として安倍政権に塩を送っているというだけでありません。

この安倍改憲案は、憲法を論理的自殺に追い込もうとも、九条を温存してくれる点で、護憲派にとっては、九条二項を改正し専守枠内で戦力の保有・行使をはっきり認める立憲的改憲案よりも、自分たちの欺瞞を維持する余地を残すから、本音でも望ましいのです。その意味で、護憲派は安倍改憲の意図的な共犯者でもあります。

自民党サイドから見ても、事態は同じです。九条二項を残したまま自衛隊を明記する安倍改憲案は、護憲派寄りの連立パートナー公明党への配慮による妥協の産物です。自民党の中にも、いい加減な安倍改憲案に不満を持つ政治家はたくさんいる。はっきりと批判した石破茂議員は氷山の一角です。彼らの多くは本音では反対だけど、安倍政権執行部が公明党・護憲派勢力を懐柔するための政治的妥協だと言っているから、仕方なく追従しているというのが実態です。

強調しておきたいのは、安倍改憲案は国民投票で可決されれば日本の立憲主義にとって地獄ですが、否決されても地獄だということ。

憲法を論理的に自殺させる安倍改憲案が可決されたら地獄だというのは、明らかでしょう。否決されても地獄だというのはどういう意味か、説明します。

安倍改憲案が国民投票で否決されるということは、九条二項と自衛隊は両立不可能であるという審判を国民が下したということです。投票した国民個々人の意思がどうであろうとも、法的帰結は、そう理解せざるを得ない。それなら、立憲主義を貫徹するためには、改憲プロセスを再起動させて自衛隊を戦力として明示的に承認する九条二項明文改正をするか、自衛隊を廃止ないし武装解除して純然たる災害レスキュー部隊にするか、いずれかを選ばなければならないはずです。

でも、改憲派も護憲派も、その帰結を真摯に受け入れる気はない。安倍政権は、否決されてもいまと何も変わらない、安保法制の現状（status quo）が維持されるだけだ、と主張している。他方、護憲派も、否決されたら、安保法制前の原状（status quo ante）、つまり専守枠内で自衛隊・安保が存在する状態に戻ることを意味するだけだとみなし、自衛隊の存在自体が九条二項と両立不可能だという国民投票の審判を無視するはずです。

要するに、安倍改憲案が発議されれば、可決されても否決されても、立憲主義は破壊されるのです。それなのに護憲派は安倍改憲案に代わるまともな立憲的改憲案潰しをやっている。護憲派がいまや憲法破壊勢力に過ぎないという私の主張の、もう一つの意味がここにあります。

――井上さんの護憲派批判はもうお腹いっぱいではありますが（笑）、最後に、リベラリストの立場からリベラル勢力に一言だけお願いします。

真のリベラル勢力はいまの日本に存在しないと私は考えているので、「自称リベラル派」と言う言葉を使います。

森友問題をめぐる財務省の決済文書改竄や、働き方改革法案での労働実態データの歪曲など、「虚偽が真理を駆逐する」病理が蔓延しています。これは、戦前の大本営発表の嘘や、さんざん述べてきた解釈改憲の欺瞞にも通底している。運動論やイデオロギーへの奉仕を優先し、政治的ご都合主義で憲法を歪曲してきたのは、右派だけではなく自称リベラル派も同様です。

知的誠実性は学問の生命ですが、自己矛盾やダブルスタンダードに開き直らず、事実の隠蔽歪曲をしないという姿勢は、立場を異にする人たちが自由闊達に相互批判的な論争を行う民主社会における、基礎的な作法でもあります。

護憲派知識人や朝日新聞に対して厳しい批判をしてきましたが、彼らにこそ、日本を本当の立憲民主国家にする企てのパートナーになってほしい。そう切に望みます。

〈いのうえ・たつお〉一九五四年、大阪市生まれ。東京大学名誉教授。著書に『共生の作法――会話としての正義』（サントリー学芸賞）、『法という企て』（和辻哲郎文化賞）、『世界正義論』、『リベラルのことは嫌いでも、リベラリズムは嫌いにならないでください』、『立憲主義という企て』など。二〇〇九～一三年、日本法哲学会理事長。

interview with 原 武史

「天皇」という幻想

二〇一九年五月十・十一日

たった一人の老人の引退劇が、過去を洪水のように押し流し、人々に時代の転換を強烈に印象づけるとともに、過去をよりいっそう心に刻みつける――この奇妙な磁場と時間軸を抱えた空間は、いったいどのようにしてできあがったのか。

「平成最後」との合言葉が乱舞し、天皇への感謝親愛と新時代への「期待」の声が吹き荒れたこの一カ月。喧噪から遠く引いた視点で、「象徴」と「国民」の政治的関係性を読み解いてきたのが原武史・放送大教授だ。三年前（二〇一六年八月）の「おことば」表明から退位特例法成立、そして代替わりに至る一連の流れに異を唱え続けてきた数少ない専門家でもある。

このところメディアに引っ張りだこだが、その発言は大方マイルドに編集されている。あらためて、この国最大の禁忌《きんき》である天皇というシステムの今後の姿について、タブーを超えて語ってもらった。

なお、原教授は天皇について語る際、敬称や敬語を一切用いない。客観的、学術的に対象を扱うためだ。敬語使用と批判、批評は両立が難しいものであり、こうした姿勢は本来ジャーナリズムにも求められていた。だが敗戦後の一九四七年、主要メディアは宮内府（当時）と「普通のことばの範囲内で最上級の敬語を使う」という方針（たとえば「玉体《ぎょくたい》」は「おからだ」、「宸襟《しんきん》」は「お考え」に変える）で合意。この考えは国語審議会にも受け継がれた。

第一節　平成流の新たな「国体」

「奉祝」ムード一色、きわめて異様

――昭和が終わる際には不健全な「自粛」が世を覆う一方で、天皇の戦争責任や政教分離など直球の議論も盛り上がり、自粛に抗う催しも各地で開かれました。今回は逝去が伴わない改元ということもあってか、祝賀を強いるような「右ならえ」の空気をより濃厚に感じます。

まさに「奉祝《ほうしゅく》」ムード一色で、きわめて異様だと思います。言論が閉塞していますね。「おことば」に批判的なことを言ってきた僕が日本のメディアで長いコメントを求められるのは、ほとんどネットメディア。そういうところでしかタブーをぶつけることができなくなっている。むしろ海外メディアの方が客観的で、こちらの意図を汲んで本質的なことをきちんと質問し、報じています。

一番の問題は、このお祝いムードと新上皇への「ありがとう陛下」という感情の渦の中で、「おことば」によって顕わになった天皇制の問題と今後のあり方を、国民がまったく議論しようとしていないことです。言うまでもなく、憲法第一条に明記されているように、象徴とされている天皇の地位は、主権者である国民が論じて決めていくべきものです。

――「おことば」から退位までの経緯は、日本国憲法で規定された象徴天皇制の矩《のり》を超えた疑いがありますが、国民の圧倒的支持でかき消された感があります。

「おことば」は象徴天皇制が抱える様々な問題を噴出させたし、その内容も大きな問題を抱えたものでした。

現憲法下で、天皇は国政に関する権能を有しません。にもかかわらず、二〇一六年のあの「おことば」は、事前に「八月八日の午後三時から」と放送日時を指定したうえで、天皇自らがビデオメッセージで十一分にもわたって、政府や国会を通さずに国民にダイレクトに語りかけました。そこから急に政

府が動き出し、国会が議論を始め、特例法が成立した。結果として法の上に天皇が立ち、露骨に国政を動かしたのです。戦後、このように天皇が意思を公に表し、それを受けて法律が作られたり改正されたりしたことはありません。

さらに言えば、明治憲法下で「大権」を持っていた明治天皇や大正天皇、戦前の昭和天皇のときも、こんなことはありませんでした。もはや権威どころか、はっきりと「権力を持っている」と認めなければならない事態です。

にもかかわらず、この「おことば」に対する世の反応は、「厳粛な気持ちになった」とか「陛下の決断を温かく見守ろう」という受け止めが大半でした。天皇が持つ政治性や権力について突き詰めて考えようという姿勢があまりに欠けていました。結果、「一代限りの例外」ということで問題を先送りし、主権者として吟味すべき本質に触れぬまま、代替わりを迎えた。そしてそのことへの反省すらない状況です。

しかも、特例法の第一条には「おことば」への言及はなく、あたかも国民が高齢の天皇の気持ちを理解し気遣って立法したかのように構成されている。憲法との整合性を考慮して、あたかも「民意」が反映しているかのように取り繕っている。でも、これはあきらかにまやかしです。

「おことば」には、疑義が呈されてしかるべきだった

――明仁《あきひと》上皇は以前から退位の意思を示していたものの政治がその声に応えず、「おことば」はやむを得ず意向をにじませたものとされていますね。天皇の死去で社会や経済が停滞する問題にも触れ、あらためて国民への相互の信頼と敬愛を示したということで、「第二の人間宣言」と評価する人もいます。

それは、政府内にも国民にも「天皇に退位をすすめるのは畏《おそ》れ多い」というタブー意識がいまだに根強く残り、天皇制について自由に意見を言える空気自体がないからです。

あの「おことば」は、一九四六年元日に昭和天皇が「現御神《あきつみかみ》」であることを否定した詔書《しょうしょ》、いわゆる「人間宣言」よりもむしろ、一九四五年八月十五日の「終戦の詔書」つまり「玉音放送」に類比できるものです。

当時の鈴木貫太郎《すずきかんたろう》内閣は終戦に向けて政府をまとめることができず、非常手段として「ご聖断」を仰ぎ、ようやくポツダム宣言受諾に至った。玉音放送が流れるまでは、たとえこの戦争は負けると思っていても、公然と言える空気ではありませんでした。ところが、天皇が肉声で臣民に直接語りかけたあの放送が流れるや、絶大な効果によって、圧倒的多数が敗戦を受け入れました。その流れは、今回の退位をめぐる動きとよく似ています。

終戦の詔書には「常ニ爾臣民《なんじ》ト共ニ在リ」「爾臣民其《そ》レ克《よ》ク朕カ意ヲ体《たい》セヨ」との言葉がありましたが、「おことば」にも「これからも皇室がどのような時にも国民と共にあり」「国民の理解を得られることを、切に願っています」という、よく似た言い回しがあります。

上皇明仁が玉音放送を意識していたことは明らかだと思います。でも、それが天皇の持つ強大な権力が端的に現れたものだということを、どこまで自覚していたでしょうか。

「おことば」に対しては憲法学者や政治学者たちからもっと疑義が呈されてしかるべきですが、一部の左派以外に問題提起する人がほとんどいない。それどころか「天皇が個人、当事者として発言することは憲法上許容される」という趣旨の発言をした学者もいました。驚きです。

――「おことば」の内容で重要な点はもう一つ、「象徴としての務め」の内容に具体的に触れている点です。これについても原さんは、憲法に規定された国民主権の原則との矛盾を指摘していますね。

憲法は「象徴」の定義についてなんら触れていません。一方、第四条は、天皇は憲法が定める国事行為のみを行うと定めている。実際にはそれ以外に様々な「公務」を行っており、この公務の位置づけをどうするかについては、永らく議論されてきました。

ところが、天皇明仁は「おことば」の中で、「象徴としてのお務め」について自ら定義づけを行い、「国民の安寧と幸せを祈ること」と「時として人々の傍らに立ち、その声に耳を傾け、思いに寄り添うこと」を、二本柱として位置づけました。

これはそれぞれ、宮中祭祀《さいし》と行幸《ぎょうこう》[☆1]を指しています。ご存じのとおり、上皇明仁と上皇后美智子は天皇皇后時代、いや皇太子と皇太子妃時代から、この二つにまさに「全身全霊をもって」取り組んできました。

特にこの行幸啓《けい》は、昭和天皇がほぼ手をつけなかった被災地訪問と慰霊《いれい》の旅を通じて国民に寄り添う姿勢を印象づけ、天皇制の新たなスタイルを確立しました。全国津々浦々をくまなく歩き、避難所に作業着姿で分け入って自らひざまずき、目線を下げ、被災者一人ひとりの顔を見てじっくりと言葉をかける。これが「平成流」と呼ばれるもので、明治大正昭和にはあり得なかったものです。

かつての行幸は、イデオロギー教育を施したうえで、多くの人々を動員して君が代斉唱や万歳や分列行進などをさせるものでした。天皇は抽象的なマスとしての臣民あるいは国民にのみ対し、具体的な一人ひとりの顔を見ていません。しかし平成の天皇皇后は、個々の国民との関係性を作ろうと努力してきたように見えます。このスタイルは、カトリック的な教育の背景を持つ上皇后美智子が皇太子妃時代から方向性をかたちづくってきたものだと僕は見ています。

ただ、そこに本当の意味での「交流」はない。声をかけるのは常に天皇の側からであり、国民が天皇に向かって意見を表明することはあり得ません。そのこと自体、象徴の地位を「主権の存する日本国民の総意に基く」と規定した憲法第一条と矛盾しています。その矛盾が、天皇が象徴の振る舞いとは何かを自ら定義してしまった「おことば」に表れています。

国民は「平成流」を支持し、天皇の求心力は増大した

――しかも、この新たな行幸啓のスタイルは、また別の意味で、天皇がダイレクトに国民とつながるチャンネルを開いてしまった。

そうです。北は宗谷岬から南は与那国島まで、かつてないほどの数の地方訪問を通じて、戦前とは違うかたちで天皇・皇后が国民一人ひとりと結びついた。行幸啓を記念する石碑が全国各地に建てられ「聖蹟《せいせき》」化し、新たな「国体」が国民の中で内面化されていく。僕は「国体のミクロ化」と呼んでいますが、その意味では、天皇制はより強固になったのです。

そして、これは一朝一夕に成立したものではありません。一九五九年の結婚直後から六十年間にわたって積み上げられてきたものです。

現上皇・上皇后のふたりが災害直後にそろって被災地入りしたのは、平成の幕開け間もない一九九一年の雲仙普賢岳《うんぜんふげんだけ》の大火砕流のときです。被災者が避難する体育館でふたりは二手に分かれてひざまずき、被災者と同じ目の高さで一人ひとりに語りかけた。その姿が繰り返しニュースで流されました。その後、北海道南西沖地震、阪神・淡路大震災、中越地震と大災害のたびに同じ行動が繰り返されます。

右派にとって、こうした姿はあってはならないものでした。天皇は人々が仰ぎ見るべき神格化された存在でなければならない。皇后美智子が存在感を示し、ミッチーブーム以来の天皇を上回る人気を背景

☆1　天皇が外出することを「行幸」という。また、天皇・皇后が共に外出することを「行幸啓」、皇后や皇太后、皇太子、皇太子妃が外出することを「行啓」という。いずれも皇室用語。

に、昭和とは異なるスタイルを築いていったことも、受け入れ難かったでしょう。

江藤淳《えとうじゅん》は阪神・淡路大震災後、「何もひざまずく必要はない。被災者と同じ目線である必要もない」と、その行動を批判しています。また、新聞にも「天皇訪問よりも仮設住宅を早く造ることに政府は全力をあげろ」「被災地に警備の負担をかけ、迷惑」といった声が載っていました。

しかしそうした疑問の声は、東日本大震災を機に一切消えます。

発生から五日後の三月十六日午後四時三十五分、「東北地方太平洋沖地震に関する天皇陛下のおことば」がテレビで放映されました。大地震と津波の被害に続いて原発事故が起こり、人心が激しく動揺するなかで、テレビを通じて直接国民に語りかけ被災者や防災関係者を励ましたそのメッセージは、人々の心に強く響きました。

天皇はこの「おことば」を自ら実践するかのように、その後七週連続で皇后と共に被災地を訪問し続けます。都知事の石原慎太郎《いしはらしんたろう》が「皇太子や秋篠宮《あきしののみや》を名代《みょうだい》にしては」と進言したものの天皇明仁はそれを断り、強い意志で被災地に赴いたと言われています。

実際には皇太子や秋篠宮も被災地を訪れましたし、政治家や宗教者も数多く現地入りしています。にもかかわらず、メディアは天皇皇后が被災者の前でひざまずく姿のみを繰り返し流しました。ふたりの存在感が突出し、「国民に寄り添う」天皇のイメージが強く国民に刻印されたのです。

「陛下がいらっしゃる限りはこの国は大丈夫」といった空気が社会に広がっていく様子は、ある意味で、世俗権力が持たない宗教的な力、天皇の「聖性」が発揮されたとすら感じさせるものでした。

以来、ふたりの行動には右派からの批判も消え、称賛一辺倒になります。国民は「平成流」を支持し、天皇の求心力は増大しました。

皇室の政治的発言への受け止め方が変わった

——平成流の新たな「国体」を創るのに、メディアが大きく貢献したということですね。

上皇明仁本人も宮内庁も、それに自覚的だったと思います。「平成流」の象徴天皇像が国民に浸透しているという確信があった。それは、東日本大震災のときのビデオメッセージのインパクトという「成功体験」があったからです。

この第一の「おことば」が、二〇一六年八月八日の「おことば」につながっている。政府や国会をとびこえて国民にダイレクトに語りかければ、その手法も含めて国民は確実に支持する。そう十分予測したうえでやったと思います。結果そのとおりになって、「民意」が創られたのです。

こうした流れは、秋篠宮の「大嘗祭《だいじょうさい》は皇室の私費で」発言[☆2]にもつながっています。あの宮内庁批判は、明らかに国民を意識し政治的意図を持ったものだと言えます。皇室の政治的発言に対し、国民とメディアの受け止め方が非常に甘くなったのです。

——明仁上皇はむしろ、統治権の総覧者として明治以降に強大化した天皇制を否定し、権力が極小化されていた江戸以前の姿に立ち返ろうとしてきたように見えます。一方で、一面では権威が高まった明治以降のあり方や方法を踏襲しているとも捉えられます。

上皇明仁が天皇の象徴の務めの二大柱に位置づけた宮中祭祀と行幸は、いずれも明治以降になって新

☆2　秋篠宮文仁親王は二〇一八年十一月二十二日の記者会見で、大嘗祭は宗教色が強いので公費を支出するべきではなく、「身の丈にあった儀式」にすることが本来の姿、などと発言した。こうした意見を宮内庁長官らに伝えたが「聞く耳を持たなかった」とも述べた。

たに考案されたり大々的に復活したりしたものです。つまり「創られた伝統」です。

明治天皇は京都から東京に移ると、江戸期には京都とその周辺以外にはほとんど忘れられていると言ってもよい存在だった天皇の威光と新時代の到来を臣民に知らしめるため、北海道から九州まで全国を巡幸します。これは九世紀初めの桓武《かんむ》天皇以来途絶えていた古代・上代の天皇巡幸を復活させたものです。昭和初期には、宮中祭祀も行幸も新聞などで大きく報道されることで、天皇の神格化が強まりました。

敗戦で皇室祭祀令は廃止されたものの宮中祭祀そのものは私的行為としてほぼ残り、行幸も昭和天皇の戦後巡幸として復活します。そして平成になると、天皇と皇后がセットで動く行幸啓が、かつてないほど盛んに行われます。

上皇明仁は退位することを通して天皇の権力が弱かった江戸期以前への回帰を目指しながら、実は明治以降の強大な天皇制の残滓《ざんし》を受け継ぎ、天皇の務めの中核にしたのです。その矛盾に気づいているでしょうか。

第二節　「象徴」と「国民」の未来

「令和」の英訳はbeautiful harmony（美しい調和）なのだという。聖徳太子の憲法十七条冒頭には「和をもって貴《たっと》しとなす　さからうなきを宗《むね》となす」とあるが、この「和」こそ日本人にとって、個の突出を抑え争いの顕在化を鎮める知恵であり続けた。首都東京のど真ん中にはそんな集団主義と同質性の象徴的空間があるが、いまや様々な文化と利害が衝突し分断の亀裂や断層が走る社会で、この禁域が発する磁力はどこまで通用するのだろうか。

大正天皇の方が人間的だった

——右派や保守派は天皇の明確な元首化を求めてい

ますが、新右翼や民族派の一部には、むしろ天皇は政治的権力から遠のき京都に帰って呪術の頂点、国民の守り神たる存在に回帰すべきだとの主張があります。昭和後期の皇太子時代から始まっていた「平成流」は、ある意味で、三島由紀夫が唱えたような文化的な天皇制が実現したものとは言えませんか。

大元帥や統治権の総覧者としての天皇は変則的なもので、平安から江戸期のあり方こそ天皇制の本質という指摘でしょうが、平安から江戸期の天皇は南朝のような例外を除き、ほぼ京都に籠もっていた存在でした。大規模な行幸を繰り返してきたこととは、まったく矛盾します。先ほど述べたように、こうしたあり方は、むしろ平安よりも前の時代への「復古」です。

それと、「第二の人間宣言」の話が出ましたが、「人間」というなら、大正天皇の方がむしろ人間的だったと言えます。

明治天皇は後期になると基本的に軍事行幸しかやらなくなり、一般の臣民の前には姿を表さなくなります。御真影《ごしんえい》に描かれたような畏れ多い「大帝」のイメージが広がっていくわけですが、その代わりに沖縄県を除く全道府県を廻《まわ》ったのが皇太子嘉仁《よしひと》、つまりのちの大正天皇です。

これは明治天皇とはまったくキャラクターが違う。行啓の途中で学習院時代の級友の家を突然訪ねたり蕎麦《そば》屋に立ち寄ったりと、軽妙で、スケジュールも順路も平気で破る。そしてとにかくよく喋る(笑)。「この馬の血統はサラブレッドかアラブレッドか」とか冗談のようなことを次から次に。そのスタイルは天皇になってもなお続きました。

一九一三(大正二)年に皇后と共に伏見《ふしみ》桃山《ももやまの》陵《みささぎ》に参拝に赴いた際に、大阪朝日新聞の記者が天皇と皇后の姿をこっそり撮影して掲載し、問題になったことがありました。内務大臣の原敬《はらたかし》が監督不行き届きをお詫びに行くと、大正天皇は「是《こ》れには内務大臣も困るならん」と一笑に付したといいます(『原敬日記』)。

こうした「大正流」がそのまま続いていたら、

まったく違う天皇像ができていた可能性もあります。もっと軽い、現在の北欧の君主のようなスタイルになっていたかもしれない。でもこれでは、祭り上げようとしている下の者たちからしてみれば、あまりに権威がない。

　大正天皇は明治天皇と同じようなスタイルを強制され、自由を奪われていくうちに、だんだん体調を崩し脳の病気にもなり、最後には幽閉に近いかたちで事実上引退させられます。政府は皇太子裕仁を摂政に立てるため、活動写真などを通してその若くはつらつとしたイメージをアピールし、昭和になると再び明治期のような天皇の権威化、神格化を進めていきます。一九三〇年代から四〇年代にかけては、戦時体制への適合という要請もあり、また「重い」天皇像が復活するわけです。

――「平成流」は明治期や昭和初期の「復古」的天皇像を引きずっているという指摘は分かります。しかし、それに気づいたとしても問題視できない空気がすでに形成されてしまっているのではないでしょうか。被災地を廻るその姿はメディアを通じて誰もが称賛しなければならないものと映るようになり、タブーや息苦しさを強めているようにも思えます。

　先ほどの大正天皇の話はもちろん、園遊会で山下《やました》泰裕《やすひろ》に「柔道は骨が折れますか」と尋ねた晩年の昭和天皇と比べても、ユーモアが消えてしまいましたね。たとえ親しみを持たれてはいても、特に東日本大震災以降の仰がれ方は、やはりそれ以上のものを感じないわけにはいきません。

　古代・上代の行幸は君主の徳を四方八方に及ぼすという王土《おうど》思想に基づくものですが、明治天皇の侍講《じこう》となった元田永孚《もとだながざね》も昭和天皇の侍講の杉浦重剛《すぎうらじゅうごう》も、儒教で普遍的な愛情を意味する「仁」を重視し、帝王学としてそれを天皇に講じます。理想の君主は民に等しく愛情を注ぐべきだとしたのです。

　そういう意味では、戦後に民主主義の教育を受けたはずの上皇明仁こそ、その理想を貫徹した最も儒教的な天皇とも言えます。

　でも、繰り返しますが、それは「人間的」なあり方でしょうか。人間であれば、大正天皇のように自由な行動がなければならない。そして、外出のたびに「神」とされた時代と変わらない過剰なまでの警備と規制が敷かれることも、ないはずです。

リベラルが天皇に期待するのは筋違い

——多くの日本人が天皇に求めているものは「人間的」なものではなく、むしろ聖性を帯びた超越的（場合によれば超越論的）な存在ということですか？

　宗教学者の阿満利麿《あまとしまろ》は「天皇は現人神《あらひとがみ》でなくなっても、日常の延長に非日常的な存在を保っておきたいという現世主義的願望に支えられ、生き神であり続けている」という趣旨のことを述べています。日本人が天皇に対し、人としての親愛の情を超えた非日常的な作用を求めている限り、天皇が「人間」になることは今後もないということでしょう。

——政府は新天皇の即位儀式に際して恩赦《おんしゃ》の実施を検討しています。明治憲法下では天皇の恩恵的行為とされましたが、国民主権となった戦後も昭和天皇の大喪《たいそう》や徳仁天皇の結婚時に実施されています。

　国家的慶弔《けいちょう》という理論的、法的根拠をいくら示しても説明がつかない。皇位継承時に一律の恩赦を実施する意味合いは、結局戦前とまったく変わっていないと思います。背景にあるのは、先ほど述べた儒教的な仁慈という考えで、恩赦はいまだに先帝の遺《い》徳《とく》あるいは新天皇の徳を示すための装置ということです。現行憲法下でこうした慣習が続いていることに、法学者はなぜもっと声を上げないのでしょうか。

——少し別の角度から、天皇が果たしてきた役割を考えたいと思います。明仁上皇と美智子上皇后は日本国憲法を遵守する姿勢を鮮明にし、戦後民主主義と共に歩んできたとの印象が国民に共有されています。いわゆる「リベラル」側の人たちにもふたりへの共感は広がり、安倍政権の横暴を抑制するために、あるいは改憲を阻止するために、その防波堤機能を期待する声すらあります。

　ふたりの行動にはイデオロギーが希薄ですが、発言は寛容性を備えており、リベラルな知識人からもおおむね好感と称賛をもって迎えられています。知識人の中にも、いまの皇室を民主主義の守護者のように思っている人は多い。

しかし、民主主義を機能させるという、本来政治や国民自身が果たすべき役割を天皇や上皇にしか期待できなくなっているとすれば、きわめて危うい状況です。内閣や国会を介さずにその時々の政治のアンチと天皇がつながるのは、昭和初期の青年将校が抱いた超国家主義の理想に近い。「リベラル」が天皇にそうした権力や権威を期待するのは筋違いも甚だしい。

――明治政府は日本に国民国家らしきものを作る際、統合の原理として天皇を持ってきて、近代化に成功したとされています。GHQも敗戦時、安定した占領統治のために天皇を利用しました。それをさらに敷衍《ふえん》し、天皇制こそこの国で民主主義を可能にする条件だったとして積極的に評価する識者もいます。

それは、明治以降の天皇制の歩みを単線的に捉えた不正確な認識だと思います。

近代天皇制を支える正統性はもっと多層的で複雑です。「万世一系」という血のフィクションにしても、南朝と北朝のどちらを正統にするかというやっかいな問題がありましたし、歴代の天皇は大正末期まで確定していませんでした。イデオロギーに見合う実態は、その段階まで未完成だったわけです。

天皇の体調が悪化する大正後期からは、歴代天皇から外された神功《じんぐう》皇后[☆3]に思い入れを持つ貞明《ていめい》皇后（大正天皇妃、昭和天皇の母）の権力も無視できないものになっていきます。天皇の存在が常に社会や国家の中心や上位にあって、政治や国民を統合する機能を果たしてきたというわけではないんですよ。「みんな同じ日本人」という共同性も天皇がいなければ成立しなかったかといえば、必ずしもそうとは言えません。

聖的な権威という意味でも、天皇が歴史の表舞台に登場した明治初期には、東西本願寺の法主《ほっす》や出《いず》雲国造《こくそう》など、それこそ「生き神」「生き仏」と拝まれるような巨大な宗教的カリスマが並立していました。出雲国造の千家尊福《せんげたかとみ》は西日本各地を巡教し、人々の崇拝の対象になっています。

――その中で天皇の権威だけが大きく広がったのは、形骸化していたとはいえ律令制の頂点にいたからですね。

でも、律令制に関係した人はごくわずかです。一般の人々にはほとんど存在感がなかったために、維新後に全国を廻ってアピールする必要があったわけです。天皇がほかと比べて特異だったのは、法主や国造が人々に説法したり積極的に語りかけたりするスタイルだったのに対し、基本的に無言で廻ってときに御下賜金《ごかしきん》を与えるという方法をとった。つまり「仁」という徳で人々を感化するという儒教的なスタイルで、これが結果としてうまくいった。幕藩体制が崩壊して天皇が出てきてそこに権威が一気に一元化されたという単純な話ではありません。

のちに「天皇制国家」と呼ばれるものは、国家神道の整備と行幸や教育やメディアによって紆余曲折を経ながら徐々にできていったものです。僕は、中でもメディアが果たした役割が非常に大きいと考えています。

アメリカは皇室に深く入り込んでいる

――今年（二〇一九年）出版された赤坂真理《あかさかまり》の『箱の中の天皇』は、天皇を、あらゆるものを容れられ

☆3　記紀によれば仲哀天皇の后。懐妊中に朝鮮に出征し新羅・百済・高句麗を帰服させ帰国後に応神天皇を産み、その即位まで七十年近く政務を執ったと伝わる。卑弥呼に比定する説もある。明治時代までは一部史書で歴代天皇に数えられていた。

る「空っぽの箱」に見立てています。これはロラン・バルトが『表象の帝国』で論じた「空虚な中心」、あるいは西田幾多郎《にしだきたろう》が「無の有」という概念で説明した分析と近いと思います。ゼロ記号だから何をあてはめても機能する存在だった、といった意味ですが、一九七〇年代から八〇年代にかけて、こうした記号論的、構造論的な天皇論が流行りました。でもこれは一国モデルを前提にしたもので、外国という「他者」の視点を欠いた内向きな分析のように思えます。

　そのとおりです。しかも、天皇制を歴史的に見ず、きわめてスタティック（静態的）に捉えたものですね。システムが不変のものとして存在しているという前提のイメージです。でも天皇が身体性を備えた人間である以上、天皇制は明治・大正・昭和・平成と、代替わりを経るたびに大きく変わっています。

――平成の天皇論の多くも、「和をもって貴しとなす」を地で行った天皇の振る舞いに注目した内向きのものだったと言えるかもしれません。しかし実際には、天皇は海外では相変わらずさきの戦争の清算の問題と切り離しては見られていない。そのことに自覚的だったのはむしろ現上皇かもしれません。

　行幸のもう一つの柱である「慰霊の旅」ですね。国外の目という視点では、僕が注目しているのはその訪問地です。上皇明仁は確かに言葉では植民地支配や戦争への反省に踏み込んでいます。でも、沖縄のほか国外で訪れた激戦地は硫黄島、サイパン、パラオ、フィリピンと、一九四四年以降に日本が米軍と戦い負け続けた島々ばかりです。

　柳条湖、盧溝橋、南京、武漢、重慶、パールハーバー、コタバルといった、一九三一年以降に日本軍が軍事行動を起こしたり奇襲攻撃を仕掛けたりした所には行っていないんです。

　日本の戦争の全体がむしろ隠蔽されていると僕は思っている。

――それは、「加害」という視点が稀薄なうえに、対アメリカの要素が突出しているということですか？

　そういうことです。上皇夫妻が結婚後の一九六〇年九月に最初に訪問した国はアメリカですが、これはアイゼンハワー大統領が来日できなかった代わりです。最初からアメリカとの関係が重視されている。

　上皇明仁は戦後、アメリカからやってきたヴァイニング夫人に教育を受けましたが、もっと根元的に「アメリカ」は皇室に深く入り込んでいるわけです。それは言うまでもなく、戦争放棄とセットで天皇制を温存した憲法の設計者だからです。

――東京裁判の起訴状は昭和天皇誕生日に提出され、Ａ級戦犯七人の処刑は一九四八年十二月二十三日、つまり皇太子明仁の十五歳の誕生日に執行されています。これは戦勝国アメリカが天皇制に刻んだプログラムと言われています。

　昭和天皇はアメリカによって免責された自分の代わりに七人が犠牲になったことに、強い罪の意識を植えつけられていたと思います。占領期の昭和天皇はカトリックに接近するなど、アメリカとは別のチャンネルを模索しましたが、結局は封じられた。つまりアメリカが新たな庇護《ひご》者となり、日本の運命が牛耳られていくことを強く意識せざるを得なかった。

　そしてそれは上皇明仁にも引き継がれた。沖縄を十一回も訪問したのは、父である昭和天皇が終戦直後に長期占領を認めるメッセージをアメリカに送っていたことへの負債感、贖罪《しょくざい》意識もあったのではないでしょうか。

時代に合わない男女差別で成り立っている制度

――今後の天皇制について伺いたいと思います。「おことば」で明仁上皇は「これからも皇室がどのような時にも国民と共にあり」、「象徴天皇の務めが常に途切れることなく、安定的に続いていくことをひとえに念じ」ると述べました。自ら定義した象徴の務めを新天皇にも望んでいるということですね。

　でも、それには無理があると僕は思っています。

新天皇徳仁《なるひと》が同じスタイルで同じことをやっても、国民の広範な支持を得られるかどうかは分かりません。代替わりということは、人間が交代するということです。人間は具体的な身体を持っている。クローンではない。それぞれのあり方や考えがあるし、上皇明仁も昭和のスタイルを大きく変えたわけです。

同様に皇后雅子《まさこ》も、上皇后美智子と同じ人間ではない。平成流スタイルを実行できたとしても、受け手の捉え方は変わる可能性がある。

右派は代替わりを機に、明治や昭和のような天皇の権威化を望んでいるでしょう。皇后が常に天皇の横にいてカリスマ性を相対化していた平成流は、彼らにとって不本意なものだった。そのためには皇后雅子の体調が回復しない方がよいと本音では思っているかもしれません。

仮にそうなっても、天皇徳仁が右派のもくろみに対抗するかのように、大正天皇のような「人間的」な存在を目指すなら、平成とはまた明らかに違った天皇像ができあがります。

ただ、どちらに向かうにしても、それ以上に、日本社会の方が大きく変わっていきます。在留外国人やその子どもなど、多様なルーツを持つ人々が国内に増えていく。すでにそういう時代に入っています。

上皇明仁は「おことば」で「国民」と「象徴」のあるべき関係を述べましたが、ここでの「国民」とは、いったい誰のことを指しているのでしょう？ たとえば在日韓国朝鮮人や、天皇・皇后の行幸啓前に公園や路上から排除されるホームレスなどは、含まれているのでしょうか。

――近代国家が想定している「国民」はそもそも血統や民族ではなく社会契約論的なものです。しかし、万世一系と「血」の純粋性を拠り所にする以上、天皇は多様化する社会の統合や包摂を担うメカニズムにはなり得ず、逆に排除の論理になりかねません。

そうです。言葉を交わさなくてもお互いに「日本人」と確認し合える存在、伊勢神宮で剣璽《けんじ》と共に動く天皇を見るだけで、沿道で涙する人たちにしか通用しない。そういう「生き神」を社会統合の原理にしてしまえば、外国をルーツとする人たちは閉め出されてしまいます。

——そもそも、血統による天皇制が持続する条件はどんどん悪くなっています。皇位継承資格のある皇族男子は八十三歳の常陸宮《ひたちのみや》☆4、五十三歳の秋篠宮と十二歳の悠仁《ひさひと》親王の三人だけ。悠仁親王に将来男子が生まれなければ、男系男子の皇統は絶えます。

早晩立ちゆかなくなることは目に見えているのに、政府は女性・女系天皇の議論をやめてしまいました。

この点について右派の考えは完全に二つに割れています。天皇制を何がなんでも存続させることを優先し、女系も認める必要がある、というのが一方。他方は、万世一系という皇統こそがまさに日本の日本たる所以であり、それを破って女系を認めれば皇室はもはや皇室ではなく、その瞬間に天皇制はなくなる、という考えです。

敗戦で皇籍離脱した旧宮家の男子をもう一度皇族に復帰させる案を主張する人もいますが、これには反対が根強く、国民の理解も得られないでしょう。

——重要な事実ですが、昭和天皇から十代遡ると、皇后から生まれた天皇は昭和天皇以外一人もいません。昭和天皇は皇太子時代の訪欧後に女官制度を改革し、一夫一婦制にこだわりましたが、明仁上皇は第五子でようやく生まれた男子だった。男系は侍《じ》妾《しょう》や側室《そくしつ》を持つことで成り立っていたとも言えます。でも、側室制度など旧宮家の皇族復帰以上にあり得ないオプションですね。

つまり、そこまでして存続させる必要があるのかということなんです。

☆4　常陸宮正仁親王。昭和天皇と香淳皇后の第二皇子。明仁上皇の弟。一九三五年十一月二十八日生。

男系男子が絶えれば天皇制は廃止、という結論と似ていますが、いまの天皇世襲のシステムは、男性皇族よりも女性皇族に大きな負荷をかけて成り立っているものです。血のケガレを避けるための宮中の過酷なしきたりも大変な負担ですが、なにより、皇族に嫁いだ女性は必ず男子を産むことを求められる。仮に女系天皇が認められても、血統で存続させる以上は子を産まなければ存在意義がなくなる。そういう状況で、悠仁親王の結婚相手にすすんでなろうとする人が、どれくらい現れるでしょう。

女性・女系が認められていないことも含め、時代に合わない大きな男女差別によって成り立っているものを、どんな正当的な理由で「存続させなければならない」と主張するのでしょうか。特に「リベラル」を自称する人たちは。

天皇制の矛盾はもっと露呈していく

――退位が認められるなら即位拒否もあり得る、という議論が一部にはありますね。天皇には基本権が認められていない、だからその地位を離脱して普通の人になる権利が認められてしかるべきだ、という憲法学者・奥平康弘《おくひらやすひろ》のかつての問題提起もあらためて注目されています。

天皇の人権が奪われていることだけを強調する人がいますが、僕には違和感があります。天皇は天皇の地位に就かなければならないという義務はありますが、憲法に規定された国事行為はきわめて限られており、その一方で様々な特権を持っています。東京の真ん中で自然に恵まれた広い家に住み、巨大な別荘が三つあり、御料牧場まであるなど、一般の人間が一生味わえない待遇を受けている存在です。

天皇の人権を言い出すと問題が途端に抽象化され、先ほど指摘したようなジェンダーや女性皇族の人権の問題がどこかに飛んでしまう。

――天皇制は憲法の平等原則の例外で、身分制の飛び地と言われています。現実の民主体制と共存できても、場合によってはそれをより機能させ得るとしても、人権と自由と平等という理念を思想的に突き詰めれば、世襲による君主制と民主主義は相容れないはずです。

それを指摘している人はほとんどいませんね。共和制への移行を主張する人も、なぜか天皇に人権がないという問題に矮小化させ、「陛下を我慢と犠牲から解放しなければ」「本当の意味で天皇を敬うためだ」という留保を必ず付けた言い方をする。

天皇をめぐる言論には、依然としてタブーが存在するのです。

――メディアの「開かれた皇室」というキーワードは、キッチンで子どもに弁当を作る昭和の美智子流か、国民の中へ分け入っていく平成流、あるいは秋篠宮眞子内親王の婚約者をめぐるワイドショー的世界でせいぜい落ち着いてしまっています。でも本当に天皇制を「開いて」しまったらどうなるのか。

天皇制の矛盾は、これからさらに露呈していくと思います。新聞報道の一部は代替わり儀式に伴う政教分離の問題や皇族減少の課題について指摘していますが、最も根源的な問題には決して触れない。でもメディアがもっと多様な視点を提供しなければ、天皇のあり方を決めるべき主権者の国民の中に議論は育たないし、タブーはいつまでも残ったままです。ジャーナリズムは本来の役割を果たすべきです。

〈はら・たけし〉一九六二年生まれ。専門は日本政治思想史。『大正天皇』（毎日出版文化賞）、『昭和天皇』（司馬遼太郎賞）、『皇后考』、『団地の空間政治学』、『平成の終焉――退位と天皇・皇后』、『地形の思想史』、『「線」の思考――鉄道と宗教と天皇と』など著書多数。

interview with 本間 龍

スポンサー企業の新聞社に五輪監視はできない

二〇二〇年九月二十七日

「もうやれないだろう」「それどころではない」

多くの人が内心そう思っているのではないか。

東京五輪・パラリンピックの延期決定からそろそろ半年。人々の会話から五輪の話題はもはや消えつつある。コロナ禍が経済と国民生活を蝕み続けるなか、なお数千億円の追加費用を投じ五輪を開催する正当性への疑問は膨らむばかりだ。

それでも国、東京都、大会組織委員会は、五輪を景気浮揚策にすると意気込み来夏(二〇二一年)の開催に突き進んでいる。いや、突き進む、は不正確な表現かもしれない。組織委の現場ですらいまや疲労感が漂い、職員たちの士気は熱意というより惰性《だせい》と日本人的な近視眼的責任感によって支えられているようだ。

まだ日本中に五輪への「期待」が充満していたころから東京五輪に反対してきた作家の本間龍さんは、いまあらためて「早々に中止の決断をすべきだ」と訴えている。行き過ぎたコマーシャリズム、組織委の不透明な収支、十万人超のボランティアを酷暑下に無償で動員する問題点などを早くから指摘してきたが、それ以上に、多額の税金を投じたこの準公共事業へのチェック機能を働かせてこなかったメディアに対する批判の舌鋒は鋭い。

「議論されて当然の問題が封殺されてきたのは、朝日新聞をはじめとする大新聞が五輪スポンサーとなり、監視すべき対象の側に取り込まれているからです。新聞は戦中と同じ過ちを繰り返すんですか?」

これまで大手メディアには決して登場することのなかった本間さんに、あらためて東京五輪の問題点に切り込んでもらった。

あらゆる判断材料が「中止」を示している

――安倍晋三前首相は二年あるいは四年延期論を振り切り、「ワクチン開発はできる」と来夏開催を早々に決めました。景気対策の効果をより早く出したいとの思惑があり、小池百合子《こいけゆりこ》都知事とも利害が一致したようです。しかし、NHKの今年（二〇二〇年）七月の世論調査では、「さらに延期すべき」が三五％、「中止すべき」三一％、「来夏（二〇二一年）に開催すべき」二六％（朝日新聞の調査では来夏開催は三三％、再延期三二％、中止二九％）と、国民の意見は割れています。☆1

東京五輪の開催はワクチンや治療薬の開発が間に合うかどうかにかかっていますが、可能性はきわめて低いでしょう。世界保健機関（WHO）は今月（二〇二〇年九月）、コロナワクチンの普及は来年中盤以降との見方を示し、九月八日には世界の製薬・バイオ企業九社が拙速《せっそく》な承認申請はしないという共同声明を発表しました。

いくら政治の圧力で開発を急いでも、重篤《じゅうとく》な副作用が発生して訴訟沙汰になれば会社は潰れる。当然の判断です。

政府と都、組織委は九月四日に合同のコロナ対策調整会議を開きましたが、入国した選手を「隔離」して複数回のPCR検査を受けさせる、といった案が話し合われたらしいですね。でも選手やコーチ、関係者を合わせて数万という数の人の健康管理を徹底するのは、きわめて困難です。

また、事前合宿をする各国の選手を迎える「ホス

☆1　二〇二一年一月の世論調査（NHK）では、「開催すべき」一六％、「中止すべき」三八％、「さらに延期すべき」三九％と、二〇二一年夏開催の支持が大幅に減少した。

トタウン」が全国四百以上で決まっていますが、多くはコロナ専用病床などない小さな自治体です。地域住民が不安なく受け入れられる態勢をこれから準備できるでしょうか。

――IOCと日本側は「簡素化」について話し合いを進めていますが、報道によれば、開閉会式の縮小にはIOCは否定的とのことです。簡素化の内容にもよりますが、どうなるにせよ、延期による追加費用は三千億円とも五千億円とも言われています。

IOCのバッハ会長は「熱狂的なファンに埋め尽くされた会場を目指している」と言っていますし、無観客や客席大幅削減での開催は、入場料収入や巨額の放映権収入をあてにしている組織委やIOCにとってはあり得ない選択です。

コロナ対策は「簡素化」の真逆をいくものです。選手村専用の感染検査態勢や機器等の準備、選手や関係者専用の病院と語学力のある医療従事者の確保、各会場やバックヤードでの検温器や空気清浄機、扇風機などの設置、その運用のためのマンパワーの確保……こうした対策費を上乗せすれば、追加支出が五千億円程度で済むとはとても思えません。

組織委はいまスポンサー企業への協賛金追加拠出を要請し始めていますが、組織委だけで負担しきれない追加費用は、一義的に開催都市の東京都が支払うことになります。つまり都民の税金で穴埋めするわけです。

――戦後最大とも言われる経済危機で、都はリーマン・ショック時の千八百六十億円を大幅に上回る八千億円規模の緊急対策を発表しました。一方で財政調整基金は底を突きかけ、税収は一～二兆円の減収が予想されています。

明日の生活に困っている人がこれだけ発生しているのに、さらに数千億円も投じることが、都民や国民に理解されるでしょうか。

組織委の森喜朗《もりよしろう》会長[☆2]は、中止した場合には費用が「二倍にも三倍にもなる」と言いましたが、その根拠を問われてもまったく明らかにせず、「たとえ話」とごまかしましたね。呆れる話です。バッハ会長は

「再延期はない」という意向を示していますから、日本としてはなんとしても開催したいのでしょう。

でもこのまま二〇二一年夏の開催にこだわれば、「簡素化」の反対の巨額支出が発生し、「安心安全」とは反対の感染拡大への不安が高まることは、小学生にでも分かることじゃないでしょうか。都医師会長も医療の逼迫を懸念して再三警告を発しています。

それなのに、組織委も都も国も「予防措置を講ずればなんとか開催できるかも」「ワクチン開発が間に合うかもしれない」と期待を抱き、会場の賃貸料や組織委の人件費など莫大な出費を続けています。

ＩＯＣはＩＯＣで「二〇二一年夏にこだわったのは日本だ」とすでに責任回避の予防線を張っています。

あらゆる判断材料が「中止」を示している。いたずらに決断を先延ばしして淡い希望を抱かせるのは、世界中のアスリートにも諸々負担を強いることになる。早々に撤退の判断をすべきでしょう。

☆2　森会長は二〇二一年二月三日、日本オリンピック委員会（ＪＯＣ）の臨時評議員会で「女性がたくさん入っている理事会の会議は時間がかかります」「女性っていうのは競争意識が強い。誰か一人が手を挙げて言うと、自分も言わなきゃいけないと思うんでしょうね」と発言。翌日の記者会見で謝罪し撤回したが辞任は否定し、質問を畳みかけられると「おもしろおかしくしたいから聞いているんだろ」と苛立ちを露わにした。その姿がさらに批判を呼び、謝罪で幕引きとしていたＩＯＣも「発言は極めて不適切」とコメント、ボランティアの辞退も相次ぎ、結局十二日に辞任に追い込まれた。森会長は後任に元日本サッカー協会会長の川淵三郎氏を指名したが、密室での禅譲劇に異論が続出したため、組織委は候補者検討委員会を設け、五輪担当相だった橋本聖子氏を新会長に選んだ。森氏は辞任表明時も「私が余計なことを申し上げたのか、これは解釈の仕方だと思う」「多少意図的な報道があったんだろうと思います。『女性蔑視』などと言われて」と不満を語った。

招致時の数々のウソ　大義すらあやしい

――そもそも本間さんは招致決定のすぐ後から東京大会の問題を指摘し、その開催に反対だと言い続けてきました。

僕は五輪そのものを否定しているわけではありません。四年に一度、世界中のトップアスリートが集ってハイレベルの技術を競い合う大会を開くこと自体にはべつに反対しない。

でも東京五輪は問題が多すぎます。

まず挙げられるのは、招致時の数々のウソです。招致委員会が発表した「立候補ファイル」には、七月下旬からの開催期間を「この時期の天候は晴れる日が多く、且《か》つ温暖であるため、アスリートが最高の状態でパフォーマンスを発揮できる理想的な気候である」とあります。

近年の梅雨明け後の東京の気候を「温暖」などという生やさしい言葉で表現している人がいたらお目にかかりたい。大ウソです。

安倍首相による「アンダーコントロール」発言もそうです。あの招致演説の時点で福島第一原発の汚染水問題はまったく目処《めど》が立っていなかったし、その後の東京での建設業界の五輪特需により、被災地では人員・資材不足が深刻化しました。「復興五輪」と言いながら、むしろ被災地の復興の足を引っ張っている。「復興」は招致のための方便でした。

予算七千億円程度の「コンパクト五輪」のはずが、会計検査院によれば、すでに大会経費として国は一兆六百億円を支出しています。表向きの大会予算一兆三千五百億円と都の関連経費を合わせれば三兆円超。際限のない肥大化です。

エンブレム問題や新国立競技場のデザインをめぐる混乱、選手村用地の不当譲渡疑惑といった不祥事も重なり、さらには、贈賄《ぞうわい》工作を行った疑いで前JOC会長の竹田恆和《たけだつねかず》氏がフランスで予審にかけられるに至りました。

こうして挙げてみると、開催の大義がそもそもあったのか、きわめて疑わしい。

ボランティアは「やりがい搾取」

――こうしたなかで本間さんが最も問題だと指摘してきたのが、ボランティアの問題ですね。

組織委によると、大会運営に関わるボランティアは八万人。これとは別に東京都が募集する「都市ボランティア」が三万人で、合わせて十一万人にもなります。

どんなイベントも、入場整理や案内、警備、物販など現場を支えるスタッフがいなければ成り立ちませんし、五輪ほどの規模のイベントとなれば、これだけの数の人は必要なのでしょう。オペレーションだけで想像を絶しますが、それはともかく、組織委はこれだけのボランティアをすべて無償、つまりタダで使うことを前提にしています。

「全研修に参加できる」「十日以上あるいは五日以上活動できる」「最後まで役割を全うできる」といった条件を課しながら、日当も宿泊費も支給しません。僕は、これは明らかに搾取だと思っています。

――ボランティアというと、多くの人は「無償」というイメージを持っていますね。

ボランティアは「志願」「自主的」という意味で、無償などという意味はありません。にもかかわらず多くの人がボランティア＝無償と思っているのは、タダで使いたい側の刷り込みによるものでしょう。

過去の五輪と同様だ、という説明は事実に反します。平昌《ピョンチャン》大会ではボランティアのための宿泊施設と三食分の食事あるいは食費が提供されました。

ボランティア学の専門家によれば、ボランティア活動の中核的概念は「自発性」「非営利性」「公共性」です。地震や津波などの際に被災地に赴く災害ボランティアはまさにこれらの定義に沿うし、であればこそ、場合によっては無償で働いてもらうことに異論を挟む人はいないでしょう。

でも、巨大商業イベントと化した現在の五輪は、「世界中のアスリートが競い合う平和の祭典」から大きくかけ離れた、究極の営利活動の場です。東京大会は、その金満ぶりからいっても過去の大会と比べて群を抜いています。

電通が集めた巨額の協賛金。「中抜き」は？

――スポンサー企業はロンドン大会が十四社（プロバイダー&サプライヤー企業を含め四十二社）、リオ大会が十八社（サプライヤー企業を含め四十八社）でしたが、東京大会は六十七社でその協賛金は約三千五百億円にのぼっています。過去最高だったロンドン大会のスポンサー収入は十一億ドルですから、その三倍の額です。

ＩＯＣのジョン・コーツ副会長も「驚異的」と言っていますね。しかもこの額は、ＩＯＣと直接契約して全世界で五輪ブランドを活用した広報活動を行える「ワールドワイドパートナー」十四社による破格の協賛金を別勘定にしてのものです。

組織委と契約する日本国内のスポンサーは、東京大会では上から「ゴールドパートナー」（十五社）、「オフィシャルパートナー」（三十二社）、「オフィシャルサポーター」（二十社）とランク分けされています。

個々の契約金額はトップシークレットのため明らかにされていませんが、総額から推測して、ゴールドは一社あたり百五十億円、パートナーは六十億円程度と考えられています。ちなみに、ワールドワイドは複数年あるいは複数大会契約で、一年あたり数百億円という桁違いの額を払っている企業もあります。

東京大会でこれだけの額の協賛金を集められたのは、従来ほぼ守られてきた「一業種一社」の原則を破ってまで、スポンサー収入の最大化を図ったからです。結果、食品業種で味の素、キッコーマン、日清食品が名を連ね、印刷業種で大日本印刷と凸版印刷が参加するといったカニバリズム（共食い）現象が起き、マーケティング価値は低下している。それでも多くの企業がスポンサーに入ったのは、ライバル社にだけ五輪ロゴを付けさせたくないという競争心を巧みに利用したからでしょうね。

そして、こうしたスポンサー企業の権利保護ばかり重視し過ぎた結果、アスリートが所属する企業や出身校でも壮行会を公開できないという事態が生じています。

今回の巨額の協賛金は、組織委の事務局に百数十人を送り込んでいる電通が事実上仕切って集めたものですが、その電通が管理料としてどのくらいのマージンを中抜きしているのかは、明らかにされていません。一般的な事業での電通の中間マージンは二〇％程度と言われています。

東京五輪は極論すれば電通の電通による大会だ、と僕は言っていますが、こういう事情も多くの国民は知らないでしょう。

ここまで営利事業化、肥大化した現在の五輪が「おもてなし」「一生に一度」「世界の人々と交流」といった美辞麗句で多くのボランティアを動員し、日当も払わずに拘束するのは「やりがい搾取」「感動搾取」以外の何ものでもないでしょう。

あまりの待遇の悪さにＳＮＳ上で批判が高まったため、組織委は一日千円の交通費を払うと決めましたが、地方在住者の上京費用や宿泊費は自己負担という方針は変わっていません。

――しかも、七月末から八月上旬、パラリンピックは九月上旬までという猛暑下の東京での「奉仕」になるわけですね。ちなみに今年（二〇二〇年）は梅雨明けが遅かったものの、気象庁によると八月の平均気温は東日本で平年を二・一度上回り、統計史上最も高かったとのことです。

国が外出や運動を控えるよう呼びかける熱中症警戒アラートを出しているような環境下で、アスリートたちに競技をさせ、観客やボランティアをも危険にさらすわけです。組織委と都は、テントやミストシャワー、打ち水、遮熱材《しゃねつざい》舗装、瞬間冷却剤の配布といった酷暑対策を打ち出し、予算も百億円規模に大幅拡大しましたが、どれも効果は限定的ですし、僕には戦時中の「竹槍《たけやり》作戦」と同様の悪い冗談にしか見えない。熱中症で搬送される人が続出すると思いますが、これも「自己責任」なのでしょうか。

組織委に「熱中症対策の責任者は誰なのか」と聞いても、「組織委として対策する」「組織委として責任を取る」としか答えない。これでは無責任の連鎖になりかねない。

酷暑という絶対に克服できない自然条件を重々承知したうえで、それを「温暖」と大ウソをついて招致に突っ走り、後になって、わずか二週間程度のイベントのために大金を使わざるを得なくなっている。杜撰《ずさん》きわまる作戦計画で兵站を軽視し、揚げ句に精神論で乗り切ろうとして三万人の死者を出した「インパール作戦」の愚行と変わらないと思いませんか?

そもそも、なぜ真夏の開催になったのかと言えば、巨額の放映権料を支払う米国のテレビ局の都合だというのは公知の事実でしょう。

現代版「学徒動員」

――放映権料はIOC予算の七割を占めると言われ、その半分以上を米NBCが払っています。NBCは東京大会までの夏冬四大会の放映権を四十三億八千万ドル、さらに二〇二二~三二年までの六大会の権利を総額七十六億五千万ドルで取得しました。

これも商業主義、営利事業の極みですね。商業主義路線に舵《かじ》を切った一九八四年のロサンゼルス大会より前は、米三大ネットワークの都合で日程や競技時間が歪められるということもなかったので、開催時期については合理的判断ができていた。一九六四年の東京大会で組織委がまとめた公式報告書は、開幕日を十月十日にした理由をこう記しています。

〈盛夏の時期は、比較的長期にわたって晴天が期待できるが、気温、湿度ともにきわめて高く、選手にとって最も条件が悪いうえに、多数の観衆を入れる室内競技場のことを考えると、最も不適当という

結論に達した〉

五十六年前よりもさらに過酷になったいまの東京の気候を少しでも体験したことのある人なら、「最も不適当」どころか「開催不可能」と言うレベルではないですか？

面白い話があります。

五輪反対を強硬に主張し続けているアナウンサーの久米宏《くめひろし》さんが、自身のラジオ番組で「酷暑の東京での五輪開催は無謀」という内容の放送をしたところ、組織委から反論が届いたと。その内容は「招致の段階で開催時期は七月十五日〜八月三十一日から選択するものと定められていた。これ以外の日程を提案した都市はＩＯＣ理事会で候補都市としてすら認められていなかった」というものだったそうです。

これはまさに語るに落ちるというか、要は、開催時期は選べなかったんだから仕方ないという責任逃れと、最初から招致ありきで「アスリートファースト」などまったく考えていなかったということを、自ら告白しているわけです。

不安や批判の声を受けてか、組織委はボランティアを保険加入させることを決めましたが、それでどこまで不安が解消されるか。

――組織委が二〇二〇年七月に実施した大会ボランティアへのアンケートによると、回答者の六七％が活動時のコロナ感染症対策を不安と答えました。

コロナが収束していないのに無理に開催して酷暑の季節にマスク着用を義務づけることになれば、熱中症の危険性も増すことになりますよね。

ボランティア募集はすでに終わっていますが、平昌大会で直前に二千人のボランティアが離脱したように、今後やめる人が続出することも考えられます。もしボランティアが足りないということになれば、自治体や勤務先や所属団体を通じた様々な方法による動員が行われることになるでしょう。というか、これはすでに起きていたことです。

組織委は二〇一四年に全国八百の大学・短大と連携協定を結んでいます。文部科学省とスポーツ庁も二〇一八年七月、ボランティアに参加しやすいよう、全国の大学と高等専門学校に大会期間中は授業や試験期間を繰り上げるなどの柔軟な対応を求める通知を出しました。NHKがその直後に都内の約百三十大学に取材したところ、大会期間中の授業や試験をずらすことを検討していたのは七十九大学、ボランティア参加を単位認定する、もしくはそれを検討しているところは五十九大学もありました。

さらには、東京都や千葉県は「体験ボランティア」という名目で中高生をも組み込んでいます。あくまで「任意」「体験」という説明をしていますが、都は学校単位での応募方式を採ったため、現場では半強制的な割り当てと受け止めている教員も少なくない。

「就職に有利になるのでは」「内申書で不利になるのでは」といった不安や同調圧力からボランティアに参加しようとする生徒学生もたくさんいるでしょう。非営利性や公共性だけでなく、もはや自発性すら希薄化しています。現代版「学徒動員」と言ったら言い過ぎでしょうか？

もちろん、自ら手を挙げた人も多いことは知っています。でも、僕にはこの「総動員態勢」がどうにも気持ち悪くて仕方ない。

こういう、自分が少数派になっているような気分にさせられるのは、やはりメディアが五輪を盛り上げるための報道ばかりしてきて、それに取り囲まれているからでしょうね。

――延期決定後、新聞でも来夏に向けた難題を解説する記事や、簡素化など大会の姿を問い直す記事は載りましたが、開催そのものを疑問視する報道はほぼ皆無でした。朝日新聞の開会一年前の企画記事なども、アスリートたちの葛藤やこれまでの努力を伝え、担当記者の「やはり五輪を見たい」という思いを紹介する、そんな内容が大半でした。

今年（二〇二〇年）七月二十三日の開会一年前イベントは、白血病からの復帰を目指す池江璃花子《いけえりかこ》選手を逆境にある東京大会そのものと重ね、なおも五輪が国民的イベントであることを演出しました。二〇二四年パリ大会を目指しているという彼女が、来年の開催を訴えるために駆り出されることを心底望んでいたのか、見ていて痛々しさを覚えましたが、メディアは無批判にその感動物語に乗っかりました。

延期が決まった直後の二〇二〇年四月の段階で組織委は三千八百人の職員を抱えていますが、都、国、JOC、自治体、電通、スポンサー企業からの出向者と契約社員が支えています。苦しい状況下でも、スタッフも選手もみんな必死に奮闘しているのだから水を差すな、そんな空気をメディアが作り出しているわけです。

それでも、延期決定前に比べれば、開催断念の可能性に触れた記事や、コラムというかたちながら開催への疑問を率直に出した記事が載るようになってきたとは思いますよ。本当に来夏に開催できるのか不透明な情勢になってきて、書きやすくなったんでしょうね。

とはいいながら、組織委にとって触れてほしくない「核心的利益」に関することに触れた報道はない。それはつまり、これまで述べてきたような、猛暑下での五輪開催の是非、無償ボランティアへの疑問、大会の大義そのもの、組織委の収支の不透明さといった問題です。

ボランティアを有償にすれば、百億円単位で計算が狂ってしまう。IOCは一兆三千五百億円という予算上限を守ることを厳命していますから、これ以上出費を増やせるはずがない。この問題には触れたくないのです。

収支も、組織委は総額と項目は公表していますが、細目と個々の契約額は明かさない。しかし、五輪は表向き予算だけ見ても国千五百億円、都五千九百七十億円の税金を投じて開催する準国家的事業ですよ。収支がつまびらかにならなければ、適切な事業なのかどうか国民や都民が検証することはできないでしょう☆3。

でも、こうした組織委にとっての琴線《きんせん》に、大メディアが切り込めるはずがない。

全国紙すべてが東京五輪のスポンサーに

——国内スポンサー第二ランクのオフィシャルパートナーには朝日、読売、毎日、日経の各新聞社が入り、産経新聞社と北海道新聞社もその下のオフィシャルサポーターに名を連ねています。

つまり全国紙すべてが東京五輪のスポンサーになっているわけですが、きわめて異様です。

報道機関がこういうかたちで参画するなんて、ロンドンでもリオでもあり得なかった。スポンサーになって協賛金を払うということは、主催者と利益を共有する立場になるということです。公正な報道、ジャーナリズムとしての監視などできるでしょうか。

テレビ局にとっては、新聞社とクロスオーナーシップで結びついているという以上に、スポンサー企業と、組織委の広報を一手に握る電通の存在が大きいでしょう。テレビCMで三割以上のシェアを持つ世界一の広告代理店である電通は、特に放送業界にはなお強い影響力を持っています。

電通は社員の過労死自殺と持続化給付金事務事業の受託問題で世の批判を浴びましたが、巨大広告に依存する業界にとって電通批判はタブーと言ってもいい。五輪を批判するということは、電通を批判することであり、CM出稿をしているスポンサー企業を批判することでもある。忖度が働くのは当然です。

さらに言えば、組織委には助言機関としての「メディア委員会」というものもあり、委員長の日枝《ひえだ》久《ひさし》・フジ・メディアホールディングス取締役、副委員長の石川聡《いしかわさとし》・共同通信社顧問をはじめ全国紙や在京キー局など大手メディアの幹部や編集委員ら三十九人がメンバーになっています。「翼賛《よくさん》」という言葉が浮かぶのは僕だけでしょうか。

各新聞社はスポンサー契約を結ぶにあたり「報道は公正を貫く」などと宣言しています。編集と広告・事業のあいだにはファイヤーウォールがある、と記者たちも言うかもしれない。

それなら聞きますが、朝日新聞が高校野球の女子選手排除や女子マネージャーのあり方、炎天下の甲子園大会開催などに対して率先して批判的な記事を載せたことがあるのでしょうか。福島第一原発事故が起こる以前に、電力の寡占《かせん》政策や原発の危険性と切り結んだ記事を書いたことがあったでしょうか。誰かに明確に止められたことはなくても、自主規制の蔓延があったのではないですか？

　今回の五輪も、選手たちの思いを聞き、戦後復興の頂点としての前回東京大会を懐かしみ、メダル量産で地元開催を盛り上げたいという金太郎アメのような報道ばかりです。組織委が熱中症対策に頑張っている、苦慮している、という記事はたくさん載りましたが、真夏の開催の危険性やボランティア問題をきちんと検証し疑問を投げかける記事は皆無で、むしろ総動員機運を煽るような報道ばかりが目立った。

　こうした問題をここ五年ほど発信し続けてきましたが、東京新聞以外の新聞、テレビから取材を受けたことは一度もありません（笑）。そんな僕のインタビューが朝日の媒体に載るんですか？

——報道の面では公正な視点を貫く、と朝日新聞はホームページで宣言していますし、こうしたオピニオンを封殺すればそれこそ報道・言論機関として致命的で、経営的にもブランド価値を毀損《きそん》するものです。

☆3　組織委は二〇二〇年十二月、延期により新たに二千九百四十億円を積み増した総額一兆六千四百四十億の大会予算を発表した。新たな分担は組織委が七千六十億円、都が七千百七十億円、国が二千二百十億円。このうち組織委は、スポンサー企業からの追加拠出と保険金などで七百六十億円の増収を見込んでいるが、収入が足りず、都が百五十億円を肩代わりして負担する。また、この発表額は運営に直接必要な経費で、たとえば国のコロナ対策費のうちホストタウンでの感染対策費（百二十七億円）や国立競技場の感染対策（二十億円）など計約二百五十億円分などの「関連経費」は第三次補正予算案に計上され、別枠扱いとなっている。

なにも五輪に反対しろとか組織委を叩けとか言っているわけではない。税金の使途や使われ方をきちんと検証し、ごく当たり前の疑問点を当たり前に追及すべきではないか。そう投げかけているだけなんですけどね。

延期による追加費用のためスポンサー企業は協賛金の追加拠出を要請されていますが、コロナ禍で業績が悪化している企業にとって、いまやさらなる出費を正当化する理由は見い出し難い。中止となれば損害は甚大で、株式会社なら株主から責任を問われかねません。

もはやこの五輪は誰にとって得になるのかすら、分からなくなってきています。懐《ふところ》が潤《うるお》って安泰なのはIOCと組織委のごく一部のオリンピック貴族だけじゃないでしょうか。

それでも、この巨大商業イベントは止まらない。太平洋戦争のときと同じで、誰も責任をとらず決断しないまま、泥沼化しています。もしIOCの主導で中止となったとしても、不可抗力のコロナ感染拡大があったのだから仕方がなかった、という総括になりかねません。

中止になってから、あるいは閉会してから手のひら返しするのでは遅い。メディアは、招致活動以来のこの五輪の問題点をきちんと検証し、後世のための教訓として残すべきです。さきの戦争での過ちを繰り返さないために。

〈ほんま・りゅう〉一九六二年東京生まれ。一九八九年に博報堂に入社し、二〇〇六年に退社するまで営業を担当。その経験を基に、広告が政治や社会に与える影響を題材にした作品を発表している。著書に『原発広告』、『原発プロパガンダ』、『電通巨大利権』、『ブラック・ボランティア』など。

あとがき　記者に「論は要らない」のか

新聞社では、中でも私が長く所属した社会部では、「論は要らない」という言い回しがよく使われる。

四の五の理屈を言うな、という体育会的伝統が根強いこともあるが、報道はまず論よりファクトを求めるものであり、記者たるもの、論説やオピニオンや高見の評論という「大文字」に逃げるのではなく、事実に肉薄し、見過ごされがちな社会の片隅の出来事や市井《しせい》の人々の喜怒哀楽の襞《ひだ》に潜む「小文字」を拾い集め紡いでいくべきだと、私自身も永らく信じてきた。正論、曲論、奇論、空論、極論……なんでもよいが「論」の臭いのするものは遠ざけ、大文字に走りそうになる筆勢を慌てて戒めるという禁欲的記者生活を二十年以上送ってきた。英米圏でも「アームチェア・ジャーナリズム」[☆1]は決して良い意味では使われない（フランスではオピニオン・ジャーナリズムに一定の地位があるようだが）。

だが、こうした良くも悪くも現場主義の文化に長く浸《ひた》っていると、いざ求められても論を書けない自分に気づく。新聞に載っている、記者の手になる「論」の類いの多くは、取材の後日譚やこぼれ話に当たり障りのない感想をとってつけたもので、論拠を示し論旨を明確に持論を述べ且つ反論に開かれている、という意味での「論」ではまったくない。

新聞社の「不偏不党」が実は経営上の理由の産物であることは第六章で記したが、欧米にはない巨大部数を抱えてきたという事情だけでなく、社会風土も考えれば、旗幟《きし》を鮮明にして「偏《かたよ》っていますが、何か？」[☆2]と開き直ることは、日本のメディアにはできなかった。しかし、ジャーナリストたちが追い求めるべき「ファクト」が容易に「オルタナティヴ・ファクト」によって相対化されていく時代に、もはや「公正中立な報道」は揺らいでいる。ドナルド・トランプやアベ政治がせっせと切り崩してきたのは民主制だけでなく、「ことば＝理《ロゴス》」によって成り立つ世界一般の土台である。「自分の庭を耕す」（ヴォルテール『カンディード』）ことが大事ではあっても、それだけでは結局は時代に棹《さお》さすだけになるのでは、という危機感は、いまや物書き稼業に携わる者に共通するのではないだろうか。理と交わらない「パラレルユニバース（もう一つの世界）」の言説に対抗し、その住人に何らかのメッセージを届けるには、地道なファクトの提示だけではない、別のかたちのナラティヴ（語り）の構築と、言論の舞台の設定が必要なのかもしれない。その試みの一つとして、論を書くのは本分ではないと弁《わきま》えながらも、細々と、しかし書く以上は右の「論旨を明確に持論を述べ……」を旨に、この二年余り『論座』で書き続けた文章をまとめたものが本書である。時評の要素もあるので、各記事の記述は、時制を具体的な年月表記に置き換えるなどした以外、修正や加筆は最小限にとどめた。その分、長文の解題や注釈を施した。

☆1　肘掛けのついた椅子に座ったまま、つまり現場に赴かずに原稿を書くような記者やその報道姿勢を指す言葉。
☆2　神奈川新聞の論説・特報面の「時代の正体」シリーズに「記事が偏っている」との批判が寄せられることに対し、同紙は二〇一五年十月、論説委員名で「空気など読まない。忖度しない。おもねらない。孤立を恐れず、むしろ誇る。偏っているという批判に『ええ、偏っていますが、何か』と答える」と宣言した。

もとより、どんな言論であれ、批評の対象になるべきは、人が何を語っているか、であって、どこから語っているか、ではない。だがその前にまず、誰が語っているのか、は明確にしてしかるべきである。日本の新聞が記事署名をいくら増やしても、いや実名を並べれば並べるほど（近ごろは四人・五人署名の記事も散見される）、取材者・書き手としての主体は霧消してしまっている。個の責任が組織に融解した「集団主語」の報道や論説は、少なくとも、掲げる「公正中立」に反するバイアスを鋭敏に感知するリテラシーある読者にとっては、日本のメディアへの信頼を減退させる大きな要因になっている。これは実は記者クラブ問題とも密接に絡み、また、カルロス・ゴーン事件や望月衣塑子記者の官邸会見での質問があらためて喚起した、大手メディアと権力との関係の核心に関する問題でもある。ジャーナリズム倫理である真実性の追求や、それを担保する5W1Hといった文章作法の話とはまったく別の方向から綴《つづ》った文章論（これも『論座』に掲載）を、あとがき欄にまではみ出して掲載する所以である。

二〇一九年二月十七日

橋本治の『よくない文章ドク本』が好きだった

「桃尻娘」の衝撃から四十年、多彩な作品群

一月二十九日の訃報に接して以来、橋本治《はしもとおさむ》の作品を読み返している。

女子高生のおしゃべり言葉が延々と続く一九七七年のデビュー作『桃尻娘』が当時の文壇に与えた衝撃は、ちょうどそのころに生まれた私でもおおよそ想像できる。

枕草子や徒然草、平家物語の現代俗語訳は、千年近く前の物語の登場人物をまるで会社の同僚や近所のオッサンオバサンかのように身近に立ち上がらせた。読んでいてついつい「いるいる〜そんな人〜」と相槌《あいづち》を打ってしまう。一方で『小林秀雄《こばやしひでお》の恵み』『「三島由紀夫」とはなにものだったのか』といった批評や、最新長編『草薙の剣』は、端正で緻密な建築物のような作品だった。その博覧強記ぶりとジャンルを越境する自由さは、まさに「才人」と呼ぶに相応しい。

型を身につけていてこその型破り、縦に筋が通っていてこその横紙破りであるのは分かっていても、その縦横無尽のスタイルは、同じように物書き稼業をやりながら一向に筆の冴《さ》えぬ我が身を「好きに書けばいいんだ」と励ましてくれているような気がしたものだ。

「文は人なり」が好きな面々

その多彩な著作群の中で特に好きだったのが『よくない文章ドク本』だ。

これは、いわゆる「文章読本」と総称されるジャンル（文章作法、文章術、作文指南など名称は様々）の書物に対する痛烈な批判、挑発であり、ひとさまに文章の上達を説こうなどという思い上がった輩《やから》への痛快な「あかんべえ」だった。生真面目な教科書や参考書にお尻ペンペンして逃げるような軽妙な姿勢を装いながら、その底流は、ほかの作品同様、「日本語」に対する深遠で真摯な考察に貫かれていた。

いまのように文章を書く仕事に就く前、まだ純情で殊勝だったころだが、何冊もの「文章読本」を読んだ。巷《ちまた》にはなお様々な作文指南書があふれているが、文章を生業とする人だけでなく、サラリーマンや大学生なども必要に駆られ、あるいは上司や指導教授などに勧められ、手にするのかもしれない。

いま誰にともなく堅く誓うのだが、仮にどんなに文筆家として名声を得ようとも、自分は決してこうしたものは書くまい。

斎藤美奈子《さいとうみなこ》が喝破《かっぱ》しているとおり（『文章読本さん江』）、文章読本をものする者はなべて男であり、圧倒的に男のディスクールだった。すれっからしになってしまったいまの自分にとってどれも読むに耐えないのは、基本的に、娘に口うるさく注意するお父さんの姿勢で書かれているからだろう。

「分かりやすく書け」「導入で引きつけろ」「紋切り型を使うな」「外来語を使うな」「品位を保て」「短文を重ねろ」「体言止めを多用するな」「起承転結を意識しろ」「ちょっと気取った表現を挟め」

……小姑の小言のごとく神経質で、揚げ句には「名文を読め」「巧みな表現を書き写せ」「毎日書け」だのと生活態度にまで踏み込み、究極の殺し文句が、出ました！「文は人なり」。

いやはや、である。

脱力してしまうのが、文章読本ではよく野口英世《のぐちひでよ》の母シカの手紙が究極の名文かのように引用されていることだ。学校にほとんど通えず綴り方の手ほどきを受けられなかったシカがアメリカの英世に宛てた「おまイの◯　しせにわ◯　みなたまけました◯　わたくしもよろこんでをりまする◯」で始まる手紙について、井上《いのうえ》ひさしは「文間の余白は猪苗代湖《いなわしろこ》ほども深く広い」と絶賛している。高橋玄洋《たかはしげんよう》も「判読に苦しむほどの字で間違いや脱字もありますが、何と温かい手紙でしょう。母親の子供を思う心情がひしひしと響いてきます。〔略〕他人の借り着や、型通りの文章では、あなたの顔など見えてくるわけがありません」と称えている。

字もろくに書けないなか息子への叫ばんばかりの心情をなんとかしたためようとしたこの手紙の文面を読んで感動しない者はいないだろう。添削《てんさく》してやろうなどとも誰も思わないだろう。しかしこれを達意の文かのように理想視するなら、そもそも技術を教える文章読本など要らねーだろ、と思うのは、私がひねくれているからだろうか。

他人に文章の書き方を教えてやろうという人は、ホントにこの「文は人なり」が好きだ（もともとのビュフォンの格言は正確には「文体は人（le style est l'homme même.）」らしいが）。この根性論や精神論にも結びつく人文一致信仰は、笑ってしまうことに、いまだに強く生き残っている。

文章読本で幅を利かせた「大物」記者たち

橋本治が『よくない文章ドク本』を書いたのは一九八〇年代初頭で、軽薄《けいはく》体や饒舌《じょうぜつ》体、パンク体、新言文一致体など様々な文学テクストが繚乱《りょうらん》し「なんでもあり」かのようになった時代だったが、一方でまだ規範主義者は残っており、だからこその文体の挑戦だったのだろう。

「一体なんだってまた文章読本なんてもんがあるんでありましょうか？　なんだってまた、そんなものを一般人が必要とするんでありましょうか？　というのが私の一般人だったときからの疑問でありました」「要するに、文章書いて他人に取り入りたいわけネ」

橋本は当時読まれていた文章読本の数々を俎上に載せ、こき下ろした。

「この威張り方って、ちょっと尋常じゃないと思わない？」「あのネ、僕たちはネ、あなた達とはコミュニケーションを拒否しているわけ。だから、あなた達のいう分かりやすい文章は無内容な文章なわけ。僕達の文章は、あなた達にとっては文章作法や作文技術が必要だと思えるような文章に見えるわけ。それだけなの」「困ったもんだよ中年は」

文章読本はかつては谷崎潤一郎《たにざきじゅんいちろう》や三島由紀夫、丸谷才一《まるやさいいち》など作家が書いたものが権威を持っていたが、昭和末期以降に幅を利かせたのは新聞記者系だ。それもほとんどが朝日新聞の記者もしくはOBで、天声人語を担当した論説委員か編集委員クラスの「大物」ばかり。文章読本を著すというのは記者として栄達を究めた証しであり、たいへん名誉なことと受け止められていたのだろう。

そして、彼らは、新聞界のお家芸として培われてきた文章の作法を、伝達を目的とする文章一般に敷衍し、新聞記事をその模範か鏡鑑《きょうかん》かのように取り扱う。

「文章というものは、必ずや読者を選ぶんだよッ!」

新聞界には固有の用字用語体系があり、特に事件や裁判、経済記事などでは制度的文体、いわば文法がある。

新聞記事には「毅然《きぜん》」も「破綻《はたん》」も「蠢動《しゅんどう》」も「韜晦《とうかい》」も「惻隠《そくいん》」も居場所はない。「饒舌」は「冗舌」、「逍遥《しょうよう》」は「散歩」あるいは「散策」と言い換えねばならない。現政権になってあれほど人口に膾炙《かいしゃ》した「忖度」も「隠蔽」も「改竄」も「嘘」もルビなしでは使えない（む、膾炙もダメだ）。なんとも間の抜けたことに、かつては蛇行《だこう》も「だ行」、暗闇も「暗やみ」と書かねばならなかった。「姦淫《かんいん》」も「放屁《ほうひ》」も新聞では棲息《せいそく》を、もとい生息を許されていない。

こういう軛《くびき》は恐ろしい。私も記者になってしばらくのあいだは、自分の言葉がどんどん細り思考法まで束縛されていくような不安に常に駆られたものだ。いまでも新聞記事以外の文を書いているときにも「熟語は大和言葉に開け」「センテンスは短く」という強迫観念に襲われる。読点がやたら多くなる悪癖からもなかなか抜け出せない。

さらにやっかいなのは、デスクやキャップ役になって他人の原稿を直すうちに、検閲官のように文章表現に狭量《きょうりょう》になり、新聞的でない文を腐《くさ》し、やがて自分たちの言語圏を至上と錯覚し始めることだ。その自意識肥大の果てが、記者あがりの文章読本なるものではないか。

斎藤美奈子はキッパリという。「文は服なり」。

衣装が身体の包み紙なら文章は思想の包み紙であり、女も男も見てくれのよさにこだわってきた、と。曰く、どうりで新聞記者系の文章読本には色気がないはずだ。彼らの念頭には人前に出ても恥ずかしくない服（文）のことしかない。だから彼らの教えに従ってしまうと、文章はなべてドブネズミ色した吊しのスーツみたいになる。記者系の文章作法は「正しいドブネズミ・ルックのすすめ」。そういう人がたまに気張って軽い文章を書こうとすると、カジュアル・フライデーに妙な格好で現れるお父さんみたいな感じになる――。ホントにそのとおりだ。

橋本治の言葉をさらに引けば、「この世には、分かりやすい文章なんてありはしない」「文章というものは、必ずや読者を選ぶんだよッ！」。

おそらく、文章読本の類いをすすんで書く人たちには、この「文章は必ず読者を選ぶ」という視点が決定的に欠けている。だから、万人に受け入れられる文章が存在しそれが良きものだという、ある意味傲慢な勘違いをする（彼らからすれば、読者を選ぶ文章という発想こそが不遜《ふそん》だということになるのだろう）。

文章術を云々する前に、やるべきことがある

新聞の文章について付け加えるなら、こう言える。

伝承文学の時代ならいざしらず、近代以降の文章は必ず個人が呻吟《しんぎん》しながら一字一句選び取って書く。したがって分担執筆はあり得ても、無人称あるいは複数主語の文章というものは存在しない。だが新聞記事や社説は、役所の文書同様、書き手個人の責任が組織に融解した集団主語の文章という体裁を永くとってきた。

辺見庸《へんみよう》は、共同通信記者を辞めて作家専業になる際、とにかく新聞言語圏から脱出したかったという趣旨のことを書いている（『独航記』）。「言語圏」はじつは強大なる「意味圏」であり、平易に表現することが昂《こう》じれば、平易ならざる人物にも風景にも単純な善悪を塗り込め、世界をお手軽な意味だらけの平面にしてしまう。それが厭になった、と。人間という、非合理と矛盾と陰影に満ちた凸凹《でこぼこ》だらけの動物は、日本の新聞の情緒的「人モノ」記事がいとも簡単に心の内や〝人生の転機〟を描き出しヤワな良識と綺麗事とで分かりやすい物語にまとめ上げてしまえるほど、単純な存在ではない。

新聞言語圏にどっぷり浸《つ》かることの最たる弊害は、語彙が減るなどということではなく、辺見の言うように、記者がこの意味圏の囚人となり、物事を立体的に彫琢《ちょうたく》できなくなってしまうことだろう。

この「意味圏」はまた、「国家語」と結びつきやすい。辺見はかつて「周辺事態」という妙ちきりんな言葉と「『周辺』は地理的概念ではない」という政府の説明を口を極めて批判したことがあったが、それ以上に、メディアがその語を検証もせず垂れ流していることを口撃し続けた。イラク戦争で米軍の侵攻を「進攻」「進撃」と書いた新聞に対しても同様だ。

状況は変わっていない。

「戦闘」ではなく「武力衝突」だ。「外国人労働者」であって「移民」ではない。「改竄」ではなく「書き換え」だ。「関与」とは「贈収賄に問われる行為」のことだ——。ジョージ・オーウェルの『1984年』さながら言葉の定義すら国家が操れるとばかりに増長した現政権に対し、メディアは、新聞は、肯綮《こうけい》に中《あた》ることができているのか。

文章術を云々する前に、やるべきことがある。

＊＊＊

末尾になったが、『論座』への執筆時にお世話になった編集者の鮫島浩《さめじまひろし》、前編集長の吉田貴文《よしだたかふみ》、現編集長の松下秀雄《まつしたひでお》の各氏と、とりとめのない論考群を一冊の本にまとめ上げるにあたり的確な助言と共に伴走し続けてくれた柏書房の天野潤平《あまのじゅんぺい》さんに、この場を借りて感謝を申し上げます。

また、大学時代の恩師で、『悪童日記』の名訳者として知られる堀茂樹・慶大名誉教授にも謝意を表したい。堀先生はもう四半世紀近く、フランス語文学や共和主義思想についての私の水先案内人《パイロット》であっただけでなく、いつまでも圭角《けいかく》が取れない私の対話相手を辛抱強く務めてくれている。井上達夫・東大名誉教授と原武史・放送大教授、作家の本間龍氏には、インタビュー記事の再録を快諾いただいた。特に井上さんには望外にも解説を引き受けていただいただけでなく、連帯を求めて孤立を恐れず、という知的廉直性を貫くことへの励ましを何度もいただいた。あらためて感謝を申し上げます。

二〇二一年二月　　再びの緊急事態宣言下、人波の戻らぬ演劇の街・下北沢で

石川智也

解説　日はまた昇るか

井上達夫（東大名誉教授）

受験産業の陰謀かどうか知らないが、最近テレビでクイズ番組がやたら流行り、ほかの番組でも、出題形式の演出が目立つ。私も真似してみよう。「はい、では問題です。無冠の帝王、第四権力、このような名称でかつて呼ばれていたのは、一体、誰でしょうか？」。

若い世代では、クイズ・マニアを除いて、二つの名称とも初耳と言う人がほとんどではないか。「政治家を陰で操る財界のボス」なんて解答もあるかもしれない。「正解は……ジャーナリストたちです！　特に新聞記者たちです!!」。

「無冠の帝王」は、政治権力に屈せずその非を指弾し、対抗世論を覚醒させる言論の勇者というポジティヴな意味合いがあり、ジャーナリストたちが自負を込めて使っていた。これに対し、「第四権力」は立法・行政・司法の「三権」に勝るとも劣らない支配力を陰で行使しながら責任をとらない闇の権力というネガティブな意味合いが強く、主としてメディア批判の文脈で使われた。しかし、二つの言葉とも、いまやほとんど死語であり、中年以上の世代でも、「知らない」あるいは「そう言えば昔聞いたみたいだが忘れていた」と言う人たちが少なからずいると思う。

「無冠の帝王」が死語になったのは、政府・官庁の「大本営発表」を受け売りし、番記者を通じて「オフレコ情報」をおねだりするために政治家・高級官僚とグルになり、放送法の許認可規制や記者クラブ制度で自らの寡占権益を保護してもらう見返りに政府の情報統制に協力しているマスメディアには、もうそんな自負など「虚栄心」としてさえなくなっているからである。この実態は産経・フジテレビや読売・日テレから毎日・TBSや朝日・テレ朝まで、左右を問わず同じである。たとえば、二〇二〇年二月二十九日に、当時の安倍首相にコロナ感染対策を問うために開かれたはずの記者会見は、わずか三十分そこそこで、しかもフリーランス記者の江川紹子《えがわしょうこ》が手を挙げたときに打ち切られ、「安倍独演会」と批判されたが、このときの記者会見幹事社は朝日新聞とテレビ朝日だった。

「第四権力」が死語になった理由は二つある。一つには、マスメディアが自己に都合の悪いメディア批判言説を隠微なかたちで排除していったからである。メディアが報道の批判的検証を尊重する振りをしながら本当に都合の悪い言説は陰で排除している実態は、たとえば、池上彰《いけがみあきら》の紙面批評に対する朝日新聞の介入事件で暴露された（二〇一四年）。もう一つの理由は、インターネットとSNSの普及で、新聞を読まずテレビのニュース番組も見ないという人たちが若い世代を中心に増大し、マスメディアの影響力が低下していることである。

こんな時流に抗するかのように、本書、石川智也の『さよなら朝日』が刊行された。現役の朝日新聞記者による朝日新聞批判である。朝日新聞のネット上の言論サイトである『論座』に掲載した論評を集めたものだが、古いメディアの朝日新聞に「さよなら」してネット・ジャーナリストとして生きる決意を表明した本ではない。むしろ、「獅子身中の虫」の誹《そし》りを受ける――場合によっては「駆除」される――のを覚悟のうえで、朝日新聞を内部から批判して立て直そうとする試みである。

朝日新聞は、「無冠の帝王」という言葉に託された「批判精神の虚勢」さえ忘れ、「第四権力」としての自己に対する批判を隠微に抑圧することにより、時の政治権力とうまく折り合い（馴れ合い）、世論をうまく懐柔操作しながら生きながらえようとしてきた。この姿勢は結局、朝日新聞の自己保存どころか、自滅につながることを石川は冷徹に見つめている。ネット世代から見捨てられるだけでない。利害や価値観において対立する人々のあいだでの、タブーや欺瞞を排した自由闊達かつ誠実な相互批判的言論を擁護する真のリベラル——私はその一人を自任している——から見捨てられるのである。

自らの衰退を「世論の右傾化」に帰責し、リベラリズムの精神を裏切る自己の欺瞞と腐敗に開き直り続けている限り、朝日には「落日」の未来しかない。石川は朝日新聞を批判的自己検証により従来の「朝日的なるもの」から脱皮させ、「新たな朝に昇る陽」として再生させようとしている。「さよなら朝日」の書名は実は「昇れ、朝日」を含意している。

このような意図と覚悟で書かれた本書において、石川は、「世間にご迷惑をおかけしました」式の謝罪報道、女性被選挙権クオータ制、憲法九条問題、沖縄問題などについて「朝日的なるもの」を体現する言説が、「進歩主義」や「リベラル」の仮面を被りながら、ムラ社会的同調圧力、ジェンダー本質主義、政治的御都合主義による立憲民主主義の破壊、沖縄へのコスト転嫁を隠蔽する本土住民の欺瞞的同情など、その逆のものに転化している実態を鋭く批判している。天皇制と戦争責任の問題については、彼の見解はなお「発展途上」のようだが、読者の思考を促す豊富な素材を提供している。

しかし、何よりも本書の白眉をなすのは第四章「原発と科学報道」である。朝日新聞はいまでこそ原発に批判的距離をとろうとしているが、かつては、核兵器を非難しながら、核の平和利用を「夢の未来をもたらす科学技術」として推進するために原発の危険性を隠蔽する報道をしてきた。石川は朝日新聞のこの「原罪」を厳正に剔抉している。「いまさら昔の話をほじくってどうなる」とか、「身内の恥をさらす裏切り者」という内部からの糾弾を覚悟して。己の過誤を正すことができないメディアに、権力の過誤を指弾する資格はないという信念がそこには貫かれている。批判的自己検証による再生という朝日新聞の生きる道が、ここに明確に示されている。

最後に一言。米国でトランプ前大統領がSNSを駆使してデマゴギーに明け暮れ、ついには国会議事堂襲撃扇動にまで暴走した挙句に、やっと退陣した。しかし、マスメディア関係者が自らを脅かすSNSという対抗メディアの「敵失」に安堵しているとしたら、これは大間違いである。トランプ退陣への最大の圧力になったのは、米国上院で否決される可能性も高い下院の弾劾決議よりもむしろ、ツイッター、フェイスブック、ユーチューブなどのSNS企業の経営者たちが下したトランプのアカウント停止という「情報空間における弾劾判決」である。トランプ離れを始めた企業からの広告収入激減の危惧が真の動機とも言われるが、それはともかく、トランプの登場も退場も再登場の可能性も、独占的SNS企業の独裁的経営者の裁断によって左右され、マスメディアはお呼びでないという状況が、いま我々が直視すべき現実である。トランプ現象はマスメディアが情報世界の絶滅危惧種であることをグロテスクなまでに鮮明に実証している。

マスメディアが生き残るためには批判的自己検証による信用回復は喫緊の課題である。これは朝日新聞だけの問題ではない。「新聞やテレビは嘘しか報道しない」としてSNSが提供するお気に入りのカルト的情報空間に自閉する人々を、異なった視点に立つ他者と事実検証を踏まえて理性的に討議する公共的空間に惹き込むこと、「媒介（medium）」というメディア本来の役割に立ち返ることは、すべてのジャーナリストがみな、いま担うべき責務である。本書はバッシングにあう危険を覚悟のうえで、この責務を引き受け遂行する勇気ある試みである。

石川は「連帯を求めて孤立を恐れず」という、全学連や全共闘に影響を与えた思想家的詩人・谷川《たにがわ》雁《がん》の言葉をあとがきで引用している。この精神は学生運動を超えた普遍的意義を持つ。いまそれは特にジャーナリストたちに求められている。連帯を求めて孤立の危険を引き受ける石川を孤立させてはならない。本書の試みを「蛮勇」だとシニカルに冷笑しているジャーナリストたちがいたら、彼らに言いたい。君たち、笑ってる場合じゃないぞ！　崩れつつある自分の足元を見なさい‼

二〇二一年二月一日　　政府の意を忖度して医療崩壊を医療逼迫と呼び続けるメディアに呆れつつ

石川智也（いしかわ・ともや）
1998年、朝日新聞社入社。社会部でメディアや教育、原発などを担当したのち、特別報道部などを経て、2021年4月からオピニオン編集部。慶応義塾大学SFC研究所上席所員、明治大学感染症情報分析センターIDIA客員研究員を経る。共著に『それでも日本人は原発を選んだ』（朝日新聞出版）、『住民投票の総て』（「国民投票／住民投票」情報室）など。
Twitter：@Ishikawa_Tomoya

さよなら朝日《あさひ》

2021年4月10日　第1刷発行

著者　石川智也《いしかわともや》
発行者　富澤凡子
発行所　柏書房株式会社
東京都文京区本郷2-15-13（〒113-0033）
電話（03）3830-1891［営業］
（03）3830-1894［編集］
装丁　水戸部 功＋北村陽香
組版　髙井 愛
校閲　高橋克行
印刷　萩原印刷株式会社
製本　株式会社ブックアート

ISBN978-4-7601-5347-3